O REGIME
DE PROGRESSÃO
CONTINUADA

FUNDAÇÃO EDITORA DA UNESP

Presidente do Conselho Curador
Herman Jacobus Cornelis Voorwald

Diretor-Presidente
José Castilho Marques Neto

Editor-Executivo
Jézio Hernani Bomfim Gutierre

Conselho Editorial Acadêmico
Alberto Tsuyoshi Ikeda
Célia Aparecida Ferreira Tolentino
Eda Maria Góes
Elisabeth Criscuolo Urbinati
Ildeberto Muniz de Almeida
Luiz Gonzaga Marchezan
Nilson Ghirardello
Paulo César Corrêa Borges
Sérgio Vicente Motta
Vicente Pleitez

Editores-Assistentes
Anderson Nobara
Henrique Zanardi
Jorge Pereira Filho

DEBORA CRISTINA JEFFREY

O REGIME DE PROGRESSÃO CONTINUADA
O CASO PAULISTA (1998-2004)

© 2011 Editora UNESP

Direitos de publicação reservados à:
Fundação Editora da UNESP (FEU)

Praça da Sé, 108
01001-900 – São Paulo – SP
Tel.: (0xx11) 3242-7171
Fax: (0xx11) 3242-7172
www.editoraunesp.com.br
www.livraria.unesp.com.br
feu@editora.unesp.br

CIP – BRASIL. Catalogação na fonte
Sindicato Nacional dos Editores de Livros, RJ

J49r

Jeffrey, Debora Cristina
    O regime de progressão continuada: o caso paulista (1998-2004) / Debora Cristina Jeffrey. São Paulo : Editora Unesp, 2011.

    Inclui bibliografia
    ISBN 978-85-393-0115-7

    1. Estudantes do ensino fundamental – Avaliação – São Paulo (Estado). 2. Promoção de alunos – São Paulo (Estado). 3. Promoção por avanços progressivos – São Paulo (Estado). 4. Rendimento escolar – Avaliação – São Paulo (Estado). 5. Ensino fundamental – São Paulo (Estado). I. Título.

11-2040   CDD: 371.28098161
                                              CDU: 37.091.279-7(815.6)

Este livro é publicado pelo projeto *Edição de Textos de Docentes e Pós-Graduados da UNESP* – Pró-Reitoria de Pós-Graduação da UNESP (PROPG) / Fundação Editora da UNESP (FEU)

Editora afiliada:

Para Lourdes, Zezinha, Genilda, Santana e Carmem, mulheres que muito me ensinaram nesta trajetória.

SUMÁRIO

Introdução 9

Parte I
Os ciclos e a progressão escolar 35

1 A política de ciclos e progressão escolar no Brasil 37
2 O regime de progressão continuada no estado de São Paulo (1998-2004) 79

Parte II
O regime de progressão continuada e as representações de docentes no espaço escolar 151

3 A caracterização da Escola Esperança e dos docentes entrevistados 153
4 O regime de progressão continuada na Escola Esperança 193

Considerações finais 239
Referências bibliográficas 245
Anexo 265

INTRODUÇÃO

I

O regime de progressão continuada, implementado desde o ano letivo de 1998, com a promulgação da Deliberação do Conselho Estadual de Educação (CEE-SP) 9/97, que o instituiu na rede estadual de ensino, possibilitou a estruturação de ciclos escolares nas escolas do ensino fundamental, permitindo a configuração de uma organização não seriada.

A organização não seriada de escolas ou redes de ensino, embora esteja prevista na atual Lei de Diretrizes e Bases da Educação Nacional número 9.394/96, em seu artigo 32, é uma temática que se encontra presente no debate educacional, desde a década de 1920 no Brasil, como uma alternativa capaz de viabilizar ações para solucionar problemas educacionais como a repetência e a evasão escolar, que sempre estiveram presentes no sistema educacional brasileiro (Barretto, Mitrulis, 1999 e 2001; Mainardes, 1998 e 2001).

Brandão, Baeta & Rocha (1983), após analisarem a repetência e a evasão escolar no Brasil, entre as décadas de 1970 e 1980, consideram que esses problemas foram resultantes da seletividade social existente no interior da escola, pois houve uma preocupação inicial com a expansão do acesso, e não com o tipo de ensino que estava

10   DEBORA CRISTINA JEFFREY

sendo oferecido à população escolar, principalmente das classes populares. Assim, de acordo com as pesquisadoras, na tentativa de ampliarem-se matrículas no sistema escolar brasileiro, uma política de intervenção segura não foi seguida, comprometendo o ensino daqueles que dependiam, exclusivamente, da escola para aquisição dos conhecimentos e das habilidades socialmente valorizados. Elas destacam que:

> Tal negligência tem provocado, consequentemente, a crescente inflação dos custos da educação de 1º Grau, uma vez que tanto a evasão como a repetência oneram o sistema. Por outro lado, tem agravado o custo social, na medida em que um significativo contingente de alunos sai da escola sem que sequer tenha aprendido a ler e escrever. (Brandão, Baeta, Rocha, 1983, p.11)

Apesar de Brandão, Baeta & Rocha compreenderem que a falta de uma política de intervenção segura com relação à ampliação das matrículas, no Brasil, entre as décadas de 1970 e 1980, inflacionou os custos sociais e a educação de 1º Grau, principalmente com o alto índice de evasão escolar, comprometendo o fluxo escolar, Ribeiro (1991, p.18, grifo do autor), ao analisar os erros metodológicos das estatísticas oficiais produzidas, até a década de 1980 no país, evidenciou que o maior problema no sistema educacional seria a repetência dos alunos, especialmente, nas séries iniciais, pois:

> Parece que a prática da repetência está contida na pedagogia do sistema como um todo. É como se fizesse parte integral da pedagogia, aceita por todos os agentes do processo de forma *natural*. A persistência desta prática e da proporção desta taxa nos induz a pensar numa verdadeira metodologia pedagógica que subsiste no sistema, apesar de todos os esforços no sentido de universalizar a educação básica no Brasil.

Diante do diagnóstico realizado por Ribeiro sobre as implicações da repetência no fluxo escolar dos alunos e da prática no

O REGIME DE PROGRESSÃO CONTINUADA   11

sistema educacional o que ele denominou de "pedagogia da repetência", é possível compreender a dificuldade existente no país para universalizar, democratizar e garantir a equidade da educação, particularmente no ensino fundamental, pela legitimação do processo de exclusão no espaço escolar da população, oriunda, especialmente, das classes populares (Romanelli, 2003).

De acordo com Gracindo (1995, p.149), a democratização do ensino pode ser entendida como: "a importância do ensino fundamental na construção de uma educação de massas e a consequente necessidade de garantia de acesso e de permanência de todos nesse grau de ensino", que dependerá da constituição de uma educação democrática, envolvendo os aspectos administrativos e aqueles que oferecem qualidade no processo educativo. Contudo, para Azanha (1987, p.27), a garantia do acesso, da permanência e da qualidade educativa dependem da distinção entre um ideal de ensino democrático e a ação democratizadora, que poderão se concentrar: "[...] ora na propaganda de uma educação democrática, ora em providências no plano de ação".

Algumas iniciativas, no Brasil, em redes públicas estaduais de ensino, entre as décadas de 1960 e 1980, com o propósito de estruturar a organização não seriada, refletiam o dilema existente entre o ideal do ensino democrático e a ação democrática apontada por Azanha (ibidem), com destaque para: *a organização em níveis* em São Paulo (1968-1972); *sistema de avanços progressivos* em Santa Catarina (1970-1984); *bloco único* no Rio de Janeiro (1979-1984); *ciclo básico de alfabetização* em São Paulo (1984), Minas Gerais (1985), Paraná e Goiás (1988).

Na análise de Barretto & Mitrulis (2001), essas iniciativas de organização não seriada procuravam escapar da rigidez da seriação, com o propósito de assegurar ao aluno a oportunidade de progredir em seu próprio ritmo por meio da flexibilização do tempo de aprendizagem (*organização por níveis, sistema de avanços progressivos e bloco único*); favorecer os alunos, oferecendo-lhes oportunidade de desenvolverem o mesmo aprendizado, com a flexibilização do tempo e organização da escola (*ciclo básico de alfabetização*).

12 DEBORA CRISTINA JEFFREY

O grande entrave das iniciativas de organização escolar não seriada, entre as décadas de 1960 e 1980, no país, de acordo com autores como Barretto & Mitrulis (1999 e 2001) e Mainardes (1998 e 2001), resultou da incidência de problemas de ordem técnica e pedagógica, com destaque para: a falta de qualificação docente, a descontinuidade da proposta em virtude da mudança de governo e a resistência dos professores no interior das escolas. Deste modo, a tentativa de democratizar o ensino, proporcionar a ampliação das oportunidades educacionais, garantir a qualidade educativa pela implementação de iniciativas envolvendo a organização não seriada da escola, historicamente, no Brasil, foi comprometida por problemas técnicos e pedagógicos, conforme apontam os estudos de Barretto & Mitrulis (1999 e 2001) e Mainardes (1998 e 2001), dificultando a superação do fracasso escolar existente no sistema educacional.

Para Azanha (1987, p.41), no entanto, a democratização do ensino, a ampliação das oportunidades educacionais e a oferta da qualidade educativa devem ser tratadas como medidas políticas, e não como questões técnico-pedagógicas, porque:

> A ampliação de oportunidades decorre de uma intenção política e é nesses termos que deve ser examinada. [...] Não se democratiza o ensino, reservando-o para uns poucos sob pretextos pedagógicos. A democratização da educação é irrealizável intramuros, na cidadela pedagógica; ela é um processo exterior à escola, que toma a educação como uma variável social e não como simples variável pedagógica.

Se, de acordo com Azanha (ibidem), a ampliação das oportunidades educacionais e a democratização dependem da intenção política e do tratamento da educação como uma variável social, na década de 1990, as iniciativas de organização não seriada, denominadas de ciclos escolares,[1] procuram, segundo Sousa & Barretto

---

1 De acordo com Sousa & Barretto (2004, p.73), a denominação de ciclos para alternativas de organização escolar não seriada é recente, no Brasil. O termo ciclos surge em meados dos anos de 1980, de acordo com as autoras, quando

O REGIME DE PROGRESSÃO CONTINUADA   13

(2004, p.73), incorporar dimensões sociais e culturais mais abrangentes, favorecendo um novo entendimento sobre o conhecimento e a aprendizagem – o que contribuiria para superar o fracasso escolar, produzidos em décadas anteriores. Com relação ao conceito de ciclos, Sousa & Barretto (op. cit.), após a análise de trabalhos que discutem a temática, produzidos entre 1990 e 2002 no Brasil, consideram que esse conceito se encontra em vias de construção, em função das diversas experiências de organização da escola, as quais procuram romper a fragmentação curricular, tendo em vista, assegurar o direito de todos à educação.

Embora se encontrem em processo de construção, como apontam as pesquisadoras, os ciclos escolares, na década de 1990, passaram a ser bastante valorizados, segundo Barretto & Mitrulis (2001, p.18), como uma forma de resposta ao fracasso e à exclusão escolar, diante das novas exigências impostas pela sociedade do conhecimento, com destaque para a formação de amplos contingentes da população, capazes de desenvolver habilidades intelectuais mais complexas, processar informações, organizar relações sociais e de trabalho, de modo cooperativo e autônomo.

Além de favorecer a formação de uma população com habilidades e pré-requisitos exigidos pela sociedade do conhecimento, ainda de acordo com Barretto & Mitrulis (ibidem, p.19), a proposta do regime de ciclos teve sua difusão mais ampliada no contexto das reformas educacionais realizadas por diversas administrações estaduais e municipais do país, que procuraram vincular a medida a:

projetos políticos que, em princípio, devem estar mais atentos: à autonomia das unidades escolares para formularem suas propostas educativas de modo contextualizado e de acordo com o per-

---

passa a ser acompanhado de diferentes qualitativos, como: ciclo básico, de alfabetização, de aprendizagem, de progressão continuada, de formação. Os ciclos, segundo as pesquisadoras, incorporam dimensões sociais e culturais mais abrangentes, conferindo um novo entendimento acerca do conhecimento e da aprendizagem.

fil do aluno; a um currículo concebido de forma mais dinâmica e articulado às práticas sociais e ao mundo do trabalho; à formação continuada de professores; a um tempo regulamentar de trabalho coletivo na escola e à flexibilidade das rotinas escolares.

Entre as iniciativas de ciclos escolares realizadas no Brasil, a partir da década de 1990, vinculadas aos propósitos e projetos políticos apontados por Barretto & Mitrulis (op. cit), que foram utilizados para justificar a implementação deste regime em redes públicas do ensino fundamental, destacam-se as experiências dos municípios de São Paulo (1992), Belém (1992), Belo Horizonte (1994), Porto Alegre (1997) e dos estados de Minas Gerais e São Paulo (1998). Tais iniciativas de ciclos escolares desenvolvidas no país, segundo Sousa & Barretto (2004, p.73), apesar de apresentarem diferenças com relação aos significados atribuídos aos ciclos e às políticas que implementaram este regime, também apontam traços comuns, com destaque para o propósito de superar o caráter seletivo da escola, tornando o currículo mais flexível para atender às diferenças entre os alunos. Além disso, as pesquisadoras puderam evidenciar, após a análise da literatura sobre a temática, uma variação na duração das propostas e nos arranjos entre as séries e os ciclos nas diferentes redes, em virtude de as justificativas apresentadas para a implementação das políticas recorrerem às teorias do desenvolvimento dos sujeitos, a fatores socioculturais, escolares ou pedagógicos.

Contudo, mesmo diante da diversidade de arranjos, combinações e justificativas apresentadas na adoção da experiência de ciclos e progressão escolar no Brasil, Barretto & Sousa (2004, p.45) consideram que o papel atribuído a esse tipo de organização pelos diferentes gestores das redes públicas é essencial, ao advertirem que:

> Sempre que o propósito da organização em ciclos não ocupa um lugar central nas políticas de educação, ele perde em parte a sua condição potencial de desafiar as velhas estruturas excludentes e toca apenas de maneira superficial na cultura escolar.

O REGIME DE PROGRESSÃO CONTINUADA 15

Particularmente, os ciclos de progressão continuada na rede pública estadual de São Paulo, quantitativamente, em 2004, apresentava uma grande abrangência, já que 5.285 estabelecimentos de ensino fundamental se encontravam nessa forma de organização escolar. Além da abrangência relativa ao número de escolas, o total de matrículas, no ensino fundamental, durante o ano de 2004, de acordo com levantamento do Inep, chama atenção, pois, dos 3.001.513 alunos matriculados no ensino fundamental, na rede pública estadual, 2.858.978 frequentaram escolas organizadas em ciclos de progressão continuada.

A partir dessas informações, observa-se que a experiência de ciclos de progressão continuada na rede estadual de São Paulo apresentou o maior número de escolas e matrículas no Brasil. No entanto, com relação a essa representatividade da rede estadual, Barretto & Sousa (2004, p.45) consideram que:

Em redes escolares muito grandes como a paulista, as questões suscitadas pela implementação de reformas, independentemente da vontade política dos governantes que as introduzem, provavelmente serão mais complexas do que em redes pequenas [...]. Entretanto, é esperável que certos logros, quando obtidos pelos alunos de redes extensas, tenham repercussões mais amplas junto à população.

Assim, embora o regime de progressão continuada tenha sido implementado na rede estadual de São Paulo, em 1998, sob a justificativa de combater o fracasso escolar, favorecer a modernização da rede e garantir a qualidade de ensino (Neubauer, 1999; 2000), a medida apresentou grandes repercussões no espaço escolar, até mesmo nas imprensas escrita e falada, diante da possibilidade de promover alterações na organização escolar seriada e no processo de avaliação dos alunos.

Ao invés dos logros obtidos pelos alunos, como destacaram Barretto & Sousa (2004, p.45), que deveriam apresentar grande repercussão junto à população, em virtude da abrangência da medida, na

16 DEBORA CRISTINA JEFFREY

rede estadual de ensino, diversos aspectos negativos sempre foram apontados em relação ao regime de progressão continuada. Algo como se houvesse uma pressão para o retorno da seriação e da prática da avaliação classificatória, no interior das escolas, principalmente diante: da resistência docente à proposta; da falta de compreensão da medida; do fortalecimento da ideia de promoção automática; da dificuldade de estruturação do trabalho pedagógico para grupos heterogêneos; da capacitação docente desarticulada dos princípios orientadores da proposta de ciclos; e de problemas educacionais apresentados no cotidiano escolar, entre outros aspectos analisados e apontados em diversos estudos que resultaram em trabalhos de dissertação, tese e artigos, produzidos entre os anos de 1998 e 2003.[2]

Contudo, um aspecto que me chamou atenção nos estudos que envolvem a análise do regime de progressão continuada nas escolas estaduais do ensino fundamental foi o posicionamento de diversos docentes entrevistados ou acompanhados em suas atividades diárias, no interior da sala de aula, pelo fato de criticarem a medida e sempre apresentarem as fragilidades, as implicações e os problemas da proposta, principalmente, no trabalho pedagógico realizado e na relação com os alunos.

Mainardes (2001, p.50), em relação aos docentes, reconhece que eles precisam ser compreendidos como elementos centrais para o êxito de projetos e programas educacionais, como os ciclos, já que são eles que efetivamente os colocam em prática. Portanto, eles deveriam participar desde o processo de formulação até a avaliação da implementação das propostas, contribuindo para as discussões do projeto educacional, dos encaminhamentos metodológicos das áreas curriculares, do modo de trabalho com classes heterogêneas, da transformação de práticas avaliativas, entre outras questões.

Há, no entanto, um aspecto interessante a respeito do papel do docente no desenvolvimento do regime de progressão continuada

---

2 Cf. Sousa (1998; 2000), Magalhães (1999), Neubauer (2000), Guimarães (2001), Fusari (2001 a; b), Jeffrey (2001), Frehse (2001), Freitas (2002), Viégas (2002), Arcas (2003), Bertagna (2003), Steinvasher (2003).

O REGIME DE PROGRESSÃO CONTINUADA   17

na rede estadual de São Paulo. Enquanto os estudos procuram retratar as opiniões, percepções e representações desses profissionais diante da medida, tanto os documentos oficiais redigidos pelo CEE-SP, com destaque para a Indicação número 8/97 e a Deliberação número 9/97, como informativos divulgados pela SEE-SP, tais como o Planejamento 1998 e o *Planejamento 2000*, não indicam nem destacam a possibilidade de os professores serem reconhecidos como os principais implementadores do regime de progressão continuada no espaço escolar.

Os documentos e informativos acima apontados estipulam apenas a necessidade de os docentes tomarem ciência do significado do regime de progressão continuada, das justificavas para sua adoção e dos procedimentos avaliativos que precisam ser considerados e alterados no processo de ensino e aprendizagem, a fim de garantir o êxito da proposta. Assim, a ausência de referência aos professores, como implementadores do regime de progressão continuada, nos documentos oficiais e informativos produzidos pela SEE-SP pode, na análise de Carvalho (2004, p.98), favorecer o estranhamento desses profissionais, tanto em relação à medida como a seu trabalho. Para ele:

> Na medida em que os professores deixam de ser responsáveis pela produção dos objetivos, conteúdos e métodos de seu trabalho (transferidos para equipes técnicas, pacotes de ensino, livros didáticos e outros), ocorre um estranhamento entre os professores e sua produção/trabalho. Nesse processo, os professores tendem a ser consumidores e/ou usuários de saberes e lógicas alienígenas para eles. Isso, porém, não ocorre de modo sempre passivo.

No caso específico do regime de progressão continuada de São Paulo, Sousa et al. (2004, p.38), após analisarem diversas pesquisas que retrataram a experiência, puderam concluir que a implementação e vivência das práticas educativas no cotidiano escolar são caracterizadas pelos docentes entrevistados como processos verticalizados, no qual se encontram subordinados, diretamente, às determinações da SEE-SP.

18   DEBORA CRISTINA JEFFREY

Diante da constatação apresentada por Sousa et al. (ibidem) e pelo fato de compreender que os professores da rede estadual de ensino de São Paulo estiveram completamente ausentes dos processos de formulação e implementação do regime de progressão continuada, considero relevante a análise das representações de docentes, a fim de possibilitar o esclarecimento do seguinte questionamento: as representações de docentes, de uma escola pública estadual do ciclo II, sobre o regime de progressão continuada identificam-se com as concepções e os fundamentos da proposta apresentada pela SEE-SP, em documentos oficiais e informativos, produzidos entre 1998 e 2004?

A questão acima apresentada orientou a presente pesquisa, que tinha os seguintes objetivos:

Geral
— Analisar as representações de docentes de uma escola pública estadual sobre as concepções e os fundamentos orientadores do regime de progressão continuada, após sete anos de implementação da proposta.

Específicos
— Identificar as concepções e fundamentos orientadores do regime de progressão continuada apresentados pela SEE-SP, em documentos oficiais e informativos, produzidos entre os anos de 1998 e 2004, divulgados nas escolas da rede estadual.
— Evidenciar se há relação entre as concepções e os fundamentos apresentados pela SEE-SP, em documentos oficiais e informativos e as representações de docentes de uma escola pública sobre o regime de progressão continuada.

II

Uma iniciativa como o regime de progressão continuada, adotada na rede pública estadual do ensino fundamental, apesar de apresentar, entre as principais justificativas para sua implemen-

O REGIME DE PROGRESSÃO CONTINUADA 19

tação, a democratização do ensino, a ampliação das oportunidades educacionais e a melhoria da autoestima do aluno, não apresenta claramente, seja em orientações oficiais, seja em informativos, as concepções e os fundamentos pedagógicos norteadores, já que tais definições devem ser realizadas pelas escolas. Ao Estado, representado pela SEE-SP, cabe apenas apresentar algumas alternativas que favoreçam a organização das escolas, para decidirem por qual diretriz devem se orientar a fim de viabilizar uma medida como o regime de progressão continuada.

Por outro lado, os profissionais da educação almejam que as concepções e os fundamentos pedagógicos norteadores de uma proposta, como o regime de progressão continuada, sejam claros e estabelecidos pela SEE-SP, por compreenderem que uma das principais funções desse órgão é definir as diretrizes e alternativas que orientam ações e alterações promovidas.

No entanto, diante das reformas ocorridas na gestão educacional, as atribuições de um órgão como a SEE-SP restringem-se a legislar e avaliar a rede de ensino, sendo atribuída a cada escola a responsabilidade para definir as concepções e os fundamentos pedagógicos que orientarão suas ações e seus projetos em uma organização escolar não seriada. Ao Estado, portanto, cabe a função de incentivar as mudanças no interior da escola, por meio de orientações oficiais e informativos.

Porém, as orientações oficiais e os informativos produzidos por órgãos como a SEE-SP, mesmo prescrevendo mudanças no trabalho pedagógico e nas rotinas escolares, no caso específico do regime de progressão continuada, ainda não conseguiram mobilizar os docentes e, consequentemente, alterar esses aspectos, pelo fato de esses profissionais desconhecerem a medida adotada, as concepções e os fundamentos norteadores, sendo levados a diferentes interpretações, à resistência, ao distanciamento ou ao estranhamento do processo que a envolve. Isso porque, de acordo com Gather Thurler (2001b, p.69):

em face das mudanças em curso, tanto as autoridades escolares quanto os professores têm dificuldade em abandonar suas represen-

20 DEBORA CRISTINA JEFFREY

tações e seus hábitos do passado. Não conseguem redefinir as regras do jogo e as relações entre atores, que são os fundadores de uma organização fragmentada ao máximo e que reforçam a cultura do individualismo: é o cada um por si, se não for a oposição de uns aos outros.

No caso específico do regime de progressão continuada, a representação docente sobre a iniciativa pode ser totalmente reinterpretada com relação às concepções e aos fundamentos que orientam a proposta, em virtude de as normas nem sempre serem seguidas e valorizadas pelos docentes no cotidiano escolar. Essa situação configura-se como consequência do fato de o professor não ser incorporado ativamente no processo de implementação da medida pela SEE-SP e do conservadorismo pedagógico que caracteriza, historicamente, o posicionamento desses profissionais diante das mudanças. Esse processo, segundo Gather Thurler (2001b, p.65-6), decorre porque:

> Os professores contam, confrontam e analisam muito raramente suas práticas; [e] além disso, quase nunca se dão a oportunidade, ou mesmo o direito, de se observarem mutuamente no trabalho em sua classe, e, a seguir, de analisarem juntos os dados assim coletados.

Mediante a constatação de Gather Thurler (op. cit.), é possível considerar que o docente, com relação ao regime de progressão continuada, não se sente responsável por realizar as mudanças prescritas nas orientações oficiais e informativas, pois, diante da fragilidade dos espaços de discussões coletivas, entende que o êxito ou o fracasso da proposta adotada não se relaciona com sua participação no processo, mas, sim, com as ações e posturas adotadas na proposta por outras instâncias, como a Secretaria de Educação ou por outros sujeitos, como pais e alunos.

A pesquisa realizada, portanto, parte do pressuposto de que as orientações normativas, os papéis e as funções dos sujeitos, no espaço escolar, configuram-se em um processo burocrático, em que, segundo Lima (2001, p.58):

O REGIME DE PROGRESSÃO CONTINUADA **21**

Existe uma separação nítida entre a concepção e a execução, entre os superiores e os subordinados e, neste sentido, quanto mais as políticas educativas são decididas e promulgadas em nível central, mais uma concepção burocrática da escola tenderá a predominar.

Apesar de a concepção burocrática ser predominante na escola, esta pesquisa procura retratar, a partir das observações apresentadas por Lima (2001; 2002), esse espaço como um local de interação entre as pessoas, que possuem autonomia para cumprirem integralmente as regras estabelecidas pelo órgão central, inventarem ou construírem outras em seu lugar. Assim, o estabelecimento de novas regras pelos atores escolares, com destaque para os professores, ao longo deste trabalho, é entendido como um processo denominado "infidelidade normativa".

Esse conceito, definido por Lima (2002, p.34), é considerado como a invenção de novas regras construídas pelos atores escolares, as quais podem ser distintas ou antagônicas, com o intuito de suplantar a força jurídico-normativa das primeiras regras, por meio de resistências mais ou menos clandestinas ou do exercício da autonomia.

Na análise de Lima (2001, p.64), a infidelidade normativa é entendida como um fenômeno que permite caracterizar os atores educativos e a ação organizacional da escola, justificada mediante algumas situações, como o desconhecimento, a falta de clareza, a reprodução deficiente dos conteúdos, o erro (não) intencional de interpretação dos normativos pelos sujeitos, uma vez que ele considera que "Na verdade, a *infidelidade* seria mais correctamente compreendida se considerada enquanto *fidelidade* dos actores aos seus objectivos, interesses e estratégias" (grifos do autor).

Diante das colocações de Lima (2001), o termo infidelidade normativa é considerado, neste estudo, como a fidelidade dos atores a seus objetivos, interesses e estratégias. Por isso, a representação dos docentes sobre o regime de progressão continuada oferece, neste trabalho, indicativos de que as normas, regras e a própria legislação

22 DEBORA CRISTINA JEFFREY

referente à proposta não podem ser aceitas mecanicamente pelos atores, pois, segundo Lima (2001, p.65), embora a infidelidade normativa seja o contraponto do normativismo, ambos coexistirão no espaço escolar:

> Não só porque a conformidade é, em certos graus, indispensável à acção organizacional, ou ainda porque não é credível que um sistema centralizado possa comportar uma *infidelidade* generalizada, mas também porque o normativismo pode ser favorável aos actores.

Deste modo, o conceito de representação docente, utilizado durante a pesquisa, baseia-se na definição apresentada por Patrão (2000, p.71), que a considera como:

> a compreensão que o sujeito possui das ações e dos objetos, em um contexto específico. As representações são produto de palavras (ideário teórico) e de práticas (vivências físicas, subjetivas, sociais e coletivas), tendo como fonte geradora o cotidiano.

Além de destacar a representação como a compreensão do sujeito sobre ações e objetivos, reconhece-se que esse processo é influenciado por questões pessoais, estruturais e funcionais, que se diferenciam diante das experiências vivenciadas pelo docente em um determinado tempo e espaço escolar (Patrão, 2000). Nesta pesquisa, tempo e espaço escolar são abordados a partir da realidade de uma escola pública estadual, localizada na periferia do município de Campinas, na qual foram investigadas as representações de docentes que atuavam neste espaço, no período de 1998 a 2004.

Durante a pesquisa, o termo "espaço escolar" é entendido como: "[...] um lugar praticado" (Certeau, 2004, p.202), em que o trabalho pedagógico, as relações, as vivências e a infidelidade normativa são estabelecidos. Entende-se que é no espaço escolar que as funções e orientações, prescritas aos professores pela SEE-SP a fim de indicar as ações, as rotinas e os papéis a serem desempenhados por

O REGIME DE PROGRESSÃO CONTINUADA   23

estes sujeitos, em uma organização não seriada, seja o lugar em que os objetivos, as estratégias e os interesses normativos e individuais são confrontados. O lugar, definido por Certeau (2004, p.201) como "a ordem (seja qual for) segundo a qual se distribuem elementos nas relações de coexistência", de confronto entre os objetivos, estratégias e interesses normativos e individuais, contribui para analisar a representação docente, a partir de sua referência que é a escola. Entendendo a escola como o lugar de referência para a representação dos docentes, compreende-se que as relações estabelecidas por esses profissionais, diante de uma medida como o regime de progressão continuada, podem variar de acordo com os tipos de papéis desempenhados por esses sujeitos, pois, segundo Heller (2004, p.94),

> Quando os papéis são múltiplos e intensamente mutáveis, a situação exige do homem uma rica e mutável explicação de suas habilidades técnicas, de sua capacidade de manipulação. Também e precisamente nesse caso a alienação significa que o enriquecimento das capacidades técnicas e manipulatórias não ocorre paralelamente ao enriquecimento do homem inteiro (de sua essência social e moral), ou seja, [...] significa que a mudança de papel não implica absolutamente numa transformação do homem.

Deste modo, se a mudança de papel não depende de uma transformação do sujeito (Heller, 2004), isso permite considerar que uma medida como o regime de progressão continuada, apesar de apresentar aos docentes novas possibilidades de atuação, não garantirá alterações profundas nos objetivos, interesses e nas estratégias desses profissionais, já que, de acordo com Patrão (2000, p.72):

> Ao colocar para o educador, tão somente *o que vem a ser*, a tendência é que ele reproduza as ideias dos outros de forma automática, isolada. As ideias esgotam-se em si mesmas, não sendo interiorizadas por ele. É um trabalho que, em vez de acrescentar, inibe.

24 DEBORA CRISTINA JEFFREY

Então, a possibilidade de o professor reproduzir as ideias dos outros de modo automático, como descreve Patrão (ibidem), é considerada, assim como o individualismo, que caracteriza, historicamente, as ações e atitudes dos profissionais da educação, já que, segundo Gather Thurler (2001b, p.63), esse aspecto "oferece uma esfera quase 'privada' que constitui uma proteção bem-vinda e, às vezes vital, contra os julgamentos e as intervenções vindos de fora".

Ao reconhecer a influência do individualismo nas ações e atitudes dos docentes, entende-se que a representação do professor parte de uma perspectiva, muitas vezes particular, dissociada de uma dimensão coletiva. Assim, esse aspecto é levado em consideração, de modo que seja possível analisar se tal fato tem influenciado os professores a reinterpretarem as orientações oficiais e informativas prescritas pela SEE-SP, as quais regulamentam as concepções e fundamentos norteadores do regime de progressão continuada no espaço escolar.

III

Pesquisas envolvendo como principal temática o professor foram analisadas em estudos como o de Carvalho (2002), que retratou o enfoque dos trabalhos selecionados e apresentados nas reuniões da Sociedade Brasileira para o Progresso da Ciência (SBPC), entre os anos de 1980 e 2001; e de André et al. (1999), que produziram um Estado do Conhecimento sobre o assunto, contemplando artigos publicados em periódicos, dissertações e teses produzidas em programas de pós-graduação em educação e trabalhos apresentados no GT Formação de Professores da Associação Nacional de Pós-Graduação e Pesquisa em Educação (Anped).

Carvalho (op. cit.), em seu estudo, evidencia que, entre os trabalhos selecionados e apresentados na SBPC, entendida pela autora como uma entidade que congrega cientistas de todas as áreas do conhecimento e possui representativa produção docente e discente de graduação e pós-graduação nas diversas regiões e instituições

O REGIME DE PROGRESSÃO CONTINUADA   25

do Brasil, na década de 1980, há predomínio do enfoque teórico-metodológico de estudos exploratório-descritivos e quanti-qualitativos; enquanto na década seguinte, 1990, é possível evidenciar a preponderância de estudos com enfoque na pesquisa-ação crítica, tendo em vista a intervenção no cotidiano escolar. A autora entende que essa mudança no enfoque dos estudos sobre o professor, apresentados na SBPC, indica uma "mudança de vetor e/ou de direção dos estudos".

Se Carvalho (2002) aponta que os trabalhos apresentados na SBPC, entre 1980 e 2001, indicam uma mudança na direção dos estudos sobre o professor, André et al. (1999), com relação aos artigos e trabalhos acadêmicos produzidos na década de 1990, envolvendo a temática, puderam identificar:

a) uma grande concentração de estudos que se preocupavam com a preparação docente para atuar nas séries iniciais;
b) poucas produções sobre a formação do professor para o ensino superior, a educação de jovens e adultos, o ensino rural, a atuação nos movimentos sociais e com crianças em situação de risco;
c) número irrisório de trabalhos que focalizam o papel das tecnologias de comunicação, dos multimeios ou da informática no processo de formação;
d) raríssimos trabalhos que investigam o papel da escola no atendimento às diferenças e à diversidade cultural;
e) tratamento isolado, nas pesquisas analisadas, das disciplinas específicas e pedagógicas, dos cursos de formação e da práxis, da formação inicial e da continuada.

Diante das constatações acima apontadas, André et al. (ibidem, p.309) alertam para o fato de que as diversas fontes analisadas "mostram um excesso de discurso sobre o tema da formação docente e uma escassez de dados empíricos para referenciar práticas e políticas educacionais". Assim, considerando as mudanças do enfoque de análise do professor, apresentadas por Carvalho (2002), e a concentração de estudos sobre a preparação docente para atuar

26 DEBORA CRISTINA JEFFREY

nas séries iniciais evidenciada por André et al. (1999), optou-se pelo desenvolvimento de uma pesquisa qualitativa com abordagem em um estudo de caso.

A opção pelo desenvolvimento de uma pesquisa qualitativa resultou do fato de que esse tipo de investigação, segundo Bogdan & Biklen (1994, p.50-1), admite que o objeto de estudo seja analisado a partir da ideia de que "nada é trivial, que tudo tem potencial para constituir uma pista que nos permita estabelecer uma compreensão mais esclarecedora [...]", favorecendo, deste modo, o estabelecimento de estratégias e procedimentos que possam considerar as experiências do ponto de vista do informador.

Com o intuito de explorar as experiências do ponto de vista do observador, como destacaram anteriormente Bogdan & Biklen (ibidem), o estudo de caso foi definido como a abordagem apropriada para analisar a representação dos docentes de uma escola pública estadual, pois, de acordo com André (1984, p.52), esse tipo de pesquisa enfatiza a compreensão de eventos particulares (casos) e sua característica mais distintiva, envolvendo "a ênfase na singularidade, no particular. Isso implica que o objeto de estudo seja examinado como único, uma representação singular da realidade, realidade esta multidimensional e historicamente situada".

Pelo fato de o estudo de caso focalizar, segundo André (op. cit), uma "representação singular da realidade", reconhece-se a existência de críticas a respeito dessa abordagem e da validade e fidedignidade dos dados apresentados. Contudo, ainda conforme André (1984, p.53), esse tipo de crítica pode ser respondida, quando se considera que os conceitos de validade e fidedignidade não devem ser vistos do mesmo modo que o paradigma científico-convencional, já que:

> o proposto é apresentar a informação de forma que dê margem a múltiplas interpretações. Não se parte do pressuposto de que as representações do pesquisador sejam a única forma de apreender a realidade, mas assume-se que os leitores vão desenvolver as suas

própias representações e que estas são tão significativas quanto as do pesquisador (André, 1984, p.54).

Diante da possibilidade de as informações apresentadas oferecerem margem a múltiplas interpretações, entende-se, com André (ibidem), que o conhecimento produzido, ao longo da pesquisa, é mais concreto e contextual que outros tipos de trabalho, em virtude do estudo de caso, de acordo com a autora:

a) utilizar formas de representação que evoquem os processos de julgamento que as pessoas usualmente empregam para compreender a vida e as ações sociais que as cercam;
b) contextualizar as informações e situações retratadas, apoiando-se no pressuposto de que a realidade é complexa e os fenômenos são historicamente determinados.

Deste modo, a análise dos dados coletados, na presente pesquisa, é orientada a partir da relação existente entre as representações docentes, a respeito das concepções e fundamentos norteadores do regime de progressão continuada, e a realidade profissional vivenciada, no cotidiano escolar, pois, de acordo com Kosik (2002, p.13-4),

A atitude primordial e imediata do homem, em face da realidade, não é a de um abstrato sujeito cognoscente, de uma mente pensante que examina a realidade especulativamente, porém, a de um ser que age objetiva e praticamente, de um indivíduo histórico que exerce a sua atividade prática no trato com a natureza e com os outros homens, tendo em vista a consecução dos próprios fins e interesses, dentro de um determinado conjunto de relações sociais. [...] No trato prático-utilitário com as coisas – em que a realidade se revela como mundo dos meios, fins, instrumentos, exigências e esforços para satisfazer a estas – o indivíduo "em situação" cria suas próprias representações das coisas e elabora todo um sistema correlativo de noções que capta e fixa o aspecto fenomênico da realidade.

28 DEBORA CRISTINA JEFFREY

As colocações de Kosik (2002, p.13-4) a respeito da atitude do homem diante da realidade, de situações vividas e do trato prático-utilitário com as coisas, permitiram compreender o processo que constitui as representações dos sujeitos, no caso desta pesquisa, dos professores. Na análise do autor, esse processo de representação das coisas pelo homem resulta na elaboração de um sistema captado da realidade que apresenta noções correspondentes.

Assim, a partir das apreciações feitas por Kosik (op. cit), esta pesquisa procurou destacar o processo que envolve a criação da representação e elaboração do sistema de noções captadas e fixadas na realidade escolar por professores de uma escola pública estadual sobre o regime de progressão continuada.

De modo a contribuir para a apreensão das diferentes formas de representação dos docentes, o levantamento de dados pautou-se na realização de entrevistas e levantamento documental da legislação que regulamenta o regime de progressão continuada, as medidas de apoio à proposta e as orientações específicas prescritas para as escolas estaduais, no que se refere ao trabalho pedagógico e a ações da equipe escolar.

A utilização de entrevista e levantamento documental justifica-se pelo fato de o estudo de caso, de acordo com Lüdke & André (1986, p.19), empregar uma variedade de fontes e informações, a fim de favorecer o cruzamento de informações, confirmação ou rejeição das hipóteses, descoberta de novos dados, afastar suposições ou levantar hipóteses alternativas.

Especificamente, com relação à entrevista, esta foi empregada na obtenção de dados que evidenciassem a representação docente, permitindo a análise das afirmações apresentadas pelos profissionais entrevistados, porque, segundo Lüdke & André (1986, p.34), essa técnica "permite correções, esclarecimentos e adaptações que a tornam sobremaneira eficaz na obtenção das informações desejadas".

O levantamento documental, no entanto, foi utilizado com o intuito de cruzar as informações obtidas nos depoimentos dos docentes com os fundamentos e concepções do regime de progres-

O REGIME DE PROGRESSÃO CONTINUADA **29**

são continuada apresentados nas normas e orientações prescritas pela SEE-SP e CEE-SP. Isso porque essa técnica envolve a análise de documentos,[3] os quais, no entendimento de Lüdke & André (1986, p.39), representam uma fonte natural de informação do contexto educacional e político.

Após a definição da metodologia e técnicas de coleta de dados, que seriam empregadas no desenvolvimento da pesquisa, a segunda etapa do estudo pautou-se na seleção da escola e dos docentes participantes. Assim, entre os meses de setembro de 2003 e julho de 2004, a coleta de informações consistiu na realização de entrevistas com professores, observações e análise documental em uma escola da rede pública estadual do ensino fundamental (ciclo II – 5ª a 8ª séries), localizada na região norte do município de Campinas-SP.

A escola, nesta pesquisa denominada como "Esperança", foi escolhida devido aos inúmeros questionamentos e interpretações dos docentes sobre o regime de progressão continuada, os quais pude observar, entre os anos de 1999 e 2000, período em que lecionei nessa unidade escolar.

Na ocasião em que estive na Escola Esperança, o regime de progressão continuada, além dos questionamentos, sempre foi interpretado como a concretização da promoção automática; não se discutiam as concepções e fundamentos norteadores da proposta apresentada pela SEE-SP e CEE-SP, mesmo dois anos após sua implementação na rede estadual de ensino.

Além das questões pessoais apresentadas, a definição de uma unidade escolar do ciclo II (5ª a 8ª séries do ensino fundamental), apesar de ser um universo já conhecido, resulta da especificidade organizacional que a envolve: composta por professores com for-

---

3 Na definição de Lüdke & André (1986, p.38) são considerados documentos: "[...] quaisquer materiais escritos que possam ser usados como fonte de informação sobre o comportamento humano" (apud Phillips, 1974, p.187). Estes incluem desde leis e regulamentos, normas, pareceres, cartas, memorandos, diários pessoais, autobiografias, jornais, revistas, discursos, roteiros de programas de rádio e televisão até livros, estatísticas e arquivos escolares".

30   DEBORA CRISTINA JEFFREY

mação específica em uma licenciatura, ensino fragmentado e dificuldade de trabalho coletivo, principalmente, em virtude do conflito de horário docente (Barretto, 2003).

Outro fator determinante na definição dessa escola foi sua localização em um bairro da periferia da cidade, porque, de acordo com Penin (1983) e Arroyo (1992), unidades escolares como essa apresentam escassez de recursos físicos, alta rotatividade docente, condições de instrução e organização curricular menos exigente, fatores esses que acabam por comprometer a qualidade de ensino, mantendo, portanto, uma cultura escolar seletiva e classificatória.

Após a definição da escola, durante o mês de setembro de 2003, realizei contato com a unidade de ensino, apresentando a proposta de trabalho e o cronograma de desenvolvimento da pesquisa. Inicialmente, foram estabelecidas conversas informais com professores e com o coordenador pedagógico, de modo a permitir uma proximidade com a realidade da escola. Além disso, o intuito foi também permitir a aceitação da pesquisadora no local, pois, mesmo já tendo lecionado na escola, o fato de realizar um estudo envolvendo a representação dos professores sobre o regime de progressão continuada fez com que as relações fossem alteradas consideravelmente, diante da possibilidade de que suas declarações pudessem comprometê-los profissionalmente.

Além das entrevistas, foi feito um levantamento de documentos da Escola Esperança, especificamente, da proposta pedagógica, de atas do quarto bimestre do Conselho de Classe/Série e de fichas avaliativas dos alunos, referentes aos anos letivos de 2003 e 2004. Concluído o levantamento documental, entrevistas[4] foram realizadas com dez professores e um coordenador da escola, a fim de permitir a obtenção dos relatos desses profissionais sobre suas concepções e percepções positivas e negativas a respeito do regime de progressão continuada.

A seleção dos professores baseou-se nos seguintes critérios: tempo de serviço na escola, que deveria ser de pelo menos sete anos,

---

4 O roteiro da entrevista encontra-se no Anexo I.

O REGIME DE PROGRESSÃO CONTINUADA **31**

considerando que esse é o período no qual o regime de progressão continuada encontrava-se em funcionamento na rede; e ser integrante do quadro efetivo de professores do ensino fundamental. Em função dessas exigências, somente dez docentes puderam ser incluídos no estudo, os quais, no decorrer da pesquisa, são caracterizados pela idade, formação, tempo de serviço no magistério e na escola analisada.

Com relação ao coordenador pedagógico, este foi escolhido por trabalhar na escola há mais de dez anos, como professor de Português no ensino fundamental e médio e exercer a função de coordenação desde 2001, tendo vivenciado, portanto, o processo de implementação do regime de progressão continuada na unidade escolar.

Após a definição dos sujeitos que participariam da pesquisa, as entrevistas estruturadas foram realizadas em horários combinados, previamente, com os docentes. Geralmente, os encontros ocorriam durante os intervalos, período em que os depoimentos acabavam sendo interrompidos, para atendimento dos alunos, resolução de problemas e troca de informações com os colegas; ou após o término das reuniões pedagógicas ou do planejamento do semestre, aproveitando o horário do café ou a espera para o recomeço das aulas em outro turno.

Contudo, embora a entrevista tenha sido estruturada, os profissionais permaneceram à vontade para expressarem suas opiniões, não somente sobre o regime de progressão continuada, mas também a respeito da escola, dos pais, dos alunos, de suas práticas pedagógicas, do governo e da Secretaria de Educação (SEE-SP).

De modo a permitir a contraposição entre as representações dos docentes da Escola Esperança sobre o regime de progressão continuada, após sete anos de implementação na rede estadual de ensino, e as normas, orientações oficiais e informativas, entre os meses de agosto e outubro de 2004, realizou-se seleção de legislação e publicações, tanto da SEE-SP como do CEE-SP, que regulamentam a proposta, produzidas nos anos de 1997 a 2004. Os documentos consultados foram classificados com base nas categorias apresentadas no Quadro 1.

32 DEBORA CRISTINA JEFFREY

Quadro 1 – Documentos analisados

Denominação	Documentos produzidos entre 1997 e 2004	
	Características	Tipos de documento
Orientações oficiais	Legislação produzida pela CEE-SP e SEE-SP, publicada no Diário Oficial do Estado de São Paulo.	Normas, Deliberações, Pareceres, Resoluções e Instruções.
Informativos	Publicações produzidas pela SEE-SP, com divulgação nas escolas. Síntese da legislação produzida com linguagem acessível.	Orientações para as escolas: normas, construção da proposta pedagógica, planejamento, indicações de leituras para reflexão de temas educacionais.

Com a conclusão da coleta de dados, obtidos por meio de entrevistas e levantamento documental, as informações foram sistematizadas e analisadas com base nos preceitos teóricos destacados por Lima (2001), Heller (2004) e Gather Thurler (2001a; 2001b).

IV

O livro encontra-se organizado em duas partes. A primeira parte retrata os ciclos e a progressão escolar no Brasil, com ênfase na proposta do regime de progressão continuada, instituído na rede estadual do ensino fundamental de São Paulo, a partir de 1998; enquanto já a segunda parte destaca as representações dos docentes entrevistados sobre a medida adotada diante das orientações oficiais e informativos divulgados pela SEE-SP.

Assim, na primeira parte são destacados o contexto histórico, as características dos ciclos e a progressão escolar no país, além da relação destas com a redefinição das agendas educacionais e com a noção de qualidade de ensino. Considerando a diversidade de experiências e justificativas apresentadas para o estabelecimento de propostas envolvendo ciclos e progressão escolar no Brasil, é retratado o caso específico do estado de São Paulo.

Após a análise do contexto educacional da década de 1990, no estado de São Paulo, caracterizado por um período de reformas

O REGIME DE PROGRESSÃO CONTINUADA   33

na gestão da educação, o regime de progressão continuada é abordado com enfoque nos propósitos governamentais e educativos que lhe dão embasamento, nas medidas de apoio à proposta, especificamente no projeto reforço, recuperação paralela e recuperação intensiva.

Entretanto, além dos propósitos e das medidas de apoio, ainda são destacados alguns estudos acadêmicos que analisaram o regime de progressão continuada em escolas públicas estaduais, e considerações acerca da medida durante a gestão dos Secretários de Educação, Rose Neubauer e Gabriel Chalita. A segunda parte do livro focaliza o estudo de caso realizado na Escola Esperança. Analisando representações dos docentes da unidade escolar, procurou-se destacar dilemas e possibilidades apontados por esses profissionais sobre o regime de progressão continuada, diante de orientações oficiais e de informativos, produzidos pela SEE-SP, entre 1998 e 2004, com relação à medida no espaço escolar.

A discussão tem início com a caracterização dos docentes entrevistados e da Escola Esperança. Em seguida, são abordados os depoimentos dos profissionais, envolvendo o regime de progressão continuada, as atividades realizadas e o estabelecimento das relações nessa nova forma de organização escolar. Ao final, é apresentado um comentário a respeito das representações dos docentes entrevistados diante das orientações e dos informativos produzidos pela SEE-SP, entre 1998 e 2004.

Mediante as informações e os dados destacados na primeira e segunda partes do livro, as considerações finais procuram realizar uma síntese do percurso da pesquisa, a sistematização dos resultados obtidos e indicações para a pesquisa educacional.

PARTE I

OS CICLOS
E A PROGRESSÃO ESCOLAR

1
A POLÍTICA DE CICLOS E PROGRESSÃO ESCOLAR NO BRASIL

A educação brasileira, entre os anos de 1990 e 2000, sofreu alterações em diversas redes de ensino nos modelos de gestão, organização do ensino e currículo, além de ter passado por uma estruturação do sistema nacional e dos sistemas locais de avaliação. Essas alterações foram resultantes de reformas no Estado brasileiro e da legislação educacional do país, destacando-se a promulgação da LDB n.9.394/96, o estabelecimento de acordos internacionais para o cumprimento de metas no setor da educação e a necessidade de atendimento às demandas sociais, provenientes de problemas não solucionados em décadas anteriores.

A agenda educacional, portanto, foi redefinida, e questões como qualidade, equidade e eficiência passaram a ser consideradas princípios educativos norteadores no processo de formulação e implementação de macro e micropolíticas cujo impacto pôde ser acompanhado por meio da evolução dos indicadores de desempenho, de rendimento, de matrículas e da transição do fluxo escolar, da década de 1990, publicados em levantamentos estatísticos[1] produ-

---

[1] Entre as publicações de levantamentos estatísticos produzidos pelo Inep, destacam-se o documento *Geografia da Educação Brasileira 2001* (Inep, 2002), *A Educação no Brasil na Década de 90* (Inep-MEC, 2003) e os Censos Escolares divulgados no site www.inep.gov.br.

38 DEBORA CRISTINA JEFFREY

zidos, principalmente, pelo Instituto Nacional de Estudos e Pesquisas Educacionais (Inep).

Além disso, o desenvolvimento de uma política de avaliação no país contribuiu para a valorização dos resultados educacionais, com o objetivo de promover a indução de políticas voltadas, especificamente, ao ensino fundamental e à qualidade de ensino, pois problemas como reprovação escolar e correção do fluxo precisavam de solução, a fim de garantir a equidade e eficiência do sistema educacional brasileiro.

Assim, medidas como os ciclos e a progressão escolar foram implementadas por diversos governos, com o propósito de contribuírem para o enfrentamento e a solução desses problemas, favorecendo a democratização do ensino e o cumprimento do direito à educação, estabelecidos tanto na Constituição de 1988 como na LDB n.9.394/96.

O presente item evidencia aspectos históricos, políticos e educacionais que envolvem as diversas experiências brasileiras de organização não seriada, discutidas e desenvolvidas no país, com destaque para a promoção automática, o avanço progressivo, os ciclos e a progressão continuada.

A organização não seriada no Brasil: aspectos históricos

Historicamente, no Brasil, a organização não seriada foi apresentada no cenário educacional, a partir da década de 1920, por intelectuais e educadores como Oscar Thompson e Sampaio Dória, que defendiam e propunham a promoção automática como uma proposta capaz de garantir o acesso de um maior número de alunos à escola (Mainardes, 1998; Barretto, Mitrulis, 1999), sendo influenciados pelas concepções pedagógicas inglesas e norte-americanas do período.

Na década de 1950, educadores brasileiros participaram de debates internacionais envolvendo o problema da repetência, como

O REGIME DE PROGRESSÃO CONTINUADA 39

a Conferência Regional Latino-Americana sobre Educação Primária Gratuita e Obrigatória, promovida pela Unesco em colaboração com a Organização dos Estados Americanos (OEA), realizada em Lima (Peru), no ano de 1956. Nessa Conferência, o tema da promoção na escola primária ganhou destaque com a apresentação de um estudo sobre o fenômeno das reprovações nas escolas latino-americanas e de orientações que incentivavam a adoção da promoção automática como uma medida viável para conter a expansão de tal problemática, especificamente, na América Latina.

Almeida Júnior, um dos representantes brasileiros presentes no evento, durante a plenária de encerramento da Conferência Regional, além de ter destacado o problema da repetência, sugeriu algumas medidas, que foram aceitas e incorporadas ao documento final, com o objetivo de garantir o êxito da proposta, ao enfatizar (Almeida Júnior, 1957, p.3):

- a revisão do sistema de promoções na escola primária, com o fim de torná-lo menos seletivo;
- o estudo, com a participação do pessoal docente primário, de um regime de promoções, baseado na idade cronológica dos alunos e em outros aspectos de valor pedagógico, aplicável, em caráter experimental, aos primeiros graus da escola.

Almeida Júnior, em outra Conferência, proferida no mesmo ano, no I Congresso Estadual de Educação, realizado em Ribeirão Preto-SP, ao discutir a repetência e a promoção automática, mostrou-se cauteloso com a introdução da proposta no contexto brasileiro, ao reconhecer as limitações existentes no sistema educacional do país, decorrentes da falta de condições estruturais de várias escolas públicas, da ausência de mecanismos capazes de combater a evasão escolar e do desperdício de recursos do orçamento.

Além das questões apresentadas, Almeida Júnior, durante o evento, apontou um outro inconveniente, resultante do grande número de reprovações, a estagnação, na mesma série, dos alunos reprovados, os quais promoviam a superlotação de salas. Na análise de Almeida Júnior, se não houvesse reprovações na escola primária

40 DEBORA CRISTINA JEFFREY

paulista, por exemplo, o problema da carência de vagas deixaria de ocorrer, e a quarta série poderia ser instalada na zona rural, fato que, até aquela ocasião, não vinha acontecendo.

Assim, diante de um cenário educacional problemático, entre as décadas de 1920 e 1950, no Brasil, a promoção automática foi apresentada como uma alternativa viável para conter as altas taxas de reprovação/repetência, para regularizar o fluxo escolar e evitar o desperdício de recursos. Para Almeida Júnior (1957, p.11), no entanto, baseando-se na experiência inglesa para analisar o ensino paulista, a promoção automática deveria resultar em uma prática que superasse a ideia da "promoção em massa", "promoção por idade" e de exclusão dos alunos considerados "vadios e anormais":

aproveitemos a lição alheia; não, porém, tão-só a da sua página final, a da promoção automática, de todas a menos importante, e que, em si, não constitui a solução do problema da nossa escola primária na fase em que esta se acha. Criemos primeiro no aparelho educacional paulista, e o mais rapidamente possível, as condições de eficiência que outros países produziram à custa de meio século de esforços e sacrifícios. Isso feito, a promoção automática se imporá, como coroamento da excelência da escola e sintoma de maturidade do povo que mantém a instituição.

Pode-se observar, a partir dos dizeres de Almeida Júnior, que, embora a experiência inglesa com a promoção automática tenha contribuído para orientar as discussões a respeito de diferentes formas de promoção, as condições e o próprio sistema de ensino deveriam ser reestruturados por meio de medidas como o aumento da escolaridade primária, o cumprimento efetivo da organização escolar, o aperfeiçoamento do professor, a modificação da concepção vigente do ensino primário e a revisão dos critérios de promoção,[2] a fim de garantir o êxito da proposta.

---

2 Almeida Júnior (1957) destaca que, para garantir o êxito da promoção automática, as providências descritas acima são essenciais, pois até a década de

O REGIME DE PROGRESSÃO CONTINUADA 41

Assim como Almeida Júnior (1957) enfatizava a necessidade de modificar a concepção seletiva da escola primária, com o aumento do número de anos obrigatórios e com a revisão dos critérios de promoção, também Leite (1959), no mesmo período, destacava, influenciado pela psicologia, a necessidade de adequação do currículo à promoção automática, tendo em vista uma transformação da escola, de seus objetivos básicos.

A proposta de Leite (1959, p.18) valorizava a promoção automática por idade cronológica, a fim de permitir a adequação do currículo às diferentes idades e aos níveis de desenvolvimento físico e afetivo da criança. A ênfase no currículo, segundo o autor, deveria ser considerada, pois, do contrário, poderia inviabilizar a proposta da promoção automática, sob o risco de retirar do sistema escolar atual sua única motivação, sem nada introduzir em seu lugar.

Além do currículo, Leite (1959) ressaltava a necessidade de transformação "radical" da escola e de seus objetivos, a partir da modificação da organização da classe, dos diferentes níveis de exigência, da realização das atividades e, até mesmo, da função do professor, que era entendido como um auxiliar de aprendizagem. O autor reconhecia que, apesar de a promoção automática contribuir para uma transformação "radical" da escola, não seria possível prever, antecipadamente, quais os problemas que essa nova estruturação poderia apresentar no interior da escola, limitando suas análises à delimitação de suas características mais gerais, ao manifestar que:

duas medidas básicas precisam ser defendidas e efetivadas: a primeira, a organização de um currículo adequado ao desenvolvimento do aluno; a segunda, a instituição da promoção automática. [...] Está claro que esses dois programas (pois que são programas de

1950, particularmente no estado de São Paulo, a obrigatoriedade da educação primária restringia-se a quatro anos na zona urbana e três anos na zona rural, sendo que a jornada escolar era de curta duração: entre três e quatro horas diárias; o número de prédios era insuficiente; a formação inicial dos professores mostrava-se deficitária, pois a maioria dos formandos desconhecia as técnicas de ensino; o conceito de educação primária seletivo e excludente prevalecia.

42 DEBORA CRISTINA JEFFREY

demorada organização e aplicação) não eliminam os outros problemas: a necessidade de instalações adequadas, de maior período de permanência na escola, e assim por diante. Devem ser entendidos como necessidades básicas para o ajustamento da criança à escola. (Leite, 1959, p.13-4).

Nota-se que, durante a década de 1950, educadores como A. Almeida Júnior e Dante M. Leite traduziam a ansiedade por mudanças na escola primária brasileira, ao reconhecerem e apontarem as falhas do sistema, que estava marcado pelo alto grau de seletividade e exclusão. Para Fernandes (2000, p.85), esse processo de inquietação e a necessidade de mudança foram intensificados pelo fato de o pensamento educacional no país ter sido tomado pela "euforia" do desenvolvimento, na década de 1950, em virtude da crença de que reformas no sistema educacional poderiam contribuir para o desenvolvimento do país, mesmo diante da precariedade de condições da educação escolar existente, configurada pelas altas taxas de analfabetismo, de repetência, de evasão, pela formação deficitária de professores e pela falta de escolas.

A euforia do desenvolvimento, na década de 1950, pode ser compreendida, segundo Fernandes (2000), pela intensificação do processo de industrialização do país, pela abertura de novas estradas, pela modernização de estados e da região Centro-Oeste. No entanto, com relação ao pensamento educacional brasileiro, a autora analisa que essa euforia foi influenciada pela necessidade de reforma da escola pública e solução dos problemas educacionais brasileiros, principalmente, com relação à repetência e à evasão escolar.

O presidente Juscelino Kubitschek, em discurso, como paraninfo das turmas dos cursos do Instituto de Educação de Belo Horizonte, no ano de 1956, sintetizou a influência da euforia do desenvolvimento com a seguinte fala:

> Há de também preparar o homem para o trabalho, integrando-o na economia nacional. Tal objetivo se atingirá com o acréscimo de um curso complementar ao currículo atual. Esse ensino pri-

O REGIME DE PROGRESSÃO CONTINUADA   43

mário de segundo nível completaria a habilitação daqueles que não podem frequentar estabelecimentos secundários e superiores.

Adotando-se, concomitantemente, o sistema de promoção automática, vitorioso entre os povos mais adiantados, far-se-á uma reforma de benefícios amplíssimos. A escola deixou de ser seletiva. [...] Não mais se marca a criança com o ferrete da reprovação, em nenhuma fase do curso. [...] Sobre racional, a reforma seria econômica e prática, evitando os ônus da repetência e os males da evasão escolar (Kubitschek, 1957, p.143-4).

A educação, portanto, de acordo com o presidente Juscelino, tornara-se um dos principais elementos para o desenvolvimento do país, tanto que as mudanças curriculares, organizacionais e do sistema de promoção foram apresentadas como requisitos fundamentais para a reforma educacional, para o combate à repetência e à evasão escolar, a fim de possibilitar a construção de uma escola não seletiva, com condições de preparar o homem para o trabalho e sua integração à economia nacional.

Essa nova consciência educacional tornou-se frequente. Segundo Barreto & Mitrulis (1999, p.31), houve a inclusão de argumentos de natureza social, política e econômica nos discursos de educadores e especialistas que defendiam a adoção da promoção automática ou outras formas de flexibilização do percurso escolar, diante do desejo de inserir o Brasil ao lado dos países mais desenvolvidos.

Tal projeto era incompatível com a presença de uma escola com função seletiva, uma vez que uma população instruída era condição indispensável para o avanço tecnológico do país e para a concretização do ideal político da escolha dos representantes pelo sufrágio universal.

O discurso dos educadores e especialistas, que defendiam uma flexibilização no percurso escolar, foi contemplado, na década de 1960, com a LDB n.4.024/61, artigo 104, que permitia a organização, em caráter experimental, de cursos ou escolas com currículos,

44 DEBORA CRISTINA JEFFREY

métodos e períodos escolares próprios. Entre as experiências de caráter experimental,[3] prescritas na LDB n.4.024/61 e desenvolvidas por alguns estados brasileiros, destaca-se a *organização por níveis* em São Paulo (1968-1972) e Pernambuco (1968), e o *sistema de avanços progressivos* em Santa Catarina (1970- 1984) e Minas Gerais (1970-1973).

As experiências de organização escolar por níveis e por avanços progressivos, de acordo com Barreto & Mitrulis (2001), tiveram uma curta duração, com exceção do estado de Santa Catarina, onde chegou a existir por quatorze anos. Os trabalhos de Mainardes (1998), Barreto & Mitrulis (2001) e Jacomini (2004) indicam alguns fatores que contribuíram para que essas experiências tivessem curta duração, com destaque para a resistência docente à concepção pedagógica adotada e a falta de condições necessárias ao trabalho pedagógico e ao atendimento das necessidades dos alunos.

Com relação à Lei n.5.692/71, Sousa (1998) analisa que a organização escolar não seriada perdeu o caráter experimental presente na LDB n.4.024/61, ao destacar o sistema de avanços progressivos como uma alternativa indicada no artigo 14, parágrafo 4°:

> verificadas as necessárias condições, os sistemas de ensino poderão admitir a adoção de critérios que permitam avanços progressivos dos alunos pela conjugação dos elementos de idade e aproveitamento. (LEI n.5.692/71, artigo 14, parágrafo 4°).

Apesar de os estudos de Sousa (1998), Mainardes (1998), Barreto & Mitrulis (2001) e Jacomini (2004) apontarem que a principal experiência de avanços progressivos no Brasil foi a realizada no estado de Santa Catarina, outras experiências de organização não seriada, seguindo as orientações da Lei n.5.692/71, constituíram-se em algumas redes de ensino, no fim da década de 1970 e início

---

3 Cf. Sousa (1998); Barreto & Mitrulis (1999; 2001); Mainardes (1998; 2001); Dutra, Pereira & Auras (1984); Sena & Medeiros (1984); Walker (1984); Jacomini (2004).

O REGIME DE PROGRESSÃO CONTINUADA   45

dos anos de 1980, com a denominação de ciclos (Sousa et al. 2004).

Entre as principais iniciativas de ciclos, destacam-se as do *Bloco Único*, no Rio de Janeiro (1979-1984); *Ciclo Básico de Alfabetização*, em São Paulo (1984), Minas Gerais (1985), Paraná e Goiás (1988); *Ciclo de Aprendizagem*, no município de São Paulo (1992); e a *Escola Plural*, em Belo Horizonte (1994).

O *Bloco Único*, experiência realizada no Rio de Janeiro, entre os anos de 1979 e 1984, instituiu a passagem automática dos alunos da 1ª para a 2ª série do antigo primeiro grau, a fim de possibilitar uma maior permanência da criança na escola, permitindo, assim, um maior tempo para sua alfabetização. Mainardes (1998), com relação à proposta, destaca que a experiência foi comprometida, em virtude da precariedade das condições de trabalho, da formação de pessoal e da capacitação de professores, sendo extinta, em 1984.

Já a proposta do *Ciclo Básico de Alfabetização*[4] (CBA), que propunha a eliminação da avaliação com a finalidade de promover ou reprovar o aluno ao final da 1ª série do 1° Grau, implementada nos estados de São Paulo (1984), Minas Gerais (1985), Paraná e Goiás (1988), tornou-se uma medida que, segundo Barretto & Mitrulis (2001), visava à reestruturação dos sistemas escolares e sua redemocratização. Essa medida foi influenciada, principalmente, pelo período de transição política do regime autoritário para o Estado de Direito, no início da década de 1980, momento em que os partidos políticos de transição estavam empenhados em resgatar a dívida pública com grande parcela da população, que tinha sido impedida de usufruir, na década de 1970, os benefícios do desenvolvimento econômico durante o regime militar.

Para Mainardes (1998), no entanto, a experiência do CBA nesses estados nem sempre foi "estável", em função da descontinuidade das políticas, da ausência de condições para sua realização, dos obstáculos impostos pela burocracia e da fragilidade nos mecanismos de avaliação. Apesar da continuidade da proposta até

---

4 Cf. Barreto & Mitrulis (1999; 2001), Mainardes (1995; 1998; 2001), Silva et al. (1993), Ambrosetti (1990), Arelalo (1992), Mattos (2004) e Bonel (1993).

46 DEBORA CRISTINA JEFFREY

meados da década de 1990, algumas questões não conseguiram ser solucionadas, segundo Mainardes (1998), como a fragmentação do processo de capacitação docente e da organização do trabalho pedagógico, a dificuldade no atendimento da heterogeneidade das classes, o desempenho insuficiente de muitos alunos e a continuidade da reprovação ao final do CBA, levando somente a seu adiamento.

As experiências com ciclos escolares, realizadas nos municípios de São Paulo (1992), Belém (1992), Belo Horizonte (1994) e, posteriormente, Porto Alegre (1997), de acordo com Barretto & Mitrulis (2001), foram denominadas radicais pelo fato de serem formuladas pelo Partido dos Trabalhadores (PT), por apresentarem um currículo baseado em princípios ordenadores e por possibilitarem a integração dos conteúdos a partir das experiências socioculturais dos alunos, tendo em vista a construção de uma escola de "corte popular e democrático".

Desta forma, embora as experiências com o CBA e com os ciclos escolares se configurassem como iniciativas propostas e implementadas por diversos governos estaduais ou municipais, foi a LDB n.9.394/96 que expressou de modo mais explícito a possibilidade de estabelecimento de uma organização escolar não seriada, seguindo os critérios estabelecidos pelos dirigentes responsáveis pela educação escolar, ao indicar diferentes alternativas em seu artigo 23.

A educação básica poderá organizar-se em séries anuais, períodos semestrais, ciclos, alternância regular de períodos de estudos, grupos não seriados, com base na idade, na competência e em outros critérios, ou por forma diversa de organização, sempre que o interesse do processo de aprendizagem assim o recomendar. (LDB n.9.394/96, artigo 23).

As experiências de ciclos e progressão escolar,[5] organizadas no Brasil sob orientação da LDB n.9.394/96, foram influenciadas por

---

5 Freitas et al. (2000), Mattos (2004), Sousa (1998; 2001), Sousa & Alavarse (2003), Sousa, Steinvascher & Alavarse (2001).

O REGIME DE PROGRESSÃO CONTINUADA   47

um contexto educacional impulsionado por reformas administrativas, curriculares e pedagógicas, e por mudanças na gestão educacional do país, caracterizada esta pela descentralização, fato que contribuiu, de acordo com Jacomini (2004), para a implementação dessas propostas em diversas redes municipais, como de Porto Alegre-RS (1997), Betim-MG e Vitória da Conquista-BA (1998); e estaduais, como São Paulo (1998), Bahia – ciclo básico nos dois primeiros anos do ensino fundamental; Pará, Amapá, Rio Grande do Norte, Rio de Janeiro, Paraná, Mato Grosso do Sul – ciclos nos quatro anos do ensino fundamental; Ceará – ciclos no ensino fundamental, organizado por faixa etária; Minas Gerais – ciclos no ensino fundamental, com a opção de escolha pela escola por seriação; e Mato Grosso – ciclos no ensino fundamental.[6]

Apesar do aumento, no Brasil, da adesão de redes municipais e estaduais ao regime de ciclos e progressão continuada, como aponta Jacomini (2004), verifica-se o predomínio de escolas seriadas, segundo os dados apresentados na Tabela 1.

Tabela 1 – Ensino fundamental: número de escolas por forma de organização, segundo as Unidades da Federação (Censo Escolar de 2003)

Unidade da Federação	Total Geral	Seriado		Ciclos		Disciplina		Mais de uma forma de organização	
		Total	%	Total	%	Total	%	Total	%
Brasil	169.075	137.079	81,1	18.527	11,0	35	0,0	13.434	7,9
Norte	24.002	23.601	98,3	74	0,3	2	0,0	325	1,4
Nordeste	79.768	72.563	91,0	2.453	3,1	15	0,0	4.737	5,9
Sudeste	37.785	18.235	48,3	13.908	36,8	8	0,0	5.634	14,9
Sul	19.175	16.016	83,5	1.629	8,5	8	0,0	1.522	7,9
Centro-Oeste	8.345	6.664	79,9	463	5,5	2	0,0	1.216	14,6

Fonte: MEC/Inep/SEEC.

Nota: O mesmo estabelecimento pode oferecer mais de um nível/modalidade de ensino.

---

6 Jacomini (2004) explica que na rede estadual do Mato Grosso, nas regiões do estado onde os professores não foram capacitados, optou-se por manter a seriação.

48 DEBORA CRISTINA JEFFREY

Os dados da Tabela 1 sobre o número de escolas[7] que atendem ao ensino fundamental no Brasil e sua forma de organização indicam que, no ano de 2003, ainda era bastante reduzido o número de unidades escolares organizadas em ciclos escolares, representando um universo de apenas 18.527 estabelecimentos, 11% do total. A região Norte foi a que apresentou o menor número de escolas nessa modalidade, com 74 estabelecimentos, 0,3% do total, e, em contrapartida, a região Sudeste é a que possui maior concentração de unidades escolares nessa forma de organização, 13.908 escolas, 36,8% do total.

O resultado expressivo do número de escolas organizadas em ciclos na região Sudeste é decorrente da adesão à proposta por redes estaduais, como as de São Paulo e Minas Gerais, e municipais, localizadas em cidades de grande porte, como São Paulo e Belo Horizonte, a partir de meados da década de 1990.

De acordo com dados divulgados pelo MEC/Inep/SEEC, ainda referentes ao ano de 2003, no estado de Minas Gerais, das 13.208 escolas existentes, 4.783 estabelecimentos, 36,2%, estavam organizados em ciclos, em virtude da existência do regime de progressão continuada na rede estadual,[8] adotado em 1997, e de propostas como a Escola Plural, no município de Belo Horizonte. No estado de São Paulo, o número de escolas que se encontravam organizadas em ciclos também é significativo, sendo contabilizados 8.246 estabelecimentos, 61,7% do total, sobretudo, em decorrência da instituição dos ciclos na rede municipal de São Paulo, em 1992, e do regime de progressão continuada na rede estadual, no ano de 1998, com extensão no ensino fundamental.

As iniciativas de ciclos escolares no Brasil, entre as décadas de 1960 e 2000, representaram o desafio de se enfrentar a problemática do fracasso escolar e da melhoria da qualidade de ensino, ao

---

7 O número total de escolas apresentadas na Tabela 1 refere-se às existentes nas redes públicas e privadas do Brasil.

8 No ano de 1999, a SEE-MG delegou às escolas públicas da rede estadual a competência de definir a forma de organização do ensino fundamental, iniciativa esta que resultou na redução do número de estabelecimentos de ensino organizados pelo regime de progressão continuada. Para mais informações, ver o trabalho de Mattos (2004).

O REGIME DE PROGRESSÃO CONTINUADA   49

proporcionarem o questionamento de uma escola pública seletiva e classificatória, a fim de contribuírem para a inclusão dos segmentos da população excluídos do processo educativo. Por outro lado, as experiências realizadas apresentaram diferentes combinações e estruturas, sendo que sua continuidade ou suspensão foi influenciada, em diversos momentos, pelo jogo político existente na esfera governamental, pelo tratamento das resistências administrativas e pedagógicas existentes nas redes de ensino e pelas condições estruturais oferecidas no contexto escolar.

As iniciativas de ciclos e progressão escolar no Brasil: caracterização

As iniciativas de ciclos e progressão escolar no Brasil estão vinculadas às medidas de combate à repetência, à evasão escolar e à distorção idade-série, as quais, embora tenham feito parte dos debates educacionais desde a década de 1920, quando já enfatizava a prática da promoção automática como forma de solucionar tais problemáticas, ganham maior projeção, em meados da década de 1970, com a possibilidade do avanço progressivo, previsto na Lei n. 5.692/71, e da ampliação das experiências com o CBA nos estados.

Com relação às políticas educacionais adotadas na década de 1970, Silva et al. (1993) consideram que elas foram estruturadas como estratégias de combate à pobreza, inspiradas na abordagem das teorias de educação compensatória, atendendo especificamente às regiões mais pobres (região Nordeste, zona rural e periferias urbanas) do país.[9] Assim, na avaliação de Silva et al. (1993), os pro-

---

9 Entre as políticas públicas formuladas e implementadas para combater a pobreza, Silva et al. (1993) destacam: o Edurural (Programa de Expansão e Melhoria do Ensino Rural), Promunicípio (Programa de Assistência Técnica e Financeira aos Municípios), Polonordeste (Programa de Desenvolvimento de Ações Integradas no Nordeste), Prodasec (Programa Nacional de Ações Socioeducativas e Culturais – voltado para o meio rural) e Prodasec (Programa de Desenvolvimento de Ações Socioeducativas e Culturais – para as periferias urbanas).

50 DEBORA CRISTINA JEFFREY

gramas desenvolvidos apresentavam dois problemas fundamentais: a centralização na formulação e no monitoramento destes pelo Ministério da Educação, e o prévio reconhecimento da limitação do alcance das metas desejáveis, considerando que:

> O Estado exerceu uma política de aparências, declarando assistir e dar respaldo a interesses divergentes. Assim, ao mesmo tempo que se apoiava nas oligarquias locais (tentando perpetuar, portanto, a estrutura socioeconômica arcaica da zona rural nordestina), estabelecia medidas que buscavam "modernizá-la". A essência, pois, da política de aparências exercida pelo Estado foi a realização de pequenas mudanças para não se antepor aos grandes interesses e contrariá-los. Desta forma, as intervenções do Estado, por se situarem no limite necessário à legitimidade, não adquiriram nunca um caráter radical: foram sempre conservadoras (Silva et al. 1993, p.8).

A focalização das políticas educacionais em grupos e em regiões específicas do Brasil, a centralização na elaboração e oferta de programas educacionais pelo MEC, além do reconhecimento da limitação destes, destacados por Silva et al., evidenciam que as iniciativas de organização não seriada, como o avanço progressivo, encontravam-se desarticuladas das medidas adotadas pelo governo federal, deixando os propósitos de combate à repetência, à evasão e à distorção idade-série restritos aos governos estaduais e municipais. Estes, deste modo, tiveram de se responsabilizar pela implementação, pelo financiamento e pela formação docente, a fim de desenvolverem propostas alternativas como o sistema de avanço progressivo, que acabou sendo realizado no estado de Santa Catarina, entre 1970 e 1984; e o Bloco Único, no Rio de Janeiro, entre 1979 e 1984.

Na década de 1980, o fracasso da "política de aparências", apontado por Silva et al. (1993), o processo de abertura política e a realização de eleições estaduais nas principais capitais brasileiras fizeram que os governos eleitos, particularmente os de oposição,

O REGIME DE PROGRESSÃO CONTINUADA   51

começassem a introduzir mudanças na política educacional de seus estados, por meio de uma nova visão sobre o papel da escola pública, enfraquecendo, portanto, o governo federal, com relação à sua liderança na articulação das políticas nacionais de educação. Assim, governos estaduais eleitos, na tentativa de introduzirem mudanças nas políticas educacionais, de acordo com Silva et al., acreditavam que, além de democratizar o acesso à escola, seria necessário promover a melhoria da qualidade de ensino por meio de propostas e programas de intervenção[10] que pudessem atingir a totalidade dos sistemas escolares, congregando um conjunto de ações que privilegiassem as primeiras séries do ensino básico, pois estas apresentavam a incidência das maiores taxas de repetência e evasão.

O ciclo básico de alfabetização surgiu, deste modo, como uma alternativa de combate a tais problemáticas por governos estaduais, como os de São Paulo (1984), Minas Gerais (1985), Paraná e Goiás (1988), tendo em vista a democratização da escola pública e a melhoria da qualidade de ensino.

Para Silva et al. (1993), a melhoria da qualidade de ensino, almejada pelos governos, apresentava duas naturezas, uma de caráter pedagógico e outra assistencialista, que buscava compensar, por meio da escola de tempo integral, as carências socioeconômicas dos alunos.

Apesar de os governos priorizarem a democratização do acesso à escola, a intervenção direta na problemática da reprovação e da evasão escolar, a partir da realização de medidas como o CBA, de acordo com as autoras, ainda não surtu o efeito esperado, pois o sistema educacional permaneceu altamente seletivo, com a concentração da maioria da população escolar nas séries iniciais e com

---

10 Entre os principais programas instituídos na década de 1980, com propósito de promover a melhoria da qualidade de ensino, Silva et al. (1993) destacam: Programas Pedagógicos: Ciclo Básico de Alfabetização – SP e Jornada Única – SP; Programas Assistencialistas: CIEP (Centros Integrados de Educação Pública) – RJ; Profic – SP (Programa de Formação Integral da Criança).

52   DEBORA CRISTINA JEFFREY

manutenção dos elevados índices de evasão e repetência nas séries subsequentes.

De modo a evidenciar a seletividade do sistema, a Tabela 2 apresenta dados referentes às taxas de rendimento escolar (aprovação, reprovação e evasão), do 1° Grau da rede estadual de São Paulo, de 1984 a 1989, uma das primeiras a adotar o CBA com o intuito de democratizar e garantir a melhoria da qualidade de ensino.

Tabela 2 – Estado de São Paulo: taxas de aprovação, reprovação e evasão no 1° Grau (1984-1989)

Ano	Em %		
	Aprovação	Reprovação	Evasão
1984	72,9	15,4	11,7
1985	70,1	18,7	11,2
1986	69,4	18,5	12,1
1987	69,8	18,7	11,5
1988	71,6	16,6	11,8
1989	71	15,8	13,2

Fonte: SEE-SP.

As taxas de rendimento escolar da rede estadual de São Paulo, entre 1984 e 1989, apesar de apresentarem diversas variações, conseguem atingir, em relação à aprovação, no máximo 72% da população escolar no ano de 1984; a reprovação manteve-se sempre alta, variando entre 15% e 18%; enquanto a evasão permaneceu quase inalterada, oscilando entre 11% e 13%.

Esses dados indicam, na análise de Silva et al. (1993), que vários programas educacionais[11] desenvolvidos na década de 1980, particularmente no estado de São Paulo, como o CBA, de caráter pedagógico, e o Programa de Formação Integral da Criança – Profic, de cunho assistencialista, embora tenham procurado criar condições

---

11 Para mais detalhes de propostas como o CBA e Profic, desenvolvidos no estado de São Paulo, durante a década de 1980, ver os trabalhos de Rus Perez (2000) e Borges (2003).

O REGIME DE PROGRESSÃO CONTINUADA 53

para a melhoria do ensino, não conseguiram atingir os resultados esperados, em virtude da instabilidade política, da ambiguidade na relação dos dirigentes da educação com a população e da ausência de mecanismos de avaliação e informação da sociedade civil, que possibilitassem o controle e a fiscalização dos serviços prestados.

Ainda que os problemas de reprovação e evasão não tenham chegado a ser superados com o desenvolvimento de programas pedagógicos e assistencialistas na década de 1980, para Cláudio Moura Castro (1995, p.30), nem tudo é negativo na educação brasileira.

> Houve e continua havendo uma expansão na cobertura da escola. As taxas de matrícula, os efetivos escolares e os níveis de escolaridade continuam crescendo. O problema não está na dimensão quantitativa. Esse assunto está sendo equacionado e resolvido. [...] Mas o que parece mais grave é a incapacidade do sistema de oferecer uma educação de qualidade suficiente para atrair e instruir os alunos de melhor desempenho. [...] Ademais, a escola fracassa no mais central que é ensinar a ler, escrever e contar.

Apesar de Cláudio Moura Castro (ibidem) reconhecer como um aspecto favorável a expansão das taxas de matrícula da população escolar, Maria Helena Guimarães Castro (1995) considera que o cenário educacional precisa ser compreendido a partir de duas interpretações contraditórias: a primeira, "intencionalmente otimista", que ressalta os aspectos positivos que configuram o cenário educacional, como a expansão das matrículas em todos os níveis, com tendência de melhoria nos indicadores de eficiência, especialmente no ensino fundamental; a segunda, revela os aspectos ainda insatisfatórios do sistema educacional, como a manutenção das elevadas taxas de repetência, abandono, distorção idade-série e baixo rendimento dos alunos, pois segundo a autora:

> Este aparente antagonismo se desfaz quando se examina com maior profundidade a evolução dos principais indicadores educacionais na década de 1990. De fato, se do ponto de vista quantita-

54 DEBORA CRISTINA JEFFREY

tivo a expansão do sistema educacional brasileiro atingiu patamares bastante razoáveis, aproximando o país da meta de universalização do ensino fundamental, o mesmo não pode ser dito em relação aos indicadores de qualidade, que permanecem muito distantes dos padrões desejados pela sociedade e necessários ao desenvolvimento nacional (Castro, 1999, p.7).

Ao analisar os indicadores educacionais de matrícula e rendimento escolar, no Brasil, entre as décadas de 1970 e 1990, Rus Perez (1999, p.69)[12] destaca que os índices apresentados apontam, por um lado, um crescimento expressivo das matrículas, a partir da ampliação no atendimento da população na faixa etária de 7 a 14 anos, e, por outro, sinalizam um baixo rendimento do sistema educacional, no que se refere ao fluxo dos alunos e à repetência, ao evidenciarem que a democratização das vagas ainda estava "longe de atender à equidade", pelo fato de coexistir uma forte desigualdade regional e interna no próprio sistema.

Para Mansano Filho, Oliveira e Camargo (1999), a expansão das matrículas no ensino fundamental,[13] entre 1975 e 1997, representa um resultado surpreendente, ao evidenciarem, a partir da análise de dados produzidos pelo MEC e Inep, a ampliação do acesso, o aumento gradativo da permanência dos alunos e o aumento dos índices de conclusão neste nível. Os autores atribuem tal resultado surpreendente, em parte, à adoção, que consideram "mais ou menos generalizada" (p.57), de programas de regularização de fluxo escolar, como ciclos, progressão escolar e classes de aceleração.

As iniciativas de ciclos e progressão continuada, portanto, diante do processo contraditório entre a democratização das vagas e a ausência de equidade no sistema educacional, apontada, anteriormente, por Rus Perez (1999), na década de 1990, configuraram-se como alternativas adotadas por governos estaduais e municipais,

---

12 A análise do autor sobre o ensino fundamental no Brasil encontra-se no documento: Castro, 1999, p.69-90.

13 Neste artigo, os autores apresentam dados sobre as matrículas no ensino fundamental, entre 1975 e 1997, apontando suas tendências.

O REGIME DE PROGRESSÃO CONTINUADA **55**

para amenizar as desigualdades educacionais e garantir o direito à educação, reconhecido na Constituição Federal de 1988 e LDB n.9.394/96. As taxas de rendimento do ensino fundamental, apresentadas na Tabela 3, entre os anos de 1991 e 1996, apesar de indicarem os elevados níveis de reprovação e evasão, apontam que estes sofreram uma relativa queda.

Tabela 3 – Taxas de rendimento escolar do ensino fundamental: Brasil e regiões geográficas (1991/2000)

Em %	1991			1994			1996		
	Aprovação	Reprovação	Abandono	Aprovação	Reprovação	Abandono	Aprovação	Reprovação	Abandono
Brasil	63,6	18,1	18,3	68,7	16,4	14,9	71,8	13,9	14,3
Norte	58,6	19,4	22	59,6	17,8	22,6	60,9	18,4	20,7
Nordeste	55,7	21,8	22,5	59,8	19,9	20,3	61,8	17	21,2
Sudeste	70	17,2	12,8	75,2	13,9	10,9	80,9	10	9,1
Sul	65	13,3	21,7	75,5	14,6	9,9	76,8	14,7	8,5
Centro--Oeste	65,9	16,9	17,2	68,3	17,3	14,4	69,1	14,5	16,4

Fonte: MEC/Inep.

No Brasil, o problema da reprovação e do abandono escolar, entre 1991 e 1998, segundo os dados da Tabela 3, não chegou a ser completamente solucionado, pois, mesmo com a melhoria das taxas de aprovação de 63,6% (1991) para 71,8% (1998), a reprovação encontrava-se sempre acima de 13,9% (1996) e o índice de abandono, de 14,3% (1998). A região Nordeste, no período destacado, apresenta os piores índices de rendimento do país, mesmo apontando uma relativa melhora dos indicadores, com a aprovação entre 55,7% (1991) e 61,8% (1996); reprovação entre 21,8% (1991) e 17% (1996); e abandono entre 18,3% (1991) e 14,3% (1996).

Assim, diante de um contexto educacional desigual, ainda marcado pela exclusão de uma parcela da população escolar, seja pela reprovação, seja pelo abandono, fato observado pelas taxas de rendimento, entre os anos de 1991 e 1998, as iniciativas de ciclos e progressão escolar foram adotadas por alguns governos, que encararam o desafio de superar esses problemas, procurando garantir a melhoria da qualidade de ensino e a equidade educacional.

Além do desafio de melhorar as taxas de rendimento escolar, os governos apontavam outras justificativas, segundo Sousa et al. (2004), para fundamentarem a introdução da proposta de ciclos e progressão escolar nas redes de ensino, na década de 1990, com destaque para questões de ordem política e social, como a democratização do ensino, a garantia à educação e a inclusão social; princípios pedagógicos e psicológicos, como a necessidade de atendimento às diferenças dos alunos, garantia de aprendizagem e preservação da autoestima destes.

No entanto, se justificativas de ordem política, social, pedagógica e psicológica, de acordo com Sousa et al. (2004), foram apresentadas para fundamentarem a adoção dos ciclos e progressão continuada nas redes de ensino, os pressupostos econômicos também estavam sendo vinculados às medidas, como possibilidades para a racionalização dos recursos públicos. Contudo, a esse respeito, embora haja controvérsias e questionamentos sobre a utilização dessas iniciativas para tal finalidade, ainda não foram constatados informações ou estudos, de acordo com Sousa et al. (2004), que pudessem afirmar e analisar esse aspecto.

Embora não se tenha comprovação de uma vinculação entre as políticas de ciclos e progressão continuada com a economia de recursos, os meios de comunicação e alguns profissionais no interior da escola[14] têm enfatizado essa questão, principalmente em decorrência das mudanças na gestão e no financiamento da educação, as quais se configuraram como parte do processo de reforma do Estado, realizado pelos governos ao longo da década de 1990, no Brasil.

Esse processo de reforma do Estado, de acordo com Afonso (2001), envolveu uma redefinição do papel do Estado, fazendo que

---

14 Cf. Neubauer (1999), Jeffrey (2001), Magalhães (1999), Arroyo (1999), Freitas (2002).

O REGIME DE PROGRESSÃO CONTINUADA 57

o controle burocrático fosse realizado por meio da combinação de estratégias de autonomia, especialmente das escolas com processos de regulação. A combinação de estratégias de autonomia e de regulação, destacada por Afonso, configurou uma alternância entre a centralização e a descentralização na gestão e no financiamento da educação, favorecendo a melhoria da qualidade de ensino, dos indicadores educacionais e do atendimento à demanda.

Assim, o cumprimento de determinadas metas educacionais, como a melhoria da qualidade de ensino e o atendimento à demanda escolar por meio da descentralização da gestão da educação, envolve, segundo Cassassus (1990), no plano político, maior participação e democracia; no econômico, a geração de mais recursos; no técnico-pedagógico, a melhoria da qualidade; e no administrativo, maior eficiência nos processos educacionais. Contudo, é preciso considerar que o plano político, econômico, técnico-pedagógico e administrativo, que configuram a gestão educacional dos governos, segundo Cassassus (1990), terão implicações nas propostas de ciclos e progressão escolar desenvolvidas nas redes de ensino.

As implicações diretas da gestão educacional, caracterizadas pela combinação da regulação do Estado com a prática de estratégias de autonomia e autocontrole das escolas, nas propostas de ciclos e progressão escolar desenvolvidas no Brasil, a partir da década de 1990, podem ser observadas no processo de implementação, na oferta de condições, na continuidade das medidas, no caráter político-pedagógico, na participação docente e na formação continuada dos profissionais da educação, como aponta estudo de Sousa et al. (2004). Eles evidenciam que:

– Para os atores envolvidos com a implementação destas propostas no interior das escolas, os dispositivos educacionais e recursos oferecidos pelos governos ainda não têm sido suficientes ou adequados para apoiar e viabilizar as transformações necessárias para a realização do trabalho pedagógico, a exemplo da experiência com o regime de progressão continuada no estado de São Paulo.

58 DEBORA CRISTINA JEFFREY

- A descontinuidade do apoio à implementação das medidas é uma situação resultante da alternância em diversas gestões, comprometendo o efeito esperado da proposta, fato constatado na proposta de ciclos realizada no município de São Paulo.

- Em algumas experiências de ciclos, como a Escola Plural (Belo Horizonte) e a Escola Cidadã (Porto Alegre), os pressupostos teóricos foram valorizados, orientando o caráter político-pedagógico das propostas.

- A participação docente na execução das medidas de ciclos e progressão escolar tem sido prejudicada pela resistência dos grupos com relação a alterações na prática avaliativa (Progressão Continuada no Estado de São Paulo) ou favorecida pelo desenvolvimento de práticas inovadoras, envolvendo uma perspectiva interdisciplinar (Escola Plural).

- A formação continuada dos profissionais da educação parece produzir poucos impactos nas práticas docentes, principalmente em relação à organização e implementação do currículo.

Nesse sentido, as implicações da gestão educacional no processo de implementação, de oferta de condições, de continuidade de medidas envolvendo ciclos e progressão escolar, segundo Sousa et al. (2004), resultam também das influências do contexto histórico em que estão inseridas, no qual o controle do Estado e a prática de estratégias de autonomia das escolas configuram-se distintamente.

A autonomia das escolas, assegurada pela LDB n.9.394/96 ou por propostas de ciclos e progressão continuada adotadas em diversas redes de ensino, caracteriza-se pela introdução de medidas, estabelecidas por cada unidade de ensino, capazes de contribuir com a estruturação do trabalho pedagógico e coletivo no espaço escolar, com destaque para a *Jornada Única*[15] (CBA – São Paulo), a

---

15 A Jornada Única foi adotada na proposta do CBA do estado de São Paulo com o objetivo de proporcionar maior tempo para a dedicação do professor a seus alunos e promover um espaço de formação na própria escola (Sousa et al., 2004, p.30).

O REGIME DE PROGRESSÃO CONTINUADA   59

Recuperação Contínua e Paralela[16] (Progressão Continuada), a *Jornada de Trabalho Integral*[17] (Ciclos de Aprendizagem – município de São Paulo), a *Reorganização dos Tempos Escolares*[18] (Escola Plural – Belo Horizonte), *Currículo Interdisciplinar*[19](Escola Cidadã – Porto Alegre), entre outras, que procuraram favorecer as práticas educativas, o processo de aprendizagem dos alunos e a integração entre os profissionais da educação.

No entanto, essas medidas de suporte às iniciativas de ciclos e progressão escolar desenvolvidas no Brasil enfrentaram alguns entraves como a resistência docente, a falta de entendimento das propostas no interior das escolas e de investimento por alguns governos e a descontinuidade dos projetos iniciais. Esses fatores são apontados no estudo de Sousa et al (2004) como elementos que acabam por prejudicar o trabalho pedagógico de várias escolas, juntamente com a burocratização das redes e o controle das Secretarias de Educação sobre os resultados educacionais obtidos, tanto pela unidade escolar como pela população clientela atendida, por meio de avaliações de larga escala.

A avaliação em larga escala,[20] realizada pelo governo federal e por alguns estados, como São Paulo e Minas Gerais, tem o obje-

---

16 A Recuperação Contínua e Paralela foi introduzida na rede estadual, a partir de 1999, com o objetivo de permitir um acompanhamento mais individualizado do aluno com dificuldades de aprendizagem. Será retratado, especificamente, no capítulo 2.

17 A Jornada de Trabalho Integral foi introduzida na rede municipal de São Paulo, em 1992, com o intuito de possibilitar ao professor maior tempo para a realização de atividades coletivas, individuais e de livre escolha. Por isso, o professor que optasse por uma jornada de 40 horas-aula semanais despenderia 25 horas-aula em atividade com os alunos; oito, em atividades coletivas; três, individualmente na escola; e quatro, de livre escolha.

18 A Reorganização dos Tempos Escolares consistiu na configuração dos ciclos de formação, vinculada à ideia de formação do sujeito, pelo fato de permitir o trabalho com os diferentes ritmos de aprendizagem e propor uma maior flexibilidade nos tempos, espaços e práticas escolares.

19 O Currículo Interdisciplinar foi organizado em Porto Alegre, a partir de complexos temáticos construídos com a articulação da realidade social e os conteúdos disciplinares.

20 A esse respeito, ver os trabalhos de Sousa, 1997, p.264-83. Oliveira, R., 2000, p.77-94.

60 DEBORA CRISTINA JEFFREY

tivo de proporcionar um controle direto sobre as redes de ensino, tendo em vista a indução das políticas educacionais e a promoção da qualidade da educação. Para Sousa & Oliveira (2003), a avaliação em larga escala, por outro lado, apresenta duas potencialidades funcionais: a) é peça essencial nos mecanismos de controle que são transferidos das estruturas intermediárias para a ponta (escola) por meio da testagem sistêmica; b) induz procedimentos competitivos entre escolas e sistemas.

Esse processo de controle e indução de procedimentos competitivos entre escolas e sistemas, apontado por Sousa & Oliveira (2003), resulta na associação entre desempenho e financiamento, que, segundo os autores, pode se tornar o principal critério utilizado para alocação de recursos, determinando remunerações diferenciadas dentro do próprio sistema de ensino.

Tal competição, ao estabelecer uma associação entre o desempenho e financiamento das escolas, com relação às propostas de ciclos e progressão continuada, pode comprometer as atividades realizadas em diversas unidades escolares, considerando que a alocação de recursos e a melhoria das condições de trabalho destas passam a ser atreladas à classificação na avaliação, fazendo que a autonomia, medida essencial para contribuir com a reorganização da escola, na adaptação curricular à população atendida e no acompanhamento de alunos com dificuldades, seja comprometida.

Na rede estadual de São Paulo, onde o regime de progressão continuada encontra-se em funcionamento desde 1998, os alunos são submetidos a avaliações de larga escala, que compõem o Sistema de Avaliação do Rendimento Escolar do Estado de São Paulo (Saresp), a fim de verificar o desempenho das escolas da rede. No ano letivo de 2000, após a divulgação dos resultados obtidos, as escolas foram classificadas por cores, que variavam do verde (excelente) ao vermelho (ruim), sendo premiadas as melhores colocadas com viagens e materiais de apoio; em 2001, as provas do Saresp, aplicadas a alunos da 4ª (ciclo I) e 8ª (ciclo II) séries do ensino fundamental, tiveram o objetivo de avaliar o final de cada ciclo, determinando, de acordo com a pontuação dos estudantes, os quais deveriam atingir

O REGIME DE PROGRESSÃO CONTINUADA 61

pelo menos 14 pontos, sua aprovação, reprovação ou encaminhamento à recuperação de férias, caso a pontuação estivesse abaixo da mínima exigida.

Essa experiência do Saresp, realizada no ano letivo de 2001, nas escolas da rede estadual de São Paulo, indica a situação de mal-estar criada entre as unidades escolares, em função do processo de competição e classificação destas, que estavam condicionadas somente a um indicador, o desempenho dos alunos. Assim, o trabalho pedagógico desenvolvido no interior da escola, suas especificidades, a característica da população e, até mesmo, o progresso dos alunos com dificuldades foram desconsiderados na tentativa de padronizá-los, contrariando alguns princípios pedagógicos e psicológicos da proposta de ciclos e progressão escolar, como o atendimento às diferenças dos alunos, a preservação da autoestima e a garantia de aprendizagens significativas, destacados por Sousa et al. (2004).

Para Perrenound (2003, p.13), as avaliações de larga escala, além de propiciarem a medida e comparação dos resultados das escolas ou sistemas educacionais, podem acentuar os conflitos ideológicos, filosóficos, políticos, bem como os debates didáticos e pedagógicos, pois "a avaliação se situa no cruzamento de duas lógicas frequentemente antagônicas, a da aprendizagem e da medida".

No entanto, de acordo com Sousa et al. (2004, p.24), essas avaliações externas têm criado uma tensão entre as escolas diante da autonomia que possuem para desenvolverem um currículo capaz de contemplar as diferenças e atender às exigências estabelecidas pelos critérios de avaliação de larga escala, pois:

> A tendência, no enfrentamento dessa tensão, termina sendo a orientação dos tempos e espaços de aprendizagem em torno dos conteúdos exigidos nas provas de aferição do rendimento, bem mais restritos do que os objetivos educacionais propostos para o ensino. A expectativa de que as escolas procedam do modo que quiserem ou puderem no que toca às abordagens do conteúdo e à sua organização, mas cheguem aos resultados esperados pelo

62 DEBORA CRISTINA JEFFREY

sistema, tem assim contribuído, na prática para reforçar as rotinas tradicionais ao invés de revertê-las para dar lugar a uma lógica menos seletiva.

Deste modo, as avaliações externas, ao reforçarem as rotinas tradicionais da escola como aponta Sousa et al. (ibidem), dificultam o desenvolvimento das propostas de ciclos e progressão escolar, pelo fato de restringirem os propósitos de inclusão social e de democratização do acesso e saber, a um caráter formal, sem que, necessariamente, tais aspectos sejam difundidos na cultura escolar e nas práticas avaliativas de aprendizagem, que deveriam apresentar um caráter formativo.

Embora esse processo acabe por envolver a possibilidade de exclusão de uma parcela da população escolar, para Sousa et al. (2004, p.25), a avaliação externa não deve ter sua importância anulada, pois depende da finalidade que lhe é atribuída: proporcionar a melhoria da qualidade de ensino para todos ou produzir a melhoria para alguns.

Apesar de as avaliações externas, segundo Sousa et al., criarem uma tensão nas escolas e redes de ensino que se encontram organizadas em ciclos e/ou em progressão escolar, a distribuição de competências com relação à oferta da educação, de gestão e de financiamento[21] entre estados, municípios e União, estabelecida pela LDB n.9.394/96 e Lei n.9.424/96, que dispõe sobre o Fundef, contribui para impulsionar a adoção dessas medidas.

Porém, para Oliveira (2000), a distribuição mais precisa de competências entre as diferentes esferas públicas, após a LDB n.9.394/96, fez que o governo federal se desobrigasse a utilizar recursos orçamentários para o ensino fundamental, mesmo que em

---

21 O Fundef (Fundo de Manutenção e Desenvolvimento do Ensino Fundamental e de Valorização do Magistério) e o processo de Municipalização das redes públicas municipais de ensino são iniciativas de descentralização que promoveram impactos significativos no financiamento, gestão e transferência de responsabilidades entre estados e municípios, gerando, em muitos casos, disputas e tensões na esfera pública.

O REGIME DE PROGRESSÃO CONTINUADA **63**

seu discurso tenha passado a ideia de priorizar esse nível de ensino, aumentando, assim, a responsabilidade de estados e municípios.

A desobrigação do governo federal e o aumento da responsabilidade de estados e municípios na oferta do ensino fundamental, apontado por Oliveira (2000), a partir da década de 1990, fizeram que as matrículas apresentassem um aumento nas redes públicas, particularmente na esfera municipal, com a intensificação do processo de municipalização.[22]

No entanto, apesar da representatividade da esfera municipal no número de matrículas, Mansano Filho, Oliveira & Camargo (1999) entendem que esse processo ainda apresenta uma significativa diferenciação regional no atendimento, sendo maior no Nordeste e menor no Sudeste.

Apesar de a esfera municipal apresentar maior número de matrículas do ensino fundamental, observa-se na Tabela 4 que a adesão à proposta de ciclos e progressão continuada ainda tem sido pequena, com predomínio das matrículas nessa organização em redes estaduais, como as de São Paulo e Minas Gerais.

De acordo com dados da Tabela 4, no Brasil, em 2003, houve predomínio de matrículas do ensino fundamental na organização

Tabela 4 – Número de matrículas por forma de organização no ensino fundamental, Brasil (2003)

Unidade da Federação	Dependência administrativa	Total geral	Seriado		Ciclos		Disciplina		Mais de uma forma de organização	
			Total	%	Total	%	Total	%	Total	%
Brasil	Total	34.438.749	21.984.784	63,8	7.099.615	20,6	6.256	0,0	5.348.094	15,5
	Federal	25.997	24.155	92,9	1.842	7,1	0	0,0	0	0,0
	Estadual	13.272.739	6.927.288	52,2	4.020.773	30,3	1.500	0,0	2.323.178	17,5
	Municipal	17.863.888	11.946.164	66,9	2.935.740	16,4	2.748	0,0	2.979.236	16,7
	Particular	3.276.125	3.087.177	94,2	141.260	4,3	2.008	0,1	45.680	1,4

Fonte: MEC/Inep/SEEC.
Nota: O mesmo estabelecimento pode oferecer mais de um nível/modalidade de ensino.

---

22 Sobre a municipalização, ver o trabalho de Oliveira, C., 2000, p.11-36.

64 DEBORA CRISTINA JEFFREY

seriada, totalizando 63,8% destas; as matrículas na modalidade de ciclos representaram 20,6%; em mais uma forma de organização, 15,5%; na modalidade por disciplina, o número de matrículas foi inexpressivo no país, não ultrapassando 0,1% (rede particular). Com relação às matrículas por esfera administrativa, a modalidade de ciclos em nível federal englobou somente 7,1%; na estadual, 30,3%; e na municipal, somente 16,4%; a rede particular apresentou a menor adesão, 4,3%.

O predomínio da modalidade de ciclos no ensino fundamental no âmbito estadual, como indica os dados da Tabela 4, em 2003, foi impulsionado pela porcentagem da região Sudeste, que detém 68,1% das matrículas nessa forma de organização no Brasil, principalmente pelas redes estaduais de São Paulo (88,5%) e Minas Gerias (62,2%).

Com relação às experiências de ciclos nas redes municipais, no país, a situação inverte-se, com o prevalecimento das matrículas do ensino fundamental no regime seriado, contabilizando 11.946.164 alunos (66,9%), e pequena adesão de ciclos, que apresentou, no ano de 2003, somente 2.935.740 alunos (16,4%) matriculados, segundo os dados da Tabela 4.

Particularmente com relação ao número de matrículas do ensino fundamental, na modalidade de ciclos em redes municipais, os dados referentes ao ano de 2003 do MEC/Inep/SEEC apontam que:

– A região Norte contabilizava 2,4% das matrículas do ensino fundamental na modalidade ciclos, com destaque para a rede municipal do Pará, que atendeu cerca de 46.244 alunos, representando 4% do estado.

– Na região Nordeste, dos 370.186 alunos matriculados na modalidade de ciclos, 3,8% encontravam-se na rede municipal, concentrada, principalmente, no Rio Grande do Norte, onde 81.400 matrículas foram registradas na modalidade de ciclos, atingindo 24,3% do estado.

– No Sul, dos 379.645 matriculados na modalidade de ciclos, ou seja, 19,5% encontravam-se na rede municipal do Paraná,

O REGIME DE PROGRESSÃO CONTINUADA **65**

que atendeu 277.404 alunos nesta modalidade, representando 34,7% das matrículas do estado; e Rio Grande do Sul, com 77.143 matrículas na modalidade de ciclos, compreendendo 10,5% do atendimento no estado.
- Na Região Centro-Oeste, onde 116.335 alunos encontravam-se matriculados na modalidade ciclos, 75.404 matrículas pertenciam à rede municipal, representando 7,9% do estado. Destaque para o Mato Grosso, que contabilizava 48.269 matrículas, atendendo a 16,4 % do estado.

No entanto, apesar de as experiências desenvolvidas na modalidade ciclos em redes municipais, como de Belém do Pará, Rio Grande do Norte, Vitória da Conquista (BA), Porto Alegre e Mato Grosso, terem sido bastante divulgadas no país, especialmente em trabalhos acadêmicos e artigos publicados em revistas da área educacional,[23] é a região Sudeste que concentra o maior número de matrículas nessa forma de organização nas redes municipal e estadual do ensino fundamental. O destaque é para os estados de São Paulo e Minas Gerais, onde, de acordo com dados divulgados pelo MEC/Inep/SEEC, referentes ao ano de 2003, dos 12.300.000 matrículas no ensino fundamental da região, 3.800.000 alunos encontravam-se matriculados na modalidade de ciclos na rede estadual, representando 68,1%; e 2.100.000 na rede municipal, compreendendo 41,6% das matrículas do estado.

Em Minas Gerais, a modalidade de ciclos no ensino fundamental abrange 62,2% das matrículas na rede estadual, considerando que, desde 1997, o *regime de progressão continuada* foi instituído pela SEE-MG; e 41% na municipal, com grande representatividade, sobretudo em Belo Horizonte, onde, desde 1994, adotou-se a proposta da Escola Plural; já em São Paulo, 88,5% das matrículas encontravam-se na rede estadual, especialmente após a *adoção do regime de progressão continuada*, no ano de 1998, e 69,4% na rede

---

23 Sousa et al. (2004) analisam artigos publicados em revistas da área educacional e trabalhos acadêmicos como teses e dissertações que retrataram a experiência de ciclos e progressão escolar, entre 1992 e 2002.

66 DEBORA CRISTINA JEFFREY

municipal, com destaque para a experiência pioneira de ciclos no município de São Paulo, em 1992.

Contudo, independentemente do predomínio das experiências nas esferas estadual e municipal, no Brasil, existe uma grande variação nas formulações, nos arranjos entre séries e ciclos nas diferentes redes, fato destacado por Sousa et al. (2004). Eles analisam que as justificativas apresentadas para a organização escolar não seriada acabam por recorrer a teorias de desenvolvimento dos sujeitos, a fatores socioculturais, a especificidades escolares ou pedagógicas.

Deste modo, além das justificativas psicológicas e socioculturais, das especificidades escolares ou pedagógicas, apresentadas por Sousa et al. (2004), na década de 1990, a definição da agenda educacional também pode ser destacada como um fator que contribuiu para que algumas gestões introduzissem propostas de ciclos e progressão escolar em suas redes de ensino.

A relação de ciclos e progressão escolar com a redefinição das agendas educacionais e a qualidade de ensino no Brasil

Embora ainda apresentem pouca abrangência em relação ao número de escolas e de matrículas, aspectos anteriormente evidenciados nas Tabelas 1 e 4, as propostas de ciclos e progressão escolar no Brasil estão sendo adotadas por alguns governos estaduais e municipais, tendo em vista a democratização do acesso e do saber, e a correção do fluxo escolar, ao favorecerem a ampliação das oportunidades educacionais para populações que, até então, eram excluídas do processo educacional pela reprovação e evasão. Assim, independentemente da finalidade apresentada, é preciso compreender que essas alternativas contribuíram para o cumprimento e para a concretização das agendas educacionais estabelecidas na década de 1990, no Brasil e em países vizinhos.

No país, as agendas educacionais redefinidas na década de 1990, em decorrência da necessidade de atendimento às demandas educa-

O REGIME DE PROGRESSÃO CONTINUADA **67**

cionais das décadas anteriores e em cumprimento de acordos internacionais, foram norteadas pelos princípios da qualidade, equidade e eficiência no uso dos recursos. Para Braslavsky & Guirtz (2000, p.42), estes três princípios – qualidade, equidade e eficiência –, que representam um consenso educacional, podem ser definidos de distintas maneiras no estabelecimento das políticas e estratégias adotadas pelos governos. *"Cada uno de ellos tiene sus raíces en un desafío de décadas anteriores, al que la opinión pública, el mismo Estado y diversos representantes de sectores sociales resignifican desde sus perspectivas e intereses."*

Durante a década de 1990, a discussão e redefinição da agenda educacional não foram uma particularidade brasileira, pois encontros mundiais e regionais como a Conferência Mundial de Educação para Todos, ocorrida em Jomtien, Tailândia, no ano de 1990, levaram ao estabelecimento de acordos internacionais que orientaram vários países, principalmente os considerados em desenvolvimento, como o Brasil. Para Frigotto & Ciavatta (2003), essa Conferência Mundial sobre Educação para Todos representou a inauguração de um grande projeto de educação em nível mundial para os anos de 1990, comprometido em assegurar uma "educação básica de qualidade" a crianças, jovens e adultos, segundo os propósitos apresentados na Declaração de Jomtien.

Para Dale (2001), esse projeto de educação em nível mundial resultou na estruturação de uma *Agenda Globalmente Estruturada para a Educação* (AGEE), consequente do processo de globalização com efeitos nos sistemas educativos. Dale (2001) considera, a esse respeito, que essa perspectiva da AGEE envolveu o efeito da força econômica que opera em diversos países, rompendo, ultrapassando e reconstruindo as relações entre as nações, com implicações nos sistemas educacionais, além de favorecer a inauguração de um grande projeto para a educação em nível mundial, a exemplo de Jomtien.

Nesse sentido, estabeleceu-se a redefinição das agendas educacionais entre os países signatários da Declaração de Jomtien, constituindo uma proposta de "Educação Básica para Todos", orientada pelos princípios de qualidade, equidade e eficiência.

68 DEBORA CRISTINA JEFFREY

Os ciclos e a progressão escolar podem ser considerados medidas capazes de contribuir para a construção de um projeto de Educação para Todos, pois, dentre as propostas apresentadas no Brasil, já destacadas anteriormente, a melhoria da qualidade do ensino, equidade e eficiência tornaram-se aspectos norteadores dessas ações nas redes de ensino, a fim de proporcionar a regularização do fluxo escolar, a inclusão de grupos desfavorecidos e a garantia da aprendizagem de todos os alunos.

Porém, apesar de a iniciativa de Jomtien propor a redefinição das agendas educacionais, ainda não se conseguiu atingir um consenso sobre a estruturação de um projeto educacional de âmbito mundial ou local, a respeito da melhoria da qualidade de ensino, equidade e eficiência, em virtude da complexidade existente para se definirem os conceitos e incorporá-los nas políticas educacionais propostas pelos governos.

Com isso, a força econômica que tem trazido implicações para a educação, de acordo com Dale (2001), beneficia a constituição de um novo princípio educativo que, para Suárez (2000), baseia-se em uma abordagem na qual tanto a educação como as escolas são tratadas com neutralidade e naturalidade, limitando as discussões e problemáticas educativas a uma perspectiva técnica, desvinculada do caráter político, em função da valorização da racionalidade instrumental.

Os ciclos e a progressão escolar, nessa perspectiva, correm o risco de perder sua conotação política, pois, com a valorização da racionalidade instrumental, podem ser utilizados como medidas técnicas, com o propósito de favorecer a eficiência das redes de ensino, tornando esvaziados as discussões e o tratamento das problemáticas educativas sobre a educação e a escola.

Suárez (2000), ao destacar os efeitos dessa racionalidade instrumental na educação e na escola, procura demonstrar que esse processo contribuiu para a reformulação ou eliminação de conceitos e categorias centrais utilizadas anteriormente, impulsionadas pela substituição de noções de igualdade e igualdade de oportunidades por equidade, entendida pelo autor como um acordo entre desi-

O REGIME DE PROGRESSÃO CONTINUADA   69

guais; as noções econômicas de eficácia, produtividade, eficiência e êxito são introduzidas no lugar de noções políticas, como participação democrática na tomada de decisões educacionais ou relacionada com problemáticas sociais, como a expansão quantitativa da matrícula escolar.

> Essa transformação não só tende a tornar cada vez mais econômico e menos político o discurso educacional como também leva a traduzir valores próprios da ética pública e cívica na clave da *ética do livre mercado e do consumo*: *a solidariedade e a cooperação* cedem lugar assim à competição e ao mérito individual como metas educacionais finais; ou, de qualquer forma, são reconsideradas meramente como estratégias metodológicas para obter *maior rendimento e produtividade*. (Suárez, 2000, p.261-2, grifo do autor)

As colocações de Suárez, a respeito das metas educacionais e das estratégias metodológicas que objetivam maior rendimento e produtividade nas redes de ensino, podem se refletir na concepção de ciclos adotada pelos governos, pois, segundo Freitas (2003), estas acabam sendo depositárias das concepções de educação e de políticas públicas que, muitas vezes, são distintas, apresentando um caráter conservador ou transformador. Assim, para Freitas, as concepções de ciclos e progressão escolar são contraditórias.

Os ciclos escolares, para o autor, são entendidos como elementos de um projeto histórico transformador das bases de organização da escola e da sociedade, a médio e longo prazo, atuando como resistência e fator de conscientização, articulado aos movimentos sociais. Com relação à progressão continuada, Freitas compreende que a proposta representa um projeto histórico, conservador de otimização da escola atual, sendo imediatista e visando ao alinhamento da escola às necessidades da reestruturação produtiva.

Deste modo, se para Freitas os ciclos e a progressão continuada apresentam concepções contraditórias, Arroyo (1999, p.155) entende a existência de uma deformação entre estas, ao considerar que:

70   DEBORA CRISTINA JEFFREY

As expectativas quanto à organização da escola em ciclos nem sempre são coincidentes, as experiências vêm sendo bastante variadas e até desencontradas. Estão sendo implantados ciclos que não passam de amontoados de séries, ciclos de progressão continuada, ciclos de competências, de alfabetização – por exemplo os CBAs –, como poderíamos ter ciclos de "matematização" ou do domínio contínuo de quaisquer outros conteúdos, habilidades e competências, ciclos de ensino-aprendizagem das disciplinas e até ciclos do antigo primário e do antigo ginásio. Na maioria dessas propostas a lógica seriada não é alterada, por vezes é apenas reforçada, apenas o fluxo escolar pode ser amenizado com mecanismos de não reprovação, de aceleração ou de adiamento de retenção. (ibidem)

Apesar da crítica realizada por autores como Freitas (2003) e Arroyo (1999), sobre as propostas de ciclos e progressão escolar realizadas no Brasil, por difundirem concepções de educação e política públicas, por vezes, contraditórias e distintas, a regularização do fluxo escolar no ensino fundamental tem representado um aspecto positivo nas redes que a adotaram.

Esse aspecto é constatado por Oliveira (2000, p.78), ao considerar que a regularização do fluxo escolar, particularmente no ensino fundamental, está sendo impulsionada, ambiguamente, por uma perspectiva democratizadora e econômica de recursos, fato que contribuirá para que, em breve, todos tenham oito anos de escolaridade, mas com acesso a níveis diferentes de conhecimento: "Elimina-se, assim, a exclusão do Ensino Fundamental, não a exclusão do acesso ao conhecimento. Modifica-se apenas a forma de explicitação dessa exclusão".

O valor atribuído à regularização do fluxo escolar, que combina, de modo ambíguo, a perspectiva democratizadora com a economia de recursos, na opinião de Oliveira, decorre do estabelecimento das agendas educacionais, as quais focalizam a melhoria da qualidade de ensino por meio da determinação de padrões mínimos dos serviços e das oportunidades educacionais oferecidos à população, a fim de obter a eficiência e equidade das redes de ensino.

O REGIME DE PROGRESSÃO CONTINUADA   71

Com relação à experiência de ciclos e progressão escolar, Sousa et al. (2004) compreendem que, embora a questão da economia de recursos e a influência de organismos internacionais, como o Banco Mundial, tenham sido evocadas no ideário dos educadores como possíveis justificativas para a introdução dessas medidas em algumas redes de ensino, no período de 1992 a 2002, ainda não se realizou nenhum estudo que sustentasse tais afirmações e indicasse que essas propostas tenham sido revertidas em economia de recursos ou resultantes de pressões externas sofridas por diversas administrações.

Não há, contudo, evidências, no conjunto dos estudos, de que a introdução dos ciclos parta de pressões diretas nessa linha nem, tampouco, receba apoio financeiro por essa via. Nesse caso, talvez seja a tônica geral da política de educação de algumas gestões em específico que pode sugerir essa associação, a qual tem sido, frequentemente e indevidamente, generalizada para qualquer rede com ciclos. (Sousa et al. 2004, p.19)

Apesar da inexistência de estudos a respeito das pressões dos organismos internacionais para a introdução de ciclos e progressão escolar pelos governos locais, observada por Sousa et al., no Brasil, a questão das necessidades básicas de aprendizagem, a definição dos padrões mínimos de serviços e as oportunidades educacionais discutidas durante a Conferência de Jomtien, em 1990, possuem uma relação direta com o debate educacional em âmbito internacional, cuja principal temática tem sido a oferta de Educação para Todos.

Para Torres (1994), as Necessidades Básicas de Aprendizagem (Neba), apresentadas e definidas na Conferência Mundial sobre Educação para Todos como conhecimentos, capacidades, atitudes e valores necessários para as pessoas melhorarem sua qualidade de vida e continuarem aprendendo,[24] apresentam alguns problemas: a) encobrem os conflitos sociais, considerando que a proposta é des-

---

24 Torres, 1994, p.57, apud Glossário da Declaração, 1990, p.106.

72 DEBORA CRISTINA JEFFREY

contextualizada, sendo orientada por valores de justiça social, paz, direitos humanos, deixando de utilizar referenciais históricos concretos; b) apresentam-se como uma necessidade das pessoas, não do sistema social; c) realizam uma polarização entre nação e pessoa, encobrindo a heterogeneidade e os conflitos no interior de cada país. A satisfação das necessidades básicas de aprendizagem, de acordo com Barretto (2000), reforça a tarefa da escola na transmissão de valores, a fim de propiciar a melhoria da qualidade de vida da população, independentemente dos fatores de ordem econômica, cultural e política, ou de qualquer outro aspecto que possa desencadear as mudanças preteridas na sociedade. Deste modo, as necessidades básicas de aprendizagem devem ser desenvolvidas a partir da oferta de oportunidades educacionais para todos, as quais, segundo Torres (1994, p.61),

> Não são colocadas como um direito, ficando a satisfação condicionada à vontade de quem puder (ou não) oferecê-las; isso pressupõe a possibilidade de oportunidade nenhuma ou de oportunidades muito diferenciadas, que ressaltam, dessa forma, as diferenças já existentes.

Assim, mesmo que a satisfação das necessidades básicas de aprendizagem, de acordo com Torres, não seja estabelecida como um direito assegurado ao indivíduo, a equidade educacional seria um dos possíveis caminhos para que as diferenças existentes no sistema pudessem ser amenizadas, sendo incorporada às propostas ou aos programas que tenham o intuito de oferecer oportunidades educacionais para todos.

Segundo Xavier, Amaral Sobrinho & Plank (1992, p.75-6), a equidade educacional refere-se a uma forma de justiça distributiva, a ser oferecida aos indivíduos ou grupos pertencentes à sociedade, atribuindo-lhes uma quantidade mínima de educação, já que:

> Alguns podem obter mais educação do que outros, mas a ninguém deve ser negado o acesso a uma quantidade mínima consi-

O REGIME DE PROGRESSÃO CONTINUADA   **73**

derada socialmente necessária. [...] Mesmo quando se considera a equidade como significando acesso a uma quantidade mínima de educação, não é evidente que todos poderão ter esse mínimo que a sociedade julga necessário para seus membros. [...] Daí, a importância da ação governamental no sentido de proporcionar um mínimo de educação de qualidade a todos, garantindo um mínimo de equidade entre os membros da sociedade.

A proposta de ciclos e progressão escolar contempla, com equidade, a oferta e o direito à educação de crianças e jovens entre os 7 e 14 anos, por meio da ampliação das oportunidades educacionais, do reconhecimento das diferenças entre a população escolar e da criação de condições mínimas para que se criem condições de assegurar a aprendizagem desta.

Com o reconhecimento das diferenças da população escolar, Enguita (2001) analisa que o termo qualidade da educação representa a transição conceitual entre os princípios educativos de igualdade de oportunidades para padrões mínimos de oportunidades educacionais, gerando, segundo Silva (1996), um conflito entre uma concepção de qualidade *instrumental, pragmática, performativa e gerencial,* e uma concepção de qualidade *política, democrática, substantiva,* fundamentada na seguridade dos direitos de cidadania e na luta teórica e prática contra uma escola excludente e discriminatória.

Esse conflito de concepções, segundo Mello (1992, p.188), é consequência da complexidade que envolve a temática, a qual se tornou vaga e maldefinida no campo da educação, sendo preciso distingui-la em duas perspectivas, a da oferta do serviço educativo e a do produto, a fim de favorecer uma melhor compreensão da qualidade.

Ainda que ambas estejam estreitamente associadas, a primeira diz respeito às condições de funcionamento das escolas; a segunda, aos perfis de desempenho que os alunos deveriam apresentar para que a ação da escola pudesse ser considerada bem-sucedida em cada ano ou etapa de escolarização.

Retratar a qualidade educacional na perspectiva dos serviços prestados ou do produto produzido, como propõe Mello, ressalta o conflito entre a concepção gerencial e a política, o qual pode ser transposto como um dilema para as propostas de ciclos e progressão escolar adotadas por algumas gestões. No estado de São Paulo, tal dilema, a partir de 1998, ano em que o regime de progressão continuada foi introduzido na rede estadual, pode ser evidenciado, em estudos como de Steinvascher (2003) e Sousa et al. (2004).

Para eles, a resistência à medida, surgida no corpo docente, centra-se na preocupação de ela vir a comprometer a qualidade tanto do serviço prestado como do produto final, pelo fato de a gestão central (SEE-SP), na opinião de diversos profissionais da educação, priorizar a economia de recursos, valorizando, assim, aspectos gerenciais, e não necessariamente pedagógicos, sob a justificativa de garantir a melhoria da qualidade de ensino.

Na análise de Xavier, Amaral Sobrinho & Plank (1992), a melhoria da qualidade de ensino, basicamente do ensino fundamental, depende de aspectos gerenciais, podendo ser obtida com a definição de padrões mínimos de oportunidades educacionais, que compreendam as condições de acesso, permanência, desempenho do aluno e dos serviços prestados e que envolvam a escola e suas condições de funcionamento.

De acordo com Mello (1992), esses fatores devem assegurar, principalmente, a promoção das necessidades básicas de aprendizagem, ou seja, o acesso aos códigos básicos da modernidade (ler, escrever, contar, expressar e resolver problemas) pela população escolar.

Deste modo, a qualidade do produto educacional, estabelecida em decorrência da oferta de padrões mínimos de oportunidades e serviços educacionais, para Mello (1992, p.187), permite que ele seja fruto de um processo padronizado, controlado diante da eficiência e equidade do sistema, pelo fato de que,

Atingir esse patamar com pontos de partida sociais e econômicos tão desiguais impõe a necessidade de estimular modelos dife-

O REGIME DE PROGRESSÃO CONTINUADA **75**

renciados e flexíveis de organização escolar, que desenvolvam formas próprias de interagir com o meio social e capacidade de gestão pedagógica para cumprir eficientemente a tarefa de ensinar o que deve ser comum a todos. Essa desigualdade nos pontos de partida, ao lado da equidade no cumprimento de requisitos básicos comuns nos pontos de chegada, requer quase que obrigatoriamente uma maior autonomia das escolas, na medida em que é praticamente impossível prever a diferenciação social a partir de instâncias centralizadas de normalização e planejamento.

Os ciclos e a progressão escolar, neste sentido, são medidas que favorecem a flexibilização da organização escolar, proporcionando a interação do meio social com a capacidade de gestão pedagógica, tendo em vista, segundo Mello (1992), a aprendizagem de conhecimentos que devem ser comuns a todos.

No entanto, apesar de a autora considerar que a autonomia das escolas seja essencial para favorecer a equidade nos pontos de chegada dos alunos, a padronização do produto educacional contradiz o propósito das medidas de ciclos e progressão escolar, as quais valorizam os diferentes ritmos de aprendizagem existentes nas turmas e a criação de distintas oportunidades educacionais para os que apresentam dificuldades, fato que demanda um tempo e trabalho de longo prazo.

O estabelecimento da melhoria da qualidade educacional, apresentada como uma das propostas norteadoras das políticas educacionais constituídas no Brasil, ao longo da década de 1990, por diversas gestões estaduais e municipais, com o propósito de reduzir as altas taxas de reprovação e evasão escolar por meio da correção do fluxo escolar e da democratização do acesso e do conhecimento, pôde propiciar a padronização do produto educacional, com a aferição do desempenho escolar dos alunos.

Contudo, a introdução dos ciclos e progressão escolar em redes estaduais e municipais ultrapassou tais aspectos, ao envolver uma reestruturação da organização, das rotinas, das práticas avaliativas e, até mesmo, da cultura escolar em cada unidade de ensino. Como

76 DEBORA CRISTINA JEFFREY

evidencia Freitas (2002, p.321), os ciclos escolares devem ser vistos como mecanismos de resistência à lógica seriada, com a capacidade de conscientizar a atuação dos professores, alunos e pais, "retirando-os do senso comum", fazendo que deixem de ser vistos, como uma solução técnico-pedagógica para a repetência.

No entanto, em diversas redes de ensino as propostas de ciclos e progressão são compreendidas como uma solução técnico-pedagógica, desvinculadas de qualquer caráter conscientizador, atitude que, para Barretto & Sousa (2004, p.19), deve ser combatida, porque:

> Para garantir que medidas potencialmente tão valiosas para assegurar a democratização do ensino, como as propostas de progressão na trajetória escolar, não se traduzam em descompromisso com o processo de aprendizagem, é imprescindível que se articule ao debate sobre a reorganização do ensino uma análise do papel e da função desempenhados pelas instâncias governamentais na reconstrução da escola pública, para além dos condicionantes intraescolares. Ou seja, desde as diretrizes que norteiam as políticas educacionais, as condições propiciadas para apoiar uma reorganização do trabalho escolar, até as iniciativas dos órgãos intermediários e centrais dos sistemas de ensino direcionadas às escolas, demandam um exame acurado, a fim de que se obtenha uma visão compreensiva do movimento de reconstrução das bases que alicerçam o trabalho escolar e dos processos de adesão e resistência ao projeto de democratização da educação.

Assim, a proposta de ciclos e progressão escolar apresenta um desafio para os governos que a adotam, uma vez que é necessário, por um lado, não correr o risco de transformar as medidas em descompromisso com o processo de aprendizagem, pois, de acordo com Barretto & Sousa (2004), é preciso ter clareza da função das instâncias governamentais centrais e intermediárias; por outro lado, é igualmente necessário ter conhecimento dos condicionantes intraescolares, como também das condições oferecidas para a reorganização do trabalho escolar, a fim de evidenciar a forma como as bases que sustentam as atividades escolares estão sendo estabelecidas em meio à adesão ou à resistência a esses projetos de democratização.

Essa ampla visão dos condicionantes intraescolares, das funções das instâncias governamentais centrais e intermediárias, do tipo de base que sustenta o trabalho pedagógico constituído a partir de propostas de ciclos e progressão escolar, ao longo da década de 1990, no Brasil, ainda tem sido um aspecto problemático para as gestões e redes de ensino, que acabam focalizando, muitas vezes, somente uma dessas perspectivas, o que dificulta o cumprimento de seu principal propósito, o de democratizar o acesso e o saber.

2
O REGIME DE PROGRESSÃO CONTINUADA NO ESTADO DE SÃO PAULO (1998-2004)

Tema central de debates políticos, de reuniões pedagógicas no interior das escolas públicas estaduais de São Paulo, da comunidade em geral e, até mesmo, dos meios de comunicação, o regime de progressão continuada torna pública a discussão sobre o papel social da escola, sua qualidade e suas concepções de ensino vigentes. O impacto de sua introdução nos processos de ensino-aprendizagem e, em particular, na avaliação escolar, coloca em questão a possibilidade de ruptura de uma organização escolar seletiva.

Romper com essa organização escolar seletiva representa não somente a introdução de novos questionamentos acerca da viabilidade de uma organização escolar em ciclos, como também possibilita uma oportunidade para democratizar o ensino, garantindo o acesso e a permanência na escola, durante oito anos, daqueles que nela adentraram.

No estado de São Paulo, os dados do Censo Escolar 2003 (Inep) sobre o número de matrículas do ensino fundamental indicam o predomínio destas na rede estadual de ensino na modalidade de ciclos, sendo contabilizados 2.749.981 alunos, o que representou 88,5% das matrículas.[1] Esse predomínio é consequência da

---

1 Fonte: Censo Escolar (2003).

80 DEBORA CRISTINA JEFFREY

implementação do regime de progressão continuada, instituído pela Deliberação do Conselho Estadual de Educação de São Paulo (CEE-SP) número 9/97.

A partir do ano letivo de 1998, as escolas estaduais do ensino fundamental passaram a ser organizadas em dois ciclos: I (séries iniciais) e II (5ª a 8ª séries), representando, de acordo com Neubauer (1999), a execução de mais uma medida prevista na proposta da política educacional estabelecida em 1995, com o objetivo de garantir a correção do fluxo escolar.

O regime de progressão continuada, valorizado pela Secretaria de Estado da Educação de São Paulo (SEE-SP) como uma iniciativa fundamental à correção do fluxo escolar e à economia dos recursos, é destacado pelo órgão como uma ação necessária à melhoria da qualidade de ensino e à equidade educacional, por possibilitar a correção de algumas disfuncionalidades educacionais existentes na rede, como a reprovação que, em 1994, apresentava um percentual[2] de 14,1%.

Entre as medidas de suporte ao regime de progressão continuada, destacam-se os *projetos de recuperação paralela e intensiva*, além das classes de aceleração, que inicialmente tiveram o propósito de oferecer oportunidades educacionais aos alunos com problemas de aprendizagem, com baixo desempenho escolar ou com trajetórias escolares caracterizadas por sucessivas reprovações. Esses projetos, no entanto, foram regulamentados, entre os anos de 1996 e 2002, por Resoluções, as quais sofreram várias alterações com relação à sua normatização e operacionalização nas escolas da rede.

Entretanto a avaliação transformou-se no principal elemento de discussões e controvérsias no interior de muitas escolas da rede estadual e na opinião de professores, pais e alunos, além de acadêmicos. Para alguns, ao retirar do professor o poder de definir a aprovação ou reprovação do aluno, o regime de progressão conti-

---

2 Fonte: Desempenho Escolar da Rede Estadual de São Paulo. São Paulo: Centro de Informações Educacionais – Secretaria de Estado da Educação, 2003.

O REGIME DE PROGRESSÃO CONTINUADA   81

nuada comprometeu, ainda mais, qualquer possibilidade de melhoria da qualidade de ensino; enquanto, para outros, representou um processo essencial para a inclusão, democratização e criação de oportunidades educacionais.

Diante de um contexto educacional impulsionado por reformas nos modelos de gestão educacional, com o intuito de corrigir as disfuncionalidades existentes na rede pública estadual paulista, o regime de progressão continuada foi implementado no espaço escolar, tendo em vista a democratização do ensino e a regularização do fluxo escolar.

O contexto educacional no estado de São Paulo na década de 1990

O estado de São Paulo, até por volta do ano de 1995, segundo dados do documento *Políticas Educacionais do Estado de São Paulo (2003)*, elaborado pela SEE-SP, foi responsável por pelo menos 79% das matrículas do ensino fundamental, percentual que sofreu redução para 54%, no ano de 2002, em virtude da intensificação do processo de municipalização.

Para Rus Perez (1994), a predominância de matrículas na rede estadual de São Paulo, nas três etapas de ensino (Educação Infantil, Fundamental e Médio), historicamente, é resultante da combinação dos ideais de valorização da educação com o crescimento do processo de industrialização e urbanização, fato que levou sucessivos governos estaduais a consolidarem um campo educacional "amplo e denso", caracterizado pela distância social entre os grupos incorporados ao sistema e os não incorporados.

Essa distância social existente entre os grupos incorporados e os não incorporados, de acordo com Rus Perez (1994), trouxe inúmeras dificuldades, principalmente para o processo de ampliação da oferta de matrículas no estado de São Paulo, já que, entre os anos de 1960 e 1975, enquanto se priorizava a ampliação do ensino médio,

82 DEBORA CRISTINA JEFFREY

a expansão do nível superior e do técnico profissionalizante, em virtude da necessidade de qualificação da mão de obra necessária ao setor industrial, o qual se encontrava em ritmo acelerado de crescimento, a incorporação das massas pelo sistema foi adiada.

Apesar de tardia, a incorporação das massas à rede pública estadual de ensino, segundo Rus Perez (1994), somente passou a ocorrer com o final dos exames de admissão e com a implementação da escola de oito anos, que constituiu o 1º Grau. No entanto, o ritmo de crescimento das matrículas, entre 1975 e 1985, segundo o autor, foi desacelerado, em consequência do aumento populacional nas periferias urbanas e do descompasso entre a demanda educacional e a ampliação das escolas, além da crise econômica do período, que levou a uma redução da receita do Estado, restringindo, deste modo, os investimentos na rede escolar.

Entre os anos de 1985 e 1990, apesar da estagnação econômica, pode-se compreender, segundo Rus Perez, que a intensificação da urbanização pressionou o crescimento do número de matrículas nos centros urbanos e a demanda pelo acesso ao ensino de 1º Grau. Assim, diante desse contexto, a agenda governamental passou a priorizar o atendimento às séries iniciais.

No entanto, a partir de 1985, embora haja prioridade no atendimento às séries iniciais do ensino fundamental, é possível concluir, por meio do levantamento realizado por Rus Perez (1994, p.177), a respeito da política educacional do estado de São Paulo, no período de 1960 a 1990, que a desigualdade educacional prevaleceu na rede estadual de ensino, criando um sistema dual, pois os indivíduos não eram atendidos igualmente:

> apesar de sua intensa expansão da oferta e de sua consolidação institucional. Não há igualdade na conclusão da escolarização básica, e a continuidade dos estudos fica circunscrita a uma pequena parcela da população. [...] A distribuição desigual da escolarização funda-se basicamente nas diferenças de classe social e renda. São os indivíduos situados nos patamares inferiores da estrutura social que recebem menos anos de escolarização e, consequentemente,

O REGIME DE PROGRESSÃO CONTINUADA 83

vêm reduzidas as possibilidades de acesso aos níveis mais altos do sistema.

Essa desigualdade educacional no acesso, na permanência e na trajetória escolar dos indivíduos na rede estadual de ensino, entre as décadas de 1960 e 1990, foi enfrentada pelos governos, na tentativa de reverter a situação, por meio de programas de caráter universal que abrangeram toda a rede de ensino; ou programas seletivos, voltados às classes populares, mediante ações compensatórias.[3] Entretanto, apesar das iniciativas governamentais de universalização do ensino fundamental, houve aumento considerável da repetência e evasão, que acabaram por agravar, ainda mais, o fracasso escolar, particularmente das classes populares.

Para Silva & Davis (1993), a problemática da repetência, da evasão e do fracasso escolar na rede estadual de ensino, até o início da década de 1990, justificou-se em virtude da:

- falta de mudanças qualitativas na organização e no funcionamento do sistema educacional;
- ausência de uma política educacional capaz de adequar as unidades escolares às características da clientela;
- influência dos valores da classe média na orientação do trabalho pedagógico, fomentando a incompatibilidade com o perfil do aluno;
- condições adversas de trabalho, sem abertura ou iniciativa para a formação contínua dos profissionais;
- queda salarial dos profissionais de ensino, obrigando-os a se dedicarem a diversos estabelecimentos;
- deterioração das escolas em virtude da falta de manutenção adequada e de materiais pedagógicos;
- currículos e programas destoantes da realidade do aluno;

---

3 Dentre os programas de caráter universal, podemos citar o Ciclo Básico de Alfabetização; de caráter compensatório; o Programa de Formação Integral da Criança (Profic). Para maior detalhamento destes e de outros programas introduzidos na rede estadual de ensino, ver os trabalhos de Rus Perez (1994) e Silva et al. (1993).

84 DEBORA CRISTINA JEFFREY

– descontinuidade do trabalho com os repetentes, sem considerar o nível de aprendizagem alcançado.

Diante da problemática da desigualdade educacional, a gestão do então governador Mário Covas e da secretária de Educação Teresa Roserley Neubauer da Silva teve início no ano de 1995, com o desafio de superar as dificuldades do sistema, atender às demandas de décadas anteriores e modernizar a educação. O projeto educacional apresentado pelo governador e sua secretária de educação estruturava-se em uma proposta partidária influenciada pela vertente da socialdemocracia, que, de acordo com Mello (1993, p.21-5), se estrutura nas seguintes teses:

Uma tese simples: a educação que interessa [...] é a formal, sistemática, cujo local privilegiado de realização é a escola, pública ou particular. [...] Uma tese óbvia: cabe à escola ensinar. A principal função social e política da educação escolar é, neste sentido, a transmissão do conhecimento sistemático e universal nos níveis mais avançados de ensino. A produção do conhecimento sistemático assume papel tão importante quanto a sua transmissão. [...] Uma tese desafiadora e inevitável: a revolução educacional deverá ser construída em cima de um mote, slogan ou palavra de ordem "mais cidadania, melhor governo, menos Estado".

As teses apresentadas por Mello que orientam a vertente partidária da socialdemocracia a partir da gestão do governador Mário Covas e da secretária de Educação Rose Neubauer puderam ser evidenciadas no desenvolvimento de ações, projetos e programas que focalizaram a educação formal, a escola pública, a transmissão dos conhecimentos, a garantia da aprendizagem destes e, principalmente, a reforma do Estado, realizada mediante um processo de descentralização e desconcentração dos órgãos centrais componentes da estrutura da SEE-SP.

Na análise de Martins (2001, p.419), esse governo, no entanto, ao sinalizar uma concepção de modernização da educação e a preo-

O REGIME DE PROGRESSÃO CONTINUADA   85

cupação com a superação da dicotomia quantidade *versus* qualidade, legitima o aprofundamento das políticas setoriais iniciadas no Brasil, ao final dos anos de 1980, a partir de propostas de reforma do Estado, centradas em novos paradigmas de gestão, a fim de reorientar suas funções e estruturas.

Trata-se, agora, de efetivar a descentralização dos mecanismos de atuação do Estado, de modernizar sua gestão, de racionalizar recursos, de diminuir o tamanho da burocracia delegando autonomia às instâncias regionais e locais, e, finalmente, de privatizar setores da economia onde a participação estatal era significativa.

Deste modo, a modernização da educação e o aprofundamento dessas políticas setoriais justificam-se pela necessidade de melhoria na qualidade de ensino e de equidade no serviço prestado, de modo a reorientar a gestão do sistema de ensino e o atendimento à demanda educacional. Assim, a preocupação com a melhora e a equidade evidencia, segundo Souza (2002), que a Secretaria de Estado da Educação, a partir de 1995, passou a analisar a educação sob uma perspectiva para a qual o sistema educacional enfrenta uma crise de eficiência, de eficácia e de produtividade, e não, necessariamente, de universalização de direitos, pois os problemas educacionais devem ser identificados como "disfuncionalidades do sistema educacional",[4] que precisam ser corrigidas mediante reformas na educação.

A partir da realização de reformas na educação, a correção destas "disfuncionalidades do sistema educacional" foi consequência de um redimensionamento da polaridade *centralização/descentralização*, que ocorreu no modelo de gestão da educação adotado

---

4 Souza (2002, p.79) define os termos "disfuncionalidades do sistema educacional" como: a) reprovação acentuada na 5ª série do ensino fundamental; b) jornada de trabalho dos professores fragmentada em diversas escolas; c) matrículas em cursos noturnos de jovens ainda não inseridos no mercado de trabalho; d) dificuldades de os municípios assumirem os encargos educacionais com o ensino fundamental.

86 DEBORA CRISTINA JEFFREY

em decorrência da reforma do Estado e da redefinição de suas atribuições.

Para Oliveira (2000), esse redimensionamento implica a descentralização da gestão e do financiamento, com centralização no processo de avaliação e no controle do sistema, combinado a uma acentuada expansão das oportunidades de escolarização da população em todos os níveis.

Entre os anos de 1995 e 1998, mudanças administrativas nos padrões de gestão, influenciadas pela reforma do Estado e pela redefinição de suas atribuições (avaliar e legislar), configuraram uma política educacional definida por três eixos básicos: *a racionalização organizacional, a mudança nos padrões de gestão (ênfase na descentralização e desconcentração do poder de decisão) e a melhoria da qualidade de ensino.*[5]

Esses três eixos básicos, que contribuíram na constituição de novas dimensões administrativas pela SEE-SP, em 1995, estruturaram-se na:

- *Distribuição eficiente dos recursos* destinados à educação por meio de medidas como: o enxugamento da máquina estatal (SEE) – *janeiro de 1995* – e a reorganização da rede de ensino[6] – *agosto de 1995*, que acabaram por envolver um processo de *racionalização administrativa.*
- *Desconcentração administrativa*, mediante extinção de órgãos que apresentavam duplicidade de funções, caso das antigas Divisões Regionais de Ensino (DREs) – *janeiro de 1995.*
- *Descentralização da gestão educacional*, realizada por meio de acordos de parceria da SEE com os municípios, tendo em vista o processo de municipalização das escolas de séries iniciais da rede de ensino – *fevereiro de 1996.*

---

5 Para mais informações, ver o site: <www.educacao.sp.gov.br>.

6 A proposta de reorganização da rede de ensino, implementada no ano de 1995, teve como objetivo dividir as escolas a partir da idade-série correspondente, ou seja, em unidades escolares de séries iniciais, 5ª a 8ª séries e ensino médio, contribuindo, assim, para o fechamento de inúmeras escolas no período noturno, o que representou uma economia significativa à SEE- SP.

O REGIME DE PROGRESSÃO CONTINUADA   87

- *Controle eficaz da produtividade* das instituições escolares, via implementação do Saresp (Sistema de Avaliação do Rendimento Escolar do Estado de São Paulo) – *abril de 1996.*

- *Correção do fluxo escolar* mediante a adoção de medidas de combate à evasão e à reprovação escolar, por meio da implementação do projeto *classes de aceleração (abril de 1996), recuperação de férias (janeiro de 1997) e da instituição do regime de progressão continuada (janeiro de 1998),* visando, deste modo, conter o desperdício de recursos públicos com tais problemáticas e impedir o comprometimento da autoestima do aluno em seu processo de escolarização.

De acordo com Neubauer (1999, p.168), essas mudanças procuraram viabilizar os dois grandes desafios atribuídos à gestão da educação, a partir de 1995:

> transformar o Estado em agente formulador, por excelência, da política educacional paulista, voltada à realidade socioeconômica estadual e às aspirações de uma sociedade que se pretende moderna e desenvolvida; e promover uma verdadeira revolução na produtividade dos recursos públicos, de modo a possibilitar a melhoria da qualidade de ensino. No papel de planejador estratégico – e não no simples prestador de serviços –, o governo reafirma e fortalece a atuação do Estado, em busca de maior equidade no serviço prestado.

A transformação do Estado em agente formulador da política educacional possibilitou a adoção de medidas que contribuíssem à eficiência e eficácia do sistema de ensino paulista, pois, segundo Souza (2002, p.84):

> A Secretaria de Educação, ao propor as mudanças nos padrões de gestão, pautou-se na lógica que orienta a racionalidade capitalista na contemporaneidade, denominada flexível. Assim, colocou-se a centralidade da política educacional no quanto a educação

88 DEBORA CRISTINA JEFFREY

escolar produz, em quanto tempo e com qual custo. Nessa forma intensificada, as categorias quantidade, tempo e custo que orientam as mudanças não priorizam os conteúdos das políticas, ou seja, o que, como e para que ou para quem se produz a educação escolar.

A análise de Souza pode ser evidenciada mediante duas importantes iniciativas que, a partir do ano de 1996, tiveram como propósito a correção do fluxo escolar, considerada uma das disfuncionalidades do sistema, e a promoção da "expansão das oportunidades de escolarização" no ensino fundamental, com a garantia de qualidade:

- A adoção de medidas de correção do fluxo escolar para propiciar condições de recuperação dos alunos com dificuldade (*Recuperação Contínua, Recuperação de Férias e Classes de Aceleração*); e para evitar a repetência dos que têm possibilidade de prosseguir os estudos (*Matrículas por Dependência e Organização dos Anos Letivos por Ciclos*).
- A implementação do Sistema de Avaliação (*Sistema de Avaliação do Rendimento Escolar do Estado de São Paulo – Saresp*), em 1996.

As medidas acima descritas, adotadas com o propósito de corrigir o fluxo escolar dos alunos com dificuldades de aprendizagem ou evitar a repetência dos que estão prosseguindo os estudos, puderam, segundo Neubauer (1999, p.182), contribuir na melhora de alguns índices referentes ao desempenho escolar:

- Com o projeto *Recuperação nas Férias*, implementado no ano de 1997, os alunos com dificuldades permaneceram durante o mês de janeiro, período de recesso escolar, em escolas agrupadas e distribuídas em polos de recuperação, ocasião em que se "obteve um índice de aprovação de 50%, considerado bastante satisfatório".
- Com as *Classes de Aceleração*, implementadas na rede em 1996 e destinadas às crianças com múltiplas repetências, com o objetivo de auxiliá-las na superação de seus problemas de

O REGIME DE PROGRESSÃO CONTINUADA 89

aprendizagem, o acompanhamento realizado com os alunos participantes desse projeto evidenciou que o desempenho destes encontrava-se na média do grupo.

– A matrícula por dependência, criada com o intuito de possibilitar a continuidade dos estudos por alunos do ensino médio noturno, apesar de não ser obrigatória e de provocar algumas resistências nas escolas onde chegou a ser implementada, resultou em "queda expressiva dos índices de evasão".

O êxito das medidas adotadas para corrigir o fluxo escolar e evitar a repetência apresentado por Neubauer (1999) resulta da nova orientação elaborada pela SEE-SP para as unidades escolares, com o intuito de incentivar a organização de um novo perfil de escola pública, que deveria apresentar uma "cara nova" e garantir a aprendizagem de todos os alunos durante o ensino fundamental, proposta que é descrita no documento *Planejamento 2000* – Escola de Cara Nova.

A escola de cara nova é muito mais que um *slogan*. É a afirmação da nova realidade da educação em São Paulo, fruto da verdadeira revolução que se faz no sistema de ensino fundamental do Estado. É o resultado de uma política educacional preocupada em oferecer ensino de qualidade, dentro de princípios pedagógicos constantemente atualizados, com a contribuição de técnicas e tecnologias modernas e em escolas que atraiam e estimulem o aluno (Fonte:www.educacao.sp.gov.br/ A Escola de Cara Nova SEE, 2000).

A transformação em realidade dessa escola de cara nova, segundo Souza (2002), dependeria não somente da boa vontade e iniciativa das unidades escolares, mas da constituição de novas dimensões administrativas pela própria SEE, que contribuíram para o fortalecimento do processo de avaliar e legislar do Estado.

No entanto, entre as medidas de maior repercussão na rede pública estadual do ensino, em que se pôde evidenciar a introdução do propósito da Escola de Cara Nova e o fortalecimento das funções avaliativas e legislativas do Estado, destaca-se o regime de progressão continuada, instituído em 1998 e que passou a organizar os anos letivos em dois ciclos de aprendizagem: (de 1ª a 4ª séries, e de 5ª a 8ª séries), com a possibilidade de retenção do aluno sem aproveitamento satisfatório, a princípio, somente, ao final de cada etapa educacional.

Propósitos do regime de progressão continuada na rede estadual

O regime de progressão continuada foi adotado na rede pública estadual de ensino, a partir do ano letivo de 1998, em consonância com a Lei de Diretrizes e Bases (LDB), número 9.394/96, que, no artigo 32, parágrafos 1 e 2, possibilita aos sistemas a organização do ensino fundamental em ciclos com progressão continuada.

Para o CEE-SP, esse artigo da LDB viabiliza a opção realizada pela SEE-SP pelos ciclos e pela progressão continuada, pois, segundo a *Indicação número 8/97*, a medida favoreceria o estabelecimento de uma relação direta entre a avaliação do rendimento escolar e a produtividade do sistema de ensino.

Trata-se, na verdade, de uma estratégia que contribui para a viabilização da universalização da educação básica, da garantia de acesso e permanência das crianças em idade própria na escola, da regularização do fluxo dos alunos no que se refere à relação idade-série e da melhoria da qualidade de ensino. (Indicação CEE-SP n.8/97 – Relatório, p.7)

Apresentado na rede estadual de ensino como uma medida estratégica para viabilizar a universalização do ensino fundamental, garantindo o acesso e a permanência dos alunos na escola, o regime de progressão continuada centrou-se na avaliação progressiva do processo de aprendizagem, permitindo a recuperação contínua,

O REGIME DE PROGRESSÃO CONTINUADA 91

quando os resultados alcançados durante o ano letivo não fossem satisfatórios, porque, ao contrário da promoção automática, de acordo com a SEE-SP (2000, p.8), tem-se que:

No primeiro caso, a criança avança em seu percurso escolar em razão de ter se apropriado, pela ação da escola, de novas formas de pensar, sentir e agir; no segundo, ela meramente permanece na unidade escolar, independentemente de progressos terem sido alcançados (SEE-SP, 2000, p.8).

A *Indicação número 8/97* também já apontava as possibilidades de benefício desse processo de mudança, que se, por um lado, evidenciaria novos desafios, por outro, contribuiria para a resolução de antigos problemas existentes na rede pública estadual paulista, ao destacar que:

Uma mudança dessa natureza deve trazer, sem dúvida alguma, benefícios tanto do ponto de vista pedagógico como econômico. Por um lado, o sistema escolar deixará de contribuir para o rebaixamento da autoestima de elevado contingente de alunos reprovados. Reprovações muitas vezes reincidentes na mesma criança ou jovem, com graves consequências para a formação da pessoa, do trabalhador e do cidadão. Por outro lado, a eliminação da retenção escolar e decorrente redução da evasão deve representar uma sensível otimização dos recursos para um maior e melhor atendimento de toda a população. A repetência constitui um pernicioso "ralo" por onde são desperdiçados preciosos recursos financeiros da educação. O custo correspondente a um ano de escolaridade de um aluno reprovado é simplesmente um dinheiro perdido. Desperdício financeiro que, sem dúvida, afeta os investimentos em educação, seja na base física (prédios, salas de aula e equipamentos), seja, principalmente, nos salários dos trabalhadores do ensino. Sem falar do custo material e psicológico por parte do próprio aluno e de sua família. (Indicação do CEE-SP número 8/97)

Esse Registro, apresentado pelo Conselho Estadual de Educação de São Paulo, destaca as principais justificativas apresentadas para a adoção do regime de progressão continuada na rede estadual paulista: a economia de recursos e a melhoria da autoestima do aluno. Porém, embora a justificativa psicológica, a respeito da autoestima do aluno, ofereça elementos relevantes, capazes de contribuir para a ampliação da oportunidade educacional com equidade, o fator econômico é apresentado como uma preocupação, especialmente o desperdício financeiro, que afeta, de acordo com o CEE-SP, os investimentos em educação.

Rose Neubauer, secretária de Educação do estado de São Paulo entre os anos de 1995 e 2002, divulgou amplamente a importância do regime de progressão continuada como um fator relevante para a autoestima do aluno e para a economia de recursos, porque essa medida, além de possibilitar a resolução do problema da repetência e da evasão nas escolas, auxiliaria na produtividade dos recursos, garantindo uma melhoria na qualidade de ensino e maior equidade no serviço prestado, ao considerar que "[...] a perda por repetência e evasão da ordem de 30%: inexplicável, do ponto de vista pedagógico; inaceitável, do ponto de vista do interesse social; e improdutiva, do ponto de vista econômico (Neubauer, 1999, p.182).

Assim, o regime de progressão continuada, enquanto uma medida voltada para a correção do fluxo escolar, tem cumprido o propósito governamental de corrigir as disfuncionalidades do sistema e de ampliar as oportunidades da população escolar. No entanto, a medida acaba por apresentar outros propósitos, com impacto direto no espaço escolar, como: a exigência de alterações profundas nas concepções de ensino e na aprendizagem, com destaque para a avaliação, além de mudanças organizacionais capazes de trazer benefícios tanto do ponto de vista pedagógico como econômico.

A exigência de alterações profundas nas concepções de ensino e aprendizagem, além da necessidade de mudanças organizacionais no interior das escolas, fez que, a partir da introdução do regime de progressão continuada na rede estadual de ensino, fosse alterada a forma de movimentação dos alunos no sistema escola pois, segundo a SEE-SP (2000, p.7),

se antes, ao final de cada ano letivo, aprovava-se ou reprovava-se os alunos com base no desempenho alcançado, espera-se agora que a escola encontre maneiras de ensinar que assegurem a efetiva aprendizagem de sua clientela e, consequentemente, seu progresso intra e interciclos.

Oliveira (1999), ao analisar a formulação das políticas educacionais estruturadas pela SEE-SP, entre os anos de 1995 e 1998, afirma que a implementação do regime de progressão continuada na rede pública estadual de ensino obteve apoio, inicialmente, dos sindicatos do magistério (Apeoesp, Udemo e Apase), em relação a seus princípios, apesar de estes apontarem as implicações negativas na qualidade de ensino, caso a progressão fosse implementada como uma medida de promoção automática, preocupada somente em corrigir o fluxo escolar.

Segundo Oliveira (1999), a opinião pública parecia pouco compreender a proposta de ciclos, em função da falta de debate público, contribuindo para que fosse vinculada a ideia de progressão à de promoção automática. Isso porque a medida, do modo como foi veiculada, permitiria a aprovação de alunos que não conseguissem aprender durante todo o ano letivo, diminuindo o estímulo aos estudos, por conta do fim das reprovações.

Quanto aos professores, segundo Paro (2000), a proposta foi aceita, em um primeiro momento, mas com certa cautela, porque eles julgaram necessária a adoção de outras medidas capazes de evitar que o aluno passasse de ano "sem saber". A esse respeito, Paro (ibidem, p.277) evidencia que, para muitos professores, o problema que o regime de progressão continuada lhes apresenta encontra-se na possibilidade de aprovação do aluno, e não em seu aprendizado, pois de acordo com o autor:

o que se alega, às vezes, é que o aluno não aprendeu durante todo esse tempo, entre outros motivos, porque não tinha o estímulo (ou a ameaça) da reprovação, ou seja, ciente de que passará de ano sabendo ou não sabendo, o aluno não estuda e, por isso, não aprende. No fim, parece que tudo se resume na adoção da reprovação como um recurso pedagógico.

Embora o regime de progressão continuada não tenha obtido uma aceitação unânime, em função das resistências à proposta, para Neubauer (1999, p.183), seu impacto sobre os índices de reprovação e evasão foi considerado "extremamente positivo". "Em 1998, evadem e são reprovados 1 milhão de alunos a menos do que se observava em 1994, quando, na rede estadual de São Paulo, havia 1,6 milhão de alunos evadidos e reprovados".

O regime de progressão continuada, de acordo com Neubauer (ibidem), apresentou resultados positivos em relação à permanência dos alunos na escola e à redução do número de evadidos e reprovados, em apenas um ano de implementação da medida na rede. Deste modo, com a garantia da permanência dos alunos na escola, a SEE-SP considera responsabilidade das unidades escolares o encaminhamento de questões pedagógicas, pois deve existir em:

cada escola uma proposta e a cada proposta uma solução, sem perder de vista que o acesso ao conhecimento é um benefício social a que crianças e jovens têm direito e é razão de ser da própria escola (SEE-SP, 2000, p.9).

A responsabilidade de cada unidade escolar em definir um projeto pedagógico, ligado ao regime de progressão continuada e à realidade da escola, é assegurada pela SEE-SP, que reconhece a autonomia pedagógica, financeira e administrativa de cada escola, pois, segundo Neubauer (1999, p.174):

A autonomia [...] tem como contrapartida a responsabilidade e o compromisso. Assim, deve ser acompanhada de um sistema

O REGIME DE PROGRESSÃO CONTINUADA 95

criterioso de avaliação dos resultados da aprendizagem dos alunos e de condições para que as escolas respondam por eles.

Além da autonomia, a avaliação tornou-se outro principal elemento norteador do regime de progressão continuada, pois cabe à escola a responsabilidade de estruturar um projeto pedagógico capaz de garantir o acesso, a permanência e o sucesso escolar do aluno, sendo ela avaliada pela SEE-SP, no que concerne ao cumprimento dos objetivos educacionais e aos resultados de aprendizagem dos alunos.

Para Hutmacher (1995, p.56, grifos do autor), esta nova forma de regulação caracteriza-se por um controle baseado na conformação dos objetivos e na afinidade de ação entre as escolas, pois:

Neste novo modelo de regulação, o poder político-administrativo define as *finalidades e os objetivos* a atingir, mas transmite o mínimo possível de directivas, afectando um orçamento global ao estabelecimento de ensino. No interior deste quadro, os profissionais usufruem de uma grande liberdade para encontrar as *modalidades*, as vias e os meios para realizar os objetivos. Os estabelecimentos prestam contas de seus resultados através de uma avaliação *a posteriori*, que mede a distância entre os resultados e os objectivos (e não a conformidade com as directivas), cuja interpretação integra parâmetros do contexto.

Assim, no tocante ao regime de progressão continuada, a SEE-SP divulga orientações sobre a organização escolar e avalia os resultados educacionais obtidos pela escola, introduzindo modalidades avaliativas diferenciadas que, segundo Barretto (2001), ora se centram na oferta dos indicadores educacionais de qualidade de ensino, na valorização do produto da aprendizagem e na focalização de alguns aspectos cognitivos do currículo, por meio da realização de avaliações externas, como o Saresp, ora se pautam no processo de aprendizagem e na capacidade da escola em trabalhar a diversidade dos alunos.

96 DEBORA CRISTINA JEFFREY

A introdução de modalidades avaliativas diferenciadas no interior da escola, segundo Barretto (2001), tem promovido o aumento da incerteza e ansiedade, principalmente entre os professores, fato que contribuiu para que o regime de progressão continuada fosse encarado com desconfiança, porque envolve uma redefinição das práticas avaliativas, trazendo, desta maneira, inúmeras implicações nas unidades escolares.

No entanto, embora a autonomia e a avaliação sejam destacadas pela SEE-SP como elementos norteadores do regime de progressão continuada, contribuindo, como destacou Barretto (2001), para o aumento da incerteza e da ansiedade no espaço escolar, as orientações oficiais e os informativos divulgados, a respeito da medida, no interior da escola, apresentam as diretrizes que, posteriormente, serão exigidas nas escolas.

As orientações oficiais e informativas da SEE-SP sobre o regime de progressão continuada

A proposta do regime de progressão continuada, apresentada para as escolas públicas estaduais de São Paulo, pela SEE-SP, em Resoluções e Informativos[7] como o Planejamento 1998, 2000 e 2003, indica a necessidade de mudança na organização escolar seletiva e excludente, a partir da estruturação de um processo educativo inclusivo e adaptado para o atendimento de uma população escolar heterogênea.

As orientações iniciais da SEE-SP às escolas estaduais do ensino fundamental procuravam destacar, mediante *Resoluções e Informativos,* as possíveis contribuições do regime de progressão continuada para a rede de ensino, com ênfase na melhora da autoestima do aluno, na correção do fluxo escolar e na redução das taxas de

---

7 Ao longo desta parte do trabalho, serão utilizados os termos: *informativo, subsídio e documento* para se referir ao Planejamento 1998, 2000 e 2003, pois essas expressões são empregadas pela SEE-SP nesses materiais.

O REGIME DE PROGRESSÃO CONTINUADA   **97**

reprovação e evasão, tendo em vista a adesão e o comprometimento com a medida pelos profissionais da educação.

As *Resoluções*[8] publicadas no *Diário Oficial do Estado*, entre os anos de 1998 e 2004, foram dirigidas às DE, aos supervisores, diretores e coordenadores pedagógicos, apresentando orientações voltadas para aspectos administrativos, organizacionais e da gestão escolar. Esses aspectos deveriam ser alterados ou organizados pela equipe escolar, com destaque para o tempo e o espaço de aprendizagem dos alunos, as rotinas escolares, as formas de atribuição de aulas, a estruturação de medidas como o reforço e a recuperação (contínua, paralela e intensiva), entre outras questões.

Contudo, simultaneamente à divulgação de orientações oficiais, foram elaborados e editados documentos informativos produzidos pela SEE-SP, destacando-se o *Planejamento* elaborado nos anos de 1998, 2000, 2002 e 2003 e a *Orientação para as escolas*. Essas publicações apresentam uma linguagem acessível com o objetivo de atingir, como público-alvo, os profissionais da educação, especialmente a equipe pedagógica e os professores.

O informativo *Orientação para as escolas,* distribuído pela SEE-SP às DE no ano letivo de 1998, é uma cartilha na qual se destaca resumidamente o Parecer CEE n.67/98, aprovado em 13 de março, que regulamenta as *Normas regimentais básicas para as escolas públicas.*[9] Esse Documento apresenta as normas administrativas, organizacionais e de pessoal a serem seguidas pelas unidades escolares a partir de 1998.

O Informativo Planejamento, nas edições produzidas em 1998, 2000 e 2003, teve ampla divulgação nas escolas da rede estadual.

---

8 As Resoluções relativas ao regime de progressão continuada são apresentadas mais adiante, no item: Considerações sobre o regime de progressão continuada na Gestão dos Secretários de Educação, entre os anos de 1998 e 2004.

9 Em diversas escolas, onde estive realizando levantamento de dados para pesquisas, durante a graduação e mestrado ou como professora da rede estadual de ensino, não pude verificar a presença desse informativo, que somente foi encontrado arquivado na Oficina Pedagógica da Diretoria de Ensino. Possivelmente, esse material não chegou a ter grande circulação entre as unidades escolares, sendo restrito aos supervisores e professores da Oficina Pedagógica.

98 DEBORA CRISTINA JEFFREY

As edições do Planejamento 1998 e 2002,[10] distribuídas durante a gestão da secretária de Educação Rose Neubauer, destacavam o *slogan*: "A Escola de Cara Nova". Essas publicações procuravam apresentar orientações às escolas e aos docentes sobre a importância do estabelecimento e da construção da proposta pedagógica; da reorientação do trabalho e das práticas pedagógicas na perspectiva do regime de progressão continuada, enfatizando e valorizando as práticas avaliativas, diagnósticas e externas.

Na edição de 1998, o Informativo Planejamento encontra-se subdividido em quatro produções:

1. *Subsídios* – implementação do regime de progressão continuada no ensino fundamental; organização e funcionamento do ensino médio.
2. *Progressão continuada.*
3. *Avaliação e progressão continuada.*
4. *As mudanças na educação e a construção da proposta pedagógica da escola.*

O Planejamento 1998 apresenta as principais orientações presentes na Deliberação CEE n.9/97, Indicação CEE n.8/97 e Indicação CEE n.22/97, a fim de justificar a mudança realizada na organização escolar, com a instituição dos ciclos e necessidade de restabelecimento das concepções pedagógicas e avaliativas desenvolvidas no espaço escolar. Embora se considere a possibilidade de resistência às modificações no tempo e espaço escolares, entre os profissionais da educação, alunos e pais, adaptados e acostumados ao trabalho e à prática pedagógica fundamentada na lógica seriada, o Informativo procura evidenciar o que se espera do professor, ao considerar que:

Agora, mais do que nunca, espera-se que os professores monitorem constantemente os avanços e dificuldades encontrados por

---

10 Os *Informativos Planejamento 1998* e *Planejamento 2000* ainda são encontrados nas escolas estaduais, muitas vezes no acervo do coordenador pedagógico ou secretaria.

O REGIME DE PROGRESSÃO CONTINUADA 99

seus alunos, oferecendo-lhes suporte e reforço escolar sempre que problemas surjam (SEE-SP, 1998, p.2).

Diante da definição das atribuições e dos papéis dos docentes, que incluem o monitoramento dos avanços e as dificuldades encontradas pelos alunos, além da oferta de suporte e reforço escolar para estes, a principal sugestão indicada para que a escola, a partir da implementação do regime de progressão continuada, crie as condições para a aprendizagem dos estudantes é a construção da proposta pedagógica da unidade escolar.

A proposta pedagógica, compreendida pela SEE-SP como "síntese dos princípios, diretrizes e prioridades estabelecidos pela equipe escolar a partir dos propósitos educacionais e da definição dos resultados desejados" (SEE-SP, 1998), de acordo com as orientações apresentadas no *Planejamento 1998*, deve ser construída pela equipe escolar de cada unidade, a partir do estudo e reflexão sobre as experiências acumuladas, evitando a repetição de rotinas, a indefinição de metas, dos pontos de chegada e caminhos percorridos por professores e alunos.

Deste modo, era recomendado, ao longo do *Planejamento 1998*, particularmente nas orientações sobre *as mudanças na educação e a construção da proposta pedagógica pela escola*, um diagnóstico prévio da situação de aprendizagem dos alunos por meio de dados de permanência e desempenho, disponíveis por meio dos diferentes instrumentos utilizados para a avaliação, com destaque para:

• número de alunos de cada classe;
• número de alunos promovidos na classe/série/disciplina;
• número de alunos evadidos/retidos;
• número de alunos participantes de estudos de recuperação;
• número de alunos promovidos após estudos de recuperação;
• outros dados de desempenho dos alunos (Saresp ou outros).

Com esses dados, a SEE-SP (1998, p.2) acreditava que tornaria possível definir o ponto de partida para o estabelecimento das atividades e o trabalho pedagógico da escola, ao reconhecer este como um espaço de formação e informação que:

100 DEBORA CRISTINA JEFFREY

deve possibilitar o desenvolvimento de capacidades que permitam compreender e intervir nos fenômenos sociais e culturais e garantir que os alunos possam ter acesso e compreender o produto das culturas nacionais e universais.

O *Informativo Planejamento 1998* procurava nortear os principais eixos e diretrizes de ação das escolas estaduais, após a instituição do regime de progressão continuada, com destaque para a construção da proposta pedagógica, da função da escola e de atribuições tanto de professores como da equipe escolar.

No início do ano letivo de 2000, a SEE-SP distribuiu, nas escolas da rede estadual, o *Informativo Planejamento 2000*, com ênfase e considerações idênticas às já apresentadas no *Planejamento 1998*, acrescidas de um conjunto de textos, alguns publicados em anos anteriores, com o objetivo de subsidiar as reflexões, decisões e ações a serem tomadas pelas unidades. Entre os textos apresentados, destacam-se:

- *A proposta pedagógica e autonomia da escola* de José Mário Pires Azanha;
- *Avaliação e progressão continuada* do CEE-SP – Texto apresentado na Indicação do CEE-SP 22/97 – aprovado em 17/12/1997;
- *Qualidade de ensino e progressão continuada* de Sonia Teresinha de Sousa Penin – Texto publicado no evento USP FALA EDUCAÇÃO, em 29/10/1999.

Além desses textos, com intuito de subsidiar as escolas, no *Informativo Planejamento 2000*, a SEE-SP apresentou, novamente, orientações específicas para a construção da proposta pedagógica pelas unidades escolares, enfatizando a necessidade de esta rever suas conquistas, buscando refletir sobre elas e verificar se chegaram a ser revertidas em:[11]

---

11 Esses itens são abordados na apresentação do *Informativo Planejamento 2000*.

O REGIME DE PROGRESSÃO CONTINUADA   101

- melhor organização do espaço físico e dos tempos escolares;
- melhor organização do HTPC;
- melhoria nas interações dos diferentes profissionais;
- melhor encaminhamento e objetivação das metodologias de trabalho;
- melhor aproveitamento dos espaços de expressão do coletivo via colegiados;
- melhor integração com a comunidade;
- melhor aproveitamento dos alunos, evidenciado nos resultados do Saresp e nos dados registrados pela escola.

O *Planejamento 2000*, ao indicar a reflexão, verificação e revisão das conquistas e transformação destas em melhorias pelas escolas, no que se refere à sua organização, às relações estabelecidas no coletivo, em diversas instâncias, à definição das metodologias de trabalho e ao aproveitamento dos alunos, procurava impulsionar as unidades escolares a reconhecerem e utilizarem sua autonomia, a fim de permitir a concretização de seus objetivos e a resolução dos problemas existentes em seu interior.

Ao destacar a autonomia da escola, o *Planejamento 2000* contribuiu para que as unidades escolares a reconhecessem como um instrumento essencial para a construção de propostas, ações e diretrizes educacionais, de acordo com cada realidade. A fim de favorecer a reflexão e valorização da proposta pedagógica das escolas, a SEE-SP enfatizava, ao longo do suplemento, outras questões que não estavam esclarecidas, até o ano letivo de 2000, entre os profissionais da educação, com destaque para a progressão continuada, a qualidade de ensino e a avaliação.

O *Planejamento 2000* partiu do pressuposto de que as alterações na rede estadual já tinham sido consolidadas, sendo preciso que as escolas reformulassem seus propósitos, mediante discussões nas instâncias colegiadas e resultados educacionais obtidos no Saresp, pelo fato de que:

cada escola, com seus problemas concretos e a participação direta de sua equipe escolar e da comunidade, deverá planejar os procedimen-

102 DEBORA CRISTINA JEFFREY

tos pedagógico-administrativos para organização, desenvolvimento e avaliação de sua proposta pedagógica. A proposta pedagógica da escola, coletivamente construída, será o fio condutor dessa tarefa. Nela cada escola irá estabelecer os procedimentos operacionais para a realização do trabalho docente e discente. À luz de sua proposta pedagógica, cada escola elabora seu regimento, que define formas de avanço dos alunos e todos os procedimentos para sua classificação e reclassificação, bem como os instrumentos e mecanismos a serem utilizados no encaminhamento do aluno para a turma mais adequada à sua idade e nível de desempenho (SEE –SP, 2000, p.16).

Deste modo, o *Planejamento 2000* reforçou a ideia da autonomia de cada escola, ao salientar o dever de planejamento desta quanto aos procedimentos pedagógico-administrativos necessários à organização, ao desenvolvimento e à avaliação da proposta pedagógica, elemento considerado norteador para o estabelecimento de procedimentos operacionais que envolvem o trabalho docente e discente.

Contudo, apesar de a proposta pedagógica contribuir para a definição do regimento escolar pelas instâncias colegiadas, o *Planejamento 2000* esclarece que deveriam ser encaminhadas à respectiva DE, após o diagnóstico, as demandas de educação continuada, porque esse órgão intermediário poderia "redirecionar sua ação de capacitação para responder às questões emergentes e assim auxiliar na construção desse novo modelo de escola nas suas respectivas regiões" (ibidem).

Nas orientações presentes no *Planejamento 2000*, enfatizam-se a proposta pedagógica e seu processo de construção pela escola, deixando evidente que, com a transferência de responsabilidade da SEE-SP às unidades escolares, para que definam e atribuam os procedimentos pedagógicos, administrativos e operacionais que lhes convinham, o sucesso ou fracasso do aluno deve ser assumido pelos profissionais da educação, que desenvolvem o trabalho pedagógico elaborado e proposto.

Essa questão pode ser observada pela ausência de orientações e atividades específicas, durante o *Planejamento 2000*, no que

O REGIME DE PROGRESSÃO CONTINUADA 103

concerne aos problemas específicos de aprendizagem dos alunos, às formas de diagnóstico das aprendizagens, conquistas e metas cumpridas, pois estas são questões, entendidas pela SEE-SP, como específicas de cada escola.

O *Informativo Planejamento 2003*,[12] publicado na gestão do Secretário de Educação Gabriel Chalita, apresenta características bem distintas das orientações divulgadas no *Planejamento 2000*: oferece orientações específicas para a equipe pedagógica e professores, no que se refere à aplicação de atividades para o diagnóstico dos conhecimentos dos alunos e à elaboração do projeto pedagógico, entre outros aspectos. O Planejamento 2003 é composto por três partes:

- *Planejamento 2003* – orientações específicas para a realização do diagnóstico do conhecimento do aluno e estabelecimento do projeto pedagógico da escola;
- *Orientações às escolas e diretorias de ensino sobre reforço e recuperação da aprendizagem e procedimentos relativos à avaliação e ao encaminhamento dos alunos ao final do ano letivo;*
- *Orientações para a elaboração do Plano de Gestão da Escola –* quadriênio 2003-2006.

A primeira parte do documento, intitulada Planejamento 2003, apresenta orientações específicas às escolas estaduais para repensarem seu projeto pedagógico, ao enfatizar que:

> É tempo de lembrar que todo aluno apoiado no conhecimento que já tem e interagindo com o professor e seus colegas constrói mais e mais conhecimento. Para tanto, é importante rever comportamentos, procedimentos, estratégias, articulações entre as várias

---

12 O Planejamento 2003 foi obtido na internet nos seguintes endereços: <http://cenp.edunet.sp.gov.br/Planejamento/2003/Abrindo%20Portas. htm>; <http://cenp.edunet.sp.gov.br/Comunicados/ref_recup_aprendizagem.htm>.

104 DEBORA CRISTINA JEFFREY

disciplinas... [...] Repensar as ações implica ter clareza de como a escola está, quem são os alunos, os pais, como está o entorno da escola, qual sua representação hoje (SEE-SP, 2003).

Diferentemente dos documentos anteriores (*Planejamento 1998 e 2000*), que enfatizavam a escola, sua estrutura, seus procedimentos pedagógicos, administrativos e operacionais, as orientações iniciais, apresentadas no *Planejamento 2003*, focalizam a necessidade de a unidade escolar repensar as ações referentes à construção de conhecimento pelo aluno, por meio da revisão dos comportamentos, procedimentos e estratégias que constituem esse processo. Outro fator que chama atenção é a substituição do termo "proposta pedagógica" por "projeto pedagógico".

A SEE-SP (1998) define a proposta pedagógica como: "síntese dos princípios, diretrizes e prioridades estabelecidos pela equipe escolar, a partir dos propósitos educacionais e da definição dos resultados desejados". Particularmente, o conceito de projeto pedagógico[13] não é especificado pela SEE-SP em nenhum dos documentos publicados, entre os anos de 1997 e 2004.

Entretanto, a concepção do projeto pedagógico, utilizada pela SEE-SP durante o *Planejamento 2003*, remete à reflexão e avaliação pelo coletivo, incluindo-se aí pais e alunos nas metas, diretrizes e ações realizadas na escola. Além disso, caberia à escola, de acordo com a orientação do documento, decidir, por meio de sua equipe, os pontos fundamentais para o trabalho pedagógico que seria desenvolvido no ano letivo de 2003. Esse aspecto que o diferencia dos Informativos anteriores, cujas orientações priorizavam as metas e os propósitos das atividades escolares, com indicações

---

13 Veiga (2000) define o projeto pedagógico como uma ação intencional que envolve um processo de reflexão do cotidiano e discussão dos problemas da escola, com intuito de buscar alternativas viáveis para a efetivação de sua intencionalidade, pelo estabelecimento de um compromisso definido no coletivo. A autora alerta que a construção e realização do projeto pedagógico dependem de um tempo razoável para a reflexão e ação, a fim de favorecer a consolidação de sua proposta.

O REGIME DE PROGRESSÃO CONTINUADA   105

gerais para o estabelecimento da proposta pedagógica, do exercício da autonomia, do entendimento da progressão continuada, da reconfiguração das práticas avaliativas e da melhoria dos indicadores de qualidade.

A aprendizagem dos alunos e os procedimentos metodológicos foram destacados pela SEE-SP, no *Planejamento 2003*, como os principais elementos que deveriam receber atenção especial da equipe, ao considerar que:

> é importante que a equipe escolar cuide e alimente o dia a dia dos alunos, tratando das normas de convivência, das articulações e negociações frente às diferentes propostas, de forma a propiciar um bom trabalho para todos durante o ano. Os espaços de convivência e os materiais devem ser organizados para que favoreçam a aprendizagem entre os alunos. As discussões sobre o planejamento devem prever procedimentos metodológicos interessantes que conquistem os alunos para a necessidade de saber mais (SEE-SP, 2003).

De modo a incentivar a equipe escolar a "cuidar", a "alimentar" o dia a dia dos alunos, a organizar os espaços de convivência e os materiais utilizados para favorecer a aprendizagem discente, além de fomentar as discussões de planejamento, como prevê o *Planejamento 2003*, a SEE-SP recomenda, no mesmo Informativo, a realização do diagnóstico dos conhecimentos dos alunos, pois é preciso:

> saber de que patamar os alunos estão partindo e como poderemos levá-los a conquistar novos conhecimentos. Esse diagnóstico definirá a situação de cada um e será o desencadeador do trabalho com a leitura e a escrita nas diversas áreas do conhecimento. Para isso, deverão ser considerados os objetivos de ensino dos ciclos do ensino fundamental e do ensino médio, explicitados em termos de atitudes, valores, conhecimentos, habilidades e competências (SEE-SP, 2003).

106 DEBORA CRISTINA JEFFREY

O diagnóstico, de acordo com o *Planejamento 2003*, a ser feito pela escola, deve propiciar a divulgação de informações que orientem a equipe escolar e professores a trabalharem em benefício da conquista de novos conhecimentos pelos alunos. Entre as principais orientações para o desenvolvimento das ações pedagógicas, presentes no Informativo, havia destaque para as atividades de leitura e escrita, nas diversas áreas do conhecimento. Essas atividades precisam ser articuladas com os objetivos de ensino dos ciclos dos ensinos fundamental e médio, no que se referem às atitudes, habilidades, competências, valores e conhecimentos.

A fim de esclarecer os objetivos educacionais de ensino dos ciclos fundamental e médio, no *Planejamento 2003*, a SEE-SP apresenta anexadas ao documento as capacidades e habilidades esperadas dos alunos ao longo de todo o ciclo de aprendizagem. Nesse Informativo, ainda são propostas diversas atividades de leitura e escrita que permitem a realização da avaliação diagnóstica, juntamente com a recomendação de consulta aos *Parâmetros Curriculares Nacionais*, focalizando a ampliação das reflexões e o esclarecimento de eventuais dúvidas.

Sobre o texto, intitulado *Orientações às escolas e diretorias de ensino sobre reforço e recuperação da aprendizagem e procedimentos relativos à avaliação e ao encaminhamento dos alunos ao final do ano letivo*, é enfatizada a importância da orientação da DE e da equipe de Supervisão às equipes escolares no tocante à intensificação das atividades de reforço e recuperação da aprendizagem dos alunos. Essa orientação, de certo modo, procura justificar a valorização das atividades de reforço e recuperação diante da revogação da Resolução SE n.179/99, que disciplinava as atividades de reforço e recuperação intensiva.

Com o término da recuperação intensiva, a SEE-SP esclarece, no documento acima citado, que o Conselho de Classe/Série, entendido como o responsável pela avaliação coletiva da aprendizagem do aluno, deve assegurar que os encaminhamentos para as atividades de reforço e recuperação paralela sejam adequados às necessidades detectadas e permitam a melhoria do desempenho do

O REGIME DE PROGRESSÃO CONTINUADA **107**

aluno durante todo o ano letivo, justificando a intensificação desses projetos.

O Informativo também define os momentos em que a avaliação do processo de recuperação deve ocorrer, ao destacar que:

> Essa avaliação do processo de recuperação deve ocorrer nos conselhos bimestrais e, se necessário, em reuniões extraordinárias, de modo que as medidas sejam propostas e programadas ao longo do semestre, evitando-se análises tardias, postergadas para os conselhos finais, quando já não há mais tempo para se adotar as medidas necessárias que levarão à melhoria do aproveitamento escolar e dos resultados obtidos pelos alunos (SEE-SP, 2003).

Além da periodicidade das avaliações do processo de recuperação, as orientações presentes no *Planejamento 2003* a respeito de reforço e recuperação esclarecem que os procedimentos decididos e encaminhados pelo Conselho de Classe e Série devem "assumir sempre um caráter preventivo e não punitivo fundamentados nos princípios constitucionais, nas diretrizes da LDB e nos direitos que esses dispositivos legais garantem a todos os alunos".

O Informativo ainda prevê o estabelecimento de um programa de compensação de ausências para os alunos faltosos, com o objetivo de assegurar a permanência do aluno na escola, evitando a evasão e repetência. No mesmo documento, é reapresentada a orientação para as escolas sobre classificação dos alunos ao final do ano letivo, publicado no ano de 1998.

A reapresentação das normas[14] referentes à classificação dos alunos parece bastante oportuna, para desmistificar a ideia da prática da promoção automática existente na rede estadual, após sete anos da instituição do regime de progressão continuada, além de destacar os critérios existentes para a aprovação ou reprovação.

---

14 As normas sobre a classificação dos alunos ao final do ano letivo apresentada é uma cópia do texto divulgado no documento *Orientação para as escolas*, publicado em 1998 pela SEE-SP.

108 DEBORA CRISTINA JEFFREY

Quanto às *Orientações para a elaboração do Plano de Gestão da Escola Quadriênio 2003-2006*, estas procuram sugerir às escolas a realização de um balanço do projeto pedagógico anterior, propondo a análise das "ações e inter-relações que mobilizaram a equipe escolar". De acordo com a SEE-SP (2003), o documento objetiva subsidiar o trabalho das equipes escolares e da DE, as quais deveriam contar com a participação do Conselho de Escola na construção do plano de gestão, na reflexão e análise do regimento escolar, na avaliação dos resultados de desempenho, rendimento escolar e de avaliações externas, como Saresp e Enem.

Além dessas questões, a SEE-SP orienta, no mesmo documento, que o novo plano a ser construído deve discutir e estabelecer as prioridades para a aplicação dos recursos financeiros, a fim de reverter os problemas detectados no plano anterior. Contudo, apesar de enfatizar as principais orientações para avaliação e construção do plano de gestão, o Informativo recomenda que as escolas consultem o Parecer CEE n.67/98 (dispõe sobre as normas regimentais básicas para as escolas estaduais), para obterem outras informações específicas sobre a caracterização e diretrizes que devem conter o documento.

Entende-se, portanto, que os documentos publicados pela SEE-SP, entre os anos de 1998 e 2004, procuram valorizar e enfatizar a necessidade de: construção da proposta pedagógica (*Planejamento 1998*); conscientização da equipe escolar sobre a autonomia pedagógica e suas implicações (*Planejamento 2000*); e realização do diagnóstico do conhecimento dos alunos (*Planejamento 2003*) para cada escola, sendo que esta deve assumir sua responsabilidade na resolução dos problemas de aprendizagem, de ordem administrativa e financeira, criando, deste modo, alternativas que possam ser revertidas em benefício da aprendizagem discente.

Uma das principais alternativas recomendadas às escolas pelos documentos produzidos pela SEE-SP, com o intuito de beneficiar a aprendizagem dos alunos, são os projetos de reforço, recuperação paralela e recuperação contínua.

Medidas de apoio ao regime de progressão continuada adotadas: o projeto de reforço, recuperação paralela, recuperação contínua e recuperação intensiva

Além da elaboração da proposta pedagógica e do fortalecimento do trabalho coletivo, medidas alternativas de suporte à proposta do regime de progressão continuada, como o reforço, a recuperação paralela, a recuperação intensiva e a recuperação contínua, foram estabelecidas e destacadas na Deliberação n.9/97 do CEE-SP. O intuito era garantir a avaliação da aprendizagem de alunos com problemas de aprendizagem. Assim, o artigo 1º da Deliberação n.9/97, que instituiu o regime de progressão continuada no sistema de ensino do estado de São Paulo, no parágrafo 3º, estabelece que:

> O regime de progressão continuada deve garantir a avaliação do processo de ensino-aprendizagem, o qual deve ser objeto de recuperação contínua e paralela, a partir de resultados periódicos parciais e, se necessário, no final de cada período letivo (Deliberação CEE número 9/97).

No artigo 3º, a Deliberação n.9/97 esclarece que o projeto educacional de implementação do regime de progressão continuada deve especificar os mecanismos que assegurem: a avaliação institucional interna e externa (inciso I); avaliações contínuas e cumulativas da aprendizagem ao longo do processo (inciso II); atividades de reforço, recuperação paralela e contínua ao longo do processo e, se necessário, ao final de ciclo ou nível (inciso III); meios alternativos de adaptação, reforço, reclassificação, avanço, reconhecimento, aproveitamento e aceleração de estudos (inciso IV).

A avaliação, portanto, mediante as diretrizes apresentadas pela Deliberação n.9/97, transforma-se no principal mecanismo de êxito da proposta do regime de progressão continuada, juntamente com medidas pedagógicas suplementares, como o reforço, a recu-

110 DEBORA CRISTINA JEFFREY

peração paralela e a intensiva. As atividades de reforço, recuperação paralela e contínua, além de favorecem a apropriação dos conhecimentos e o cumprimento dos objetivos educacionais pelos alunos com dificuldades, de acordo com Oliveira (1998, p.9), poderão orientar o acompanhamento do progresso realizado, das condições em que este ocorreu e o planejamento dos próximos passos, considerando que: "Não se coloca assim a aprovação sem critério, sem um diagnóstico pedagógico, sem um plano de trabalho a ser vencido nos anos posteriores, mera promoção automática".

Apesar de as atividades de reforço, recuperação paralela e recuperação contínua contribuírem como um instrumento essencial para o sucesso escolar do aluno com dificuldades de aprendizagem, Vera Lúcia Wey, coordenadora da CENP, durante o Fórum de Debates "Progressão continuada: compromisso com a aprendizagem", realizado em junho de 2002, promovido pela SEE-SP, destaca que os projetos de reforço e recuperação, organizados na rede, têm sido pouco explorados em suas potencialidades, mesmo sendo considerados como suportes essenciais para a garantia da aprendizagem progressiva.

Com base no quadro evolutivo dos projetos desenvolvidos pela SEE-SP e apresentados por Wey (2002), durante o Fórum, observa-se que o Projeto de Reforço e Recuperação torna-se obrigatório somente no ano letivo de 1998, período em que o regime de progressão continuada foi adotado na rede de ensino. A Resolução SE n.67/98, que dispõe sobre os estudos de reforço e recuperação paralela para os alunos da rede estadual de ensino, destaca que esses projetos visam garantir ações específicas voltadas à aprendizagem "efetiva e bem-sucedida de todos os alunos", devendo ocorrer, de acordo com o artigo 1º:

I – de forma contínua, como parte integrante do processo de ensino e de aprendizagem, no desenvolvimento das aulas regulares;
II – de forma paralela, ao longo do ano letivo e em horário diverso das aulas regulares, sob a forma de projetos de reforço e recuperação da aprendizagem;

III – de forma intensiva, nas férias escolares de janeiro, sempre que houver necessidade de atendimento a alunos com rendimento insatisfatório e também no recesso de julho para os cursos supletivos ou de organização semestral.

As Resoluções da SE, posteriores à de n.67/98, referentes ao Projeto de Reforço e Recuperação Paralela, dispõem de alterações no cronograma, de orientações sobre o tempo de duração das aulas, de formas de atribuição das aulas e de registro da evolução dos alunos. Contudo, apesar da obrigatoriedade do Projeto de Reforço e Recuperação entendido como um mecanismo de apoio ao regime de progressão continuada, Barretto (2002) aponta alguns problemas em sua operacionalização.

as medidas relativas à recuperação paralela precisam passar por um crivo mais apurado. [...] Um dado que aparece com frequência é a impressão que têm os professores de que a escola, ou eles próprios, estão sendo postos sob suspeita quanto à possibilidade de fazer a recuperação paralela. [...] Eu não sei que mecanismos estão funcionando, mas é comum que as classes de recuperação sejam oferecidas aos professores ingressantes, substitutos eventuais, àqueles que têm menor experiência e um manejo de classe mais precário, consequentemente, mais dificuldade de trabalhar justamente com os alunos que apresentam maiores dificuldades. Pois são exatamente esses professores de quem, em princípio, se espera que dêem conta daqueles problemas que o corpo docente mais experiente e estável não conseguiu resolver. Seria preciso garantir de fato a autonomia da escola para repensar os processos de acompanhamento desses alunos com maior flexibilidade e proveito.

A descrição de algumas situações, verificadas no interior de várias escolas estaduais por Barretto (2002), aponta o processo provisório e precário em que o Projeto de Recuperação Paralela tem funcionado em certas unidades escolares. Como professora da rede estadual e municipal de ensino fundamental, presenciei este fato,

112 DEBORA CRISTINA JEFFREY

ao ver a realização das atividades de reforço e recuperação paralela ocorrerem na sala dos professores, em função da falta de espaço físico na escola e observar a desarticulação entre as atividades propostas pelos professores do projeto e das turmas regulares.

Certamente, muitas escolas estão procurando encontrar alternativas para superar os problemas apontados. Porém, é o processo avaliativo que se encontra em questão com relação à desarticulação entre a proposta do regime de progressão continuada e o Projeto de Reforço – Recuperação (paralela e intensiva), pois, segundo Sousa (1998, p.91):

> A implantação da progressão continuada no ensino fundamental, ao contrário do que muitas vezes ouvimos, não "elimina a avaliação", mas, ao invés disso, traz o desafio de vivenciá-la em seu sentido constitutivo, remetendo à necessidade de uma conceituação precisa quanto às funções que deve desempenhar no processo de escolarização.

A falta de clareza nas funções que a avaliação deve desempenhar em um processo de escolarização sob o regime de ciclos de progressão continuada me leva a compreender este aspecto como a principal justificativa para a desarticulação entre o Projeto de Reforço e Recuperação nas escolas, considerando que ambos poderiam favorecer um acompanhamento mais individualizado do aluno, um diagnóstico mais preciso de suas necessidades, orientando o planejamento a suas especificidades. Afinal, de acordo com Sousa (ibidem),

> No sistema de progressão continuada, a função classificatória perde importância, impulsionando a que se busque o cumprimento de funções nucleares da avaliação, capazes de promover sentido ao processo de ensino e de aprendizagem.

Até 1997, sem caráter obrigatório, o Projeto de Reforço e Recuperação deveria atender alunos com grandes possibilidades de retenção, sempre ao final do ano letivo. Após 1998, com o estabe-

O REGIME DE PROGRESSÃO CONTINUADA   113

lecimento de resoluções específicas, torna-se obrigatório o oferecimento do reforço, recuperação paralela e intensiva[15] pelas escolas estaduais, tendo em vista o atendimento de todos os alunos com dificuldades de aprendizagem, tornando possível a ampliação das oportunidades educacionais.

O regime de progressão continuada e sua análise em estudos acadêmicos

Ao colocar em questão o papel social da escola, o processo de aprendizagem e de aquisição do conhecimento, o regime de progressão continuada levou à rede inúmeras implicações que puderam ser analisadas por meio de estudos empíricos e bibliográficos envolvendo a temática, e que, apesar de limitarem-se a alguns aspectos da proposta, tornam possível a abstração de importantes elementos para o entendimento de sua repercussão no espaço escolar.

No que concerne *ao papel da escola no sistema de ciclos*, Alavarse (2002) destaca, em estudo envolvendo a análise documental do sistema de ciclos implementado no município de São Paulo em 1992, um aspecto relevante, a organização curricular. Ao examinar a proposta curricular delineada nos documentos oficiais, com suas observações sobre o trabalho escolar, conclui ainda que há predomínio de um ensino que se desenvolve por meio de disciplinas isoladas, em virtude da valorização da cultura seriada.

A respeito das *implicações do regime de progressão continuada no processo de democratização do ensino*, Frehse (2001) conclui, a partir de um estudo etnográfico, envolvendo entrevistas e observações, que o regime de progressão continuada, ao garantir o acesso e a

---

15 Desde 1998, os Projetos de Reforço, Recuperação Paralela e Intensiva são regulamentados por inúmeras resoluções. No entanto, no início do ano letivo de 2003, o Projeto de Recuperação Intensiva, também conhecido como Recuperação de Férias, foi extinto da rede estadual, sob a justificativa de que as atividades de recuperação paralela e contínua deveriam ser intensificadas, de acordo com a Resolução SE n.84/03.

114   DEBORA CRISTINA JEFFREY

permanência de uma clientela heterogênea no espaço escolar, tem gerado uma resistência entre os profissionais da educação, que não se sentem preparados, principalmente, para a realização de um trabalho pedagógico diferenciado, abrangendo o respeito às diferenças, o acompanhamento das dificuldades e os avanços de alunos. Esta resistência e falta de preparo, para Frehse, são consequências da valorização da organização seriada do ensino pelos profissionais, pois os problemas educacionais dos alunos poderiam ser solucionados com a prática da reprovação ou pela mera exclusão destes, via evasão.

Steinvascher (2003), ao analisar *as manifestações dos sindicatos e associações de profissionais da educação da rede pública paulista e o processo de implantação do regime de progressão continuada* (Apeoesp, Udemo e Apase), evidencia a existência de uma contradição entre as análises da avaliação dos resultados do regime de progressão continuada, pois, enquanto a SEE-SP realiza uma avaliação positiva, as entidades representativas dos profissionais da educação manifestam que o autoritarismo de sua implementação, a falta de subsídios e de condições de trabalho para seu encaminhamento têm resultado em um processo de promoção automática dos alunos, no qual a maioria está sendo aprovada sem garantia de aprendizagem.

As concepções dos educadores sobre o regime de progressão continuada puderam ser retratadas, por meio do estudo etnográfico realizado por Viégas (2002), em uma escola pública estadual, localizada no município de São Paulo-SP, com a participação de professores participantes de um grupo reflexivo, da coordenadora pedagógica e da supervisora de ensino.

A partir de uma análise qualitativa que abordou o processo de implementação da medida na rede pública estadual e as formas de realização do trabalho docente, critérios de aprovação e reprovação, avaliação e reforço escolar, além do controle da frequência foram abordados. A pesquisa apontou algumas repercussões do regime de progressão continuada no interior da escola, tais como: a prática da "promoção automática" por determinados professores; a ausência dos profissionais da educação nas discussões e no planejamento

O REGIME DE PROGRESSÃO CONTINUADA **115**

da proposta, gerando, consequentemente, resistência e mal-estar entre o corpo docente no tocante à medida; preconceito contra os alunos das classes populares, recém-integrados no espaço escolar.

Os saberes e crenças de professores dos ciclos I e II sobre a reprovação escolar, no contexto de implantação do regime de progressão continuada, foram destacados na pesquisa realizada por Silva (2000). O estudo, desenvolvido com o propósito de compreender as possíveis fontes desses saberes e a existência de diferentes concepções entre professoras primárias e secundárias, por meio de entrevistas, conseguiu obter os seguintes resultados: a reprovação, mesmo após a implementação do regime de progressão continuada, ainda é considerada, pela maioria dos entrevistados, como um fator capaz de contribuir para um maior esforço do aluno e/ou controlar seu comportamento inadequado; a progressão, por outro lado, é questionada ao trazer algumas consequências no cotidiano escolar como o empobrecimento das exigências de domínio dos conteúdos escolares e a desvalorização do rendimento escolar do aluno.

As consequências do regime de progressão continuada nas práticas pedagógicas e nos paradigmas da educação foram analisadas nos estudos de Guimarães (2001) e Magalhães (1999), que, mediante observações e entrevistas realizadas em escolas públicas estaduais, localizadas no município de São Carlos-SP, puderam constatar que problemas na implementação da proposta e a falta de preparação do corpo docente para compreender as concepções e diretrizes pedagógicas orientadoras das práticas educativas contribuíram para que a medida fosse registrada apenas no discurso dos profissionais técnico-administrativos das escolas.

Sobre *o conhecimento escolar desenvolvido e produzido a partir da implantação do regime de progressão continuada na rede pública estadual de ensino,* Freitas (2000), em seu estudo sobre a cultura escolar e o currículo em uma organização de ciclos, pôde compreender que, diante da impossibilidade de discussões no espaço escolar sobre os "conteúdos culturais informadores do conhecimento escolar", estes continuam deixando de expressar significados à aprendizagem dos educandos de origem popular.

O *impacto do regime de progressão continuada na relação professor-aluno*, retratado na pesquisa de Jeffrey (2001), evidenciou, a partir de um estudo etnográfico, realizado em quatro escolas públicas estaduais do município de Campinas-SP, que, na visão dos professores, a medida foi introduzida na rede de ensino como um mecanismo utilizado para reduzir, drasticamente, os altos índices de repetência existentes na rede de ensino, sem oferecer nenhuma contribuição à qualidade de ensino; para os alunos, a "inovação" iria levá-los a irresponsabilidade nos estudos, pois a nota não seria mais um fator determinante para sua promoção ou reprovação, ao final do ano letivo.

Desta forma, segundo Jeffrey (2001), o regime de progressão continuada, ao ser introduzido na rede sem a devida preparação e sem envolvimento da comunidade escolar, foi interpretado como um processo de promoção automática, cujo impacto na relação professor-aluno fez-se notar no comprometimento da autoridade (professor) e desestímulo da aprendizagem (aluno).

O significado da avaliação da aprendizagem, a partir da implantação do regime de progressão continuada para alunos dos ciclos I e II, foi retratado por Arcas (2003, p.122). O estudo considera que, embora a função diagnóstica e contínua seja atribuída à avaliação nos documentos oficiais da escola ou na fala dos professores, para os alunos: "esse diagnóstico apresenta-se mais como uma constatação do rendimento escolar, do que um indicador para futuras ações por parte do professor e da escola".

Esse fato evidencia, segundo Arcas (2003), que a avaliação diagnóstica e contínua ainda representa um grande desafio na prática escolar, sendo valorizado seu caráter classificatório, principalmente, na atribuição de conceitos às atividades desenvolvidas em sala, ao comportamento ou à disciplina, sem que seja utilizado como indicador para as futuras ações, seja do professor ou da escola.

As possibilidades e limites do regime de progressão continuada foram analisados no estudo de Bertagna (2002). Sob o enfoque da avaliação, a pesquisa realiza a análise de documentos oficiais da SEE-SP e do acompanhamento da implementação da proposta em

O REGIME DE PROGRESSÃO CONTINUADA   117

uma escola da rede pública estadual do município de Campinas-SP. Após o levantamento dos dados, ela concluiu que: mesmo com a implementação da proposta, a seletividade escolar continua apresentando somente mudança de foco: agora, centra-se no processo de avaliação informal (comportamento e atitudes) do aluno, contribuindo para o desenvolvimento de um processo de *"exclusão branda"* e *"eliminação adiada"*.

Esses estudos, no entanto, apontam alguns aspectos comuns em relação às implicações do regime de progressão continuada no interior das escolas públicas estaduais, tais como, a rejeição à proposta, principalmente entre os docentes; a continuidade da seletividade escolar e organização disciplinar; a falta de preparo dos profissionais da educação para compreenderem as mudanças necessárias nas concepções de ensino-aprendizagem e avaliação, e para introduzi-las em suas práticas; valorização da prática da reprovação entre alguns profissionais.

As conclusões destacadas nos estudos acima apontados indicam que o regime de progressão continuada, no período de 1998 a 2002, nas escolas analisadas, não havia conseguido promover uma reestruturação da organização e das práticas escolares, considerando que os profissionais das unidades ainda apresentavam uma postura conservadora diante da necessidade e do potencial da medida, para se repensar a escola, segundo Sousa, Steinvascher & Alavarse (2001, p.13), ao compreenderem que:

> sua viabilidade está nas condições pedagógicas criadas, ou seja, para a construção de uma escola comprometida com a aprendizagem de todos, é necessário elaborar estratégias que possibilitem uma reestruturação de toda a organização escolar: tempo, espaço, avaliação, currículo, trabalho coletivo, relação professor-aluno e escola-comunidade, formação contínua dos professores e gestão escolar.

Enquanto para os profissionais da educação, de acordo com as conclusões obtidas pelos estudos indicados, o regime de progressão

118   DEBORA CRISTINA JEFFREY

continuada não tem levado a um repensar a escola, processo fundamental, destacado por Sousa, Steinvascher & Alavarse (ibidem), para a criação de estratégias que permitam a aprendizagem de todos, além de estar gerando reclamações constantes sobre o aumento da indisciplina, desinteresse dos alunos e dificuldades de aprendizagem; os debates acadêmicos, por outro lado, têm apontado discussões e reflexões muito distintas da proposta no cotidiano escolar.

O regime de progressão continuada tem suscitado discussões e reflexões no debate acadêmico por se tratar de uma proposta capaz de possibilitar a superação de um modelo escolar excludente e discriminatório, que, até meados da década de 1990, era debatido sob o enfoque do fracasso escolar, incluindo a análise dos indicadores de reprovação e evasão.

Após a aprovação dos ciclos de progressão continuada na rede pública estadual de ensino, o debate acadêmico centrou-se na reflexão e discussão sobre: a qualidade de ensino, os processos avaliativos, as justificativas apresentadas para sua adoção na rede e as condições oferecidas às escolas no processo de implementação da proposta.

Para Barretto (2002), a introdução do regime de progressão continuada apresenta um propósito de democratização das oportunidades educacionais, incluindo uma população escolar, excluída anteriormente do processo educativo, abalando, assim, os "alicerces" da escola.

Motivos sociais, de inclusão e de integração; motivos políticos, de democratização efetiva da escola e de acesso ao conhecimento; motivos econômicos, de economia de recursos públicos; motivos pedagógicos, no sentido de evitar que a reprovação impeça a progressão escolar dos alunos, denegando-lhes o direito de aprender.

Entre os principais motivos apresentados pela pesquisadora, a questão econômica torna-se um aspecto de grande repercussão na rede, podendo também ser analisada sob diferentes perspectivas, pois, enquanto Barretto (2002) considera esta uma obrigação dos dirigentes, a fim de gastar bem os recursos e não desperdiçá-los

O REGIME DE PROGRESSÃO CONTINUADA **119**

com sucessivas reprovações, Sousa (2000) reconhece que a normatização da progressão continuada, com a extinção da repetência para tal fim, não garante a redução do "custo individual e social da reprovação", sem o oferecimento das condições necessárias à aprendizagem e avaliação escolar.

Independentemente da questão econômica, Cortella (2002) compreende que a finalidade dos ciclos na rede é: "dificultar a reprovação burra, aquela que acontece por falha da nossa organização ou da nossa estrutura". Por isso, segundo o pesquisador, torna-se necessário reconhecer as dificuldades profundas existentes na proposta, já que:

> Não se pode, de maneira alguma, deixar de perceber que as comunidades escolares – pais, alunos e professores, funcionários – têm dificuldades com isso. Mas não significa que a gente deva abandonar a ideia. Há projetos, sim, para reverter essa situação. Outros falam de uma parada estratégica, tanto faz. O que vale é que qualquer projeto que venha nessa direção não atire para fora da História uma das ideias mais centrais que se deva ter no cotidiano do trabalho educacional. É preciso dar um basta ao pedagocídio nas escolas públicas.

O reconhecimento das dificuldades encontradas com a introdução do regime de progressão continuada também é compartilhado por Gatti (2002), ao considerar que sua adoção envolve uma mudança de cultura de "base e de atitude", que depende de um tempo histórico para a instalação de uma nova cultura e postura pedagógica, principalmente, para quem está no cotidiano escolar. Para a autora, sem isso,

> Não há possibilidade de que essa ideia, com o valor que ela tem, e com a necessidade que ela demanda, [...], seja realmente implementada sem que se mexa com esse modelo, com a noção do que é uma escola e de como fazê-la funcionar. É a unidade escolar que tem que ser repensada. Acho que isso perpassa também pelos

documentos, repensar a unidade escolar, suas atividades cotidianas. A forma como o professor, o coordenador se engajam com essa escola tem que ser repensada. A forma regimental de como ela funciona tem que ser repensada. Não com alterações que possam mudar grandes estruturas, mas partir da ideia de uma escola que deve funcionar a partir de uma unidade e de uma equipe.

Desse modo, se o regime de progressão continuada depende de um repensar da escola, Gatti (2002) entende que este processo só poderá obter êxito com a flexibilidade dos regimentos escolares, a fim de que estes possam atender a uma proposta de trabalho concreta, adaptada à realidade de cada unidade escolar, fato que ainda não vem acontecendo na rede estadual de ensino.

Além da flexibilidade dos regimentos escolares, para Penin (2000, p.32), o currículo precisa ser reestruturado, de modo a garantir a progressão do aluno durante todo o ensino fundamental, pois,

> Essa é uma mudança radical de enfoque, já que o entendimento da progressão continuada deixa de ser centrado no currículo para ser centrado no aluno. Da mesma forma, a fidelidade preferencial à progressão dos conteúdos curriculares dá lugar a uma fidelidade à progressão da aprendizagem do aluno.

A garantia da progressão da aprendizagem do aluno, além de uma reestruturação curricular, depende, de acordo com Sousa (2000), da construção de uma nova concepção do processo de aquisição e produção do conhecimento. Este deve ser tratado como um processo em construção, com o qual o aluno tem a possibilidade de construir significado a partir das relações estabelecidas com o mundo.

Portanto, a implementação dos ciclos de progressão continuada, para a pesquisadora remete a compreensão de que:

> A natureza dinâmica, relativa e plural do conhecimento ganha centralidade, opondo-se à noção de conhecimento como algo estático, que se traduz em um rol de conteúdos e habilidades a serem

O REGIME DE PROGRESSÃO CONTINUADA **121**

dominados pelos alunos, em um dado tempo, de modo cumulativo, desconsiderando-se as diferenças individuais e socioculturais dos alunos, o que tem resultado, historicamente, em nosso sistema de ensino, na exclusão e seletividade de parcela significativa dos que nele ingressam. (ibidem, p.34)

A partir das discussões apresentadas por alguns acadêmicos que têm analisado o regime de progressão continuada, pode-se destacar que o discurso evoca a mudança na estrutura e organização escolar, mesmo com o reconhecimento das dificuldades operacionais e do tempo necessário para concretizar-se a proposta nas práticas e no espaço escolar. Entretanto, apesar de ser considerado um desafio pelos pesquisadores, Freitas (2002, p.321) traduz, claramente, em uma perspectiva acadêmica, a implicação do regime de progressão continuada na escola, ao considerar que:

> Os ciclos devem ser mecanismos de resistência à lógica seriada. Mas devem ser vistos como oportunidade para se elevar a conscientização e a atuação dos professores, alunos e pais, retirando-os do senso comum e revelando as reais travas para o desenvolvimento da escola e da sociedade – e não apenas serem vistos como uma "solução" técnico-pedagógica para a repetência.

Nota-se, portanto, que o regime de progressão continuada, a partir dos estudos realizados no interior da escola e da análise de alguns pesquisadores, é considerado um elemento fundamental de combate à lógica seriada, permitindo a inclusão, a democratização e o trabalho pedagógico diante da heterogeneidade dos alunos.

Porém, apesar de compreendido como um instrumento capaz de alterar a organização escolar, o regime de progressão continuada, de acordo com os estudos destacados anteriormente, tem encontrado dificuldades para ser operacionalizado no interior da escola, em virtude da burocratização existente nas rotinas escolares, do conservadorismo docente, da ausência, nas unidades escolares analisadas, de uma estrutura física e de materiais adequados para o

122   DEBORA CRISTINA JEFFREY

desenvolvimento da medida, tornando os ideais apresentados pelos pesquisadores da proposta algo distante da realidade da escola.

Considerações sobre o regime de progressão continuada na gestão dos secretários de Educação, entre os anos de 1997 e 2004

O regime de progressão continuada, adotado na rede estadual de ensino de São Paulo, pode ser compreendido e analisado em duas fases, caracterizadas, principalmente, pela postura e pelo estilo de gestão dos secretários de Educação, que comandaram o processo de formulação, implementação e avaliação da medida nas unidades escolares, entre os anos de 1997 e 2004.

A primeira fase compreende os anos de 1997 a 2002, período que envolve desde a formulação até a avaliação da proposta do regime de progressão continuada no ensino fundamental da rede estadual paulista. Durante essa fase, a responsável pela Secretaria de Educação foi Rose Neubauer.

Assim, se, de acordo com Paz (1989, p.122), as reformas educacionais representam, em última instância, um processo político-institucional, com o objetivo de alcançar determinadas mudanças no sistema educativo, Rose Neubauer, a fim de consolidar o projeto da Escola de Cara Nova, apresentou o regime de progressão continuada como uma medida capaz de realizar alterações significativas, tanto nos processos avaliativos como no trabalho pedagógico realizado pela escola.

Paz (ibidem, p.124) destaca que esse tipo de reforma caracteriza-se pela proposta de alteração da organização e administração do sistema de ensino. A secretária de Educação, neste sentido, ao recomendar a adoção do regime de progressão continuada no ensino fundamental, promoveu diversas alterações no tempo e espaço escolares, indicadas nos diversos pareceres e resoluções favoráveis emitidos pelo CEE-SP, particularmente, entre os anos de 1997 e 1999.

A seguir, no Quadro 2, as principais normatizações publicadas no *Diário Oficial do Estado de São Paulo*, entre 1997 e 2002.

Quadro 2 – Legislação específica sobre o regime de progressão continuada. Gestão Rose Neubauer (1997/2002)

Ano	CEE-SP	Deliberação/Indicação/Parecer	SEE-SP	Resolução/ Instrução
1997	x	**Deliberação CEE n.09/97** (Institui o regime de progressão continuada no ensino fundamental no sistema de ensino do estado de São Paulo) – Aprovado em 30/7/1997; **Indicação CEE n.8/97** (Assunto: Regime de Progressão Continuada) – Aprovada em 30/7/97; **Indicação CEE n.22/97** (Assunto: Avaliação e Progressão Continuada) – Aprovado em 17/12/97.	*	*
1998	x	**Parecer CEE n.67/98** (Normas regimentais básicas para as escolas públicas – Aprovado em 13/3/1998; **Parecer CEE n.425/98** (Consulta sobre a Progressão Continuada) – Aprovado em 30/7/1998.	X	**Resolução SE n.4** de 15 de janeiro de 1998 – Dispõe normas na composição curricular e na organização escolar; **Instrução Conjunta CENP/COGESP/CEI,** publicada em 13/2/1998 – Reorganização Curricular, Progressão Continuada e Jornada Diária de Alunos e Professores; **Resolução SE n.49, de 3 de março de 1998** – Dispõe sobre normas complementares referentes à organização escolar e dá providências correlatas; **Resolução SE n.67, de 6 de maio de 1998** – Dispõe sobre os estudos de reforço e recuperação paralela para alunos da rede estadual e dá providências correlatas;
1999	*	*	X	**Resolução SE n.7, de 22 de janeiro de 1999** – Dispõe sobre as atividades de reforço e recuperação paralela para 1999 e altera dispositivos da Resolução SE n.67/98; **Resolução SE n.179 de 10 de dezembro de 1999** – dispõe sobre os estudos de recuperação intensiva na rede estadual de ensino.

Continua

Quadro 2 – Continuação

Ano	CEE-SP	Deliberação/Indicação/Parecer	SEE-SP	Resolução/Instrução
2000	*	*	X	**Resolução SE n.34, de 7 de abril de 2000** – Dispõe sobre os estudos de reforço e recuperação paralela na rede estadual de ensino.
2001	*	*	X	**Resolução SE n.25, de 3 abril de 2001** – Altera a redação do § 1° do artigo 2° da Resolução SE n.34 de abril de 2000; **Resolução SE n.40, de 27 de abril de 2001** – Dispõe sobre atribuição de aulas de reforço e recuperação; **Resolução SE n. 124, de 13 de novembro de 2001** – Dispõe sobre a realização das provas de avaliação dos ciclos I e II do ensino fundamental, nas escolas da rede estadual de ensino, em 2001; **Resolução SE n.129, de 30 de novembro de 2001** – Altera artigo 11 da **Resolução SE n.179/99**, que dispõe sobre estudos de recuperação intensiva na rede estadual de ensino;
2002	*	*	X	**Resolução SE n.14, de 18 de janeiro de 2002** – Dispõe sobre a realização das provas de avaliação de ciclo – Saresp 2001; **Resolução SE n.27, de 1° de março de 2002** – Dispõe sobre os estudos de reforço e recuperação contínua e paralela na rede estadual de ensino.

O REGIME DE PROGRESSÃO CONTINUADA   125

A Legislação produzida a respeito do regime de progressão continuada, entre os anos de 1997 e 2002, contempla as diferentes fases que envolveram a formulação, implementação e avaliação da medida, durante a gestão da secretária Rose Neubauer. A partir do quadro apresentado, é possível observar que o CEE-SP teve funções determinantes, nos anos de 1997 e 1998: apresentar as justificativas, os aspectos positivos, além de apontar os principais elementos e ações que deveriam ser realizadas pela Secretaria de Educação, Diretoria de Ensino e Unidades Escolares, a fim de garantir o êxito da proposta, sempre com amparo legal na LDB n.9.394/96.

Os elementos, as afirmações, justificativas, ações apresentadas e sugeridas pelo CEE-SP, nos documentos emitidos entre 1997 e 1998, indicam uma consonância com os propósitos presentes nas orientações e determinações dirigidas às Diretorias de Ensino, aos supervisores, diretores e coordenadores pedagógicos pela SEE-SP, por meio das resoluções.

As resoluções expedidas pela Secretaria de Educação, a partir de janeiro de 1998, inicialmente, fazem referência a alterações na composição curricular e na organização escolar (Resolução SE n.4/98), seguido da divulgação de Instrução Conjunta às Coordenadorias, publicada no mês de fevereiro, algumas semanas após o início do ano letivo.

Essa orientação deveria ser encaminhada aos supervisores, diretores e coordenadores pedagógicos das escolas, a fim de permitir a adequação das atividades escolares à nova organização e estrutura curricular. Outro aspecto relevante é a aprovação das normas regimentais básicas para as escolas públicas, concomitantemente com a publicação de normas complementares para a organização escolar, em março de 1998, tendo em vista profundas mudanças no regimento das escolas estaduais e na gestão destas.

Esses Documentos, no entanto, indicam que o regime de progressão continuada, instituído em julho de 1997 (Deliberação do CEE-SP n.9/97), efetivamente teve suas diretrizes e normas, fundamentais e norteadoras para seu processo de implementa-

126 DEBORA CRISTINA JEFFREY

ção, estabelecidas e divulgadas após o início do ano letivo escolar. Esse procedimento gerou reclamações dos docentes com relação à secretária, ao interpretarem que a medida foi imposta por meio de normatizações, sem qualquer discussão, planejamento ou envolvimento dos profissionais da educação, aspectos também salientados no levantamento realizado por Fuzari et al. (2001).

As normas regimentais e curriculares divulgadas durante o ano letivo de 1998, por meio de Resoluções, fundamentam-se em textos com intuito de promover mudanças imediatas no tempo e espaço escolares, transferindo para a escola a responsabilidade de constituir uma proposta pedagógica capaz de atender aos propósitos normativos e à realidade de cada unidade.

Assim, se as justificativas e razões, destacadas pela Secretaria de Educação nos documentos publicados, remetem à necessidade de esclarecimento, primeiramente, dos órgãos intermediários, compreendidos como os principais informantes e capacitadores dos docentes no interior da escola, a autonomia pedagógica de cada unidade tornou-se um fator essencial utilizado pela SEE-SP para incentivar as escolas a serem criativas quanto ao estabelecimento de ações que pudessem contribuir para o êxito do regime de progressão continuada e resolução de seus problemas educacionais.

Deste modo, a autonomia pedagógica era garantida à escola, desde que esta respeitasse as normas prescritas nas Resoluções. Diante dessa conclusão, o diretor de uma escola estadual da capital paulista encaminhou, diretamente à CEE-SP, uma série de questões envolvendo o regime de progressão continuada e a difusão da ideia de promoção automática, as práticas avaliativas, o processo de reclassificação do aluno e a definição de autonomia, aspectos considerados não esclarecidos, ao longo da consulta, nos documentos publicados, referentes à medida na rede estadual de ensino.

Entre os principais questionamentos apresentados pelo diretor de escola e encaminhados ao CEE-SP, destaca-se a pergunta número cinco, divulgada no Parecer CEE n.425/98, que abrange elementos divergentes entre diversos segmentos do professorado paulista, como pode ser observado no trecho abaixo:

O REGIME DE PROGRESSÃO CONTINUADA **127**

O que o CEE entende por autonomia da escola, via proposta pedagógica? Se iniciativas das unidades esbarram em determinações superiores, ou seja, estabelecidas pela SE, qual seria o espaço para esta pretensa autonomia? Queremos lembrar que as grades curriculares praticamente vieram prontas. A demanda escolar elimina a possibilidade de número de alunos compatíveis com o espaço físico da sala de aula – um aluno por metro quadrado, excluída a área do professor –, o que dificulta, profundamente, a eficiência das salas-ambiente e, consequentemente, a qualidade do ensino. Os módulos de servidores encontram-se, há muito, defasados e as escolas não possuem recursos para montar orçamentos capazes de suprir essas falhas. As Normas Regimentais Básicas praticamente sufocam a criatividade da escola na elaboração de seu Regimento, uma vez que qualquer iniciativa que a contrarie (sic) deverá passar pelo crivo da DE. O calendário escolar, instituído pela SE, impõe uma série de limitações às unidades, entre outros entraves, que seria fastidioso enumerar. Aliás, essas determinações oficiais chocam-se frontalmente com o documento sobre autonomia das escolas de autoria do Conselheiro Mário (sic) Pires Azanha, enviado aos estabelecimentos estaduais em meados de dezembro/97. Resta às escolas autonomia para montar seu planejamento de conteúdos. Diante de tudo isso, seria a Proposta Pedagógica uma peça de ficção (Parecer CEE n.425/98 – Aprovado em 30/7/98).

Os questionamentos encaminhados pelo diretor da escola estadual da capital ao CEE-SP evidenciam as contradições existentes entre as normas estabelecidas e a realidade vivenciada em seu contexto escolar. De fato, como seria possível à escola desenvolver sua criatividade, exercer a sua autonomia, se as Resoluções instruem dirigentes, diretores e, consequentemente, professores a colocarem em prática ações que nem ao menos chegaram a ser discutidas, aplicadas e analisadas?

O Parecer favorável, aprovado exatamente um ano após a instituição do regime de progressão continuada na rede estadual, em 30 de julho de 1998, pelo CEE-SP, fundamenta-se na LDB n.9.94/96,

128   DEBORA CRISTINA JEFFREY

para analisar as questões apresentadas pelo diretor e responder a elas.

O CEE-SP, ao longo do texto que constitui o Parecer, procura desmistificar a ideia da promoção automática, apontada pelo diretor, enfatizando, como forma de coibir este tipo de prática, a necessidade de a escola estabelecer um trabalho pedagógico coletivo, capaz de construir uma proposta pedagógica que favoreça o atendimento da demanda escolar, possibilitando a criação de novas alternativas de avaliação, de acompanhamento das dificuldades de aprendizagem e de estímulo à permanência dos alunos no espaço escolar, visando à garantia da aprendizagem.

Contudo, embora o Parecer final dos conselheiros seja favorável, o Conselheiro Francisco Antonio Poli faz algumas observações relevantes, ao declarar que:

> Voto pelo Parecer, com algumas observações. Um problema grave e um erro, na nossa educação escolar, é a alta taxa de repetência. No entanto, pretende-se corrigir um erro, tão grande, com um outro, da mesma magnitude: a promoção indiscriminada artificial. Ao invés de enfatizarmos a necessidade de alterações estruturais na escola, que trariam um melhor nível de ensino, e, consequentemente, a diminuição da repetência, estamos passando a imagem de que agora o proibido é reprovar. Meu temor é que isso seja rapidamente assimilado, pelos alunos e pela comunidade, como um "liberou-geral": não é mais necessário estudar, nem se dedicar, ao menos até o vestibular. Não posso vislumbrar algum conteúdo educativo no que daí poderá advir; ao contrário, esse clima é altamente desestimulante, deseducativo, principalmente quando se trata de adolescentes. Falar em retenção parece ter virado tabu. Com relação aos outros itens, como a suposta autonomia da escola, já me manifestei oportunamente. Mas como defensor da progressão continuada, sinto vê-la, cada vez mais, desembocando na promoção automática, o que, com a atual estrutura escolar, ao menos na rede pública, poderá ser a oficialização do despreparo e da baixa qualidade do ensino.

O REGIME DE PROGRESSÃO CONTINUADA   129

Durante sua Declaração de Voto, o Conselheiro alerta e denuncia a suposta transformação do regime de progressão continuada em promoção automática, considerando que seu temor de que a medida representasse uma liberação geral dos estudos acabou prevalecendo, em algumas escolas da rede, como apontaram os estudos de caso destacados anteriormente ao longo deste capítulo.

Diante dos questionamentos e observações presentes no Parecer CEE n.425/98, compreende-se que as normatizações divulgadas no ano letivo de 1998, apesar das resistências de alguns profissionais da educação da rede estadual de ensino, por conta da obrigatoriedade, estabeleceram novas demandas burocráticas e administrativas às escolas, como por exemplo a elaboração da proposta pedagógica, do regimento interno, do plano de gestão, da reorganização da grade curricular, da carga horária das disciplinas e do horário de entrada e saída de alunos e professores.

Ao verificar as normatizações, produzidas entre 1997 e 2002, é possível observar que os professores são sujeitos excluídos das orientações, pois estas fazem referência às alterações burocráticas e organizacionais, que devem ser seguidas, se possível, sem qualquer questionamento, pelo fato de a solução dos problemas educacionais tornarem-se uma incumbência das escolas. As funções da SEE-SP, no entanto, legitimam a nova reconfiguração administrativa do órgão que é legislar, via Resoluções, e regular as unidades escolares pela Diretorias de Ensino.

A partir do ano letivo de 1999, a SEE-SP definiu apenas normas para o projeto de reforço, recuperação paralela e recuperação intensiva. Nenhuma Deliberação, Parecer ou Indicação, envolvendo a temática do regime de progressão continuada, chegou a ser aprovada. Contudo, foi como se as normas estabelecidas nos anos de 1997 e 1998 já tivessem sido incorporadas ao cotidiano escolar, em razão da inexistência de questionamentos pela via legal das ações e práticas determinadas pela SEE-SP, mesmo diante da contestação dos profissionais da educação no interior das escolas.

Em 2001, com a publicação da Resolução SE n.124, de 13 de novembro, que dispunha sobre a realização das provas de avaliação

130 DEBORA CRISTINA JEFFREY

dos ciclos I e II do ensino fundamental nas escolas da rede estadual de ensino, uma nova polêmica foi gerada: condicionar a aprovação ou reprovação do aluno, mediante sua pontuação final na avaliação do Saresp, considerando que os estudantes da 4ª e 8ª séries do ensino fundamental estariam finalizando o ciclo I e II, sendo, portanto, o momento ideal para se avaliar o regime de progressão continuada.

A vinculação da aprovação ou reprovação do aluno ao desempenho final do Saresp indicaria, porém, uma mudança no propósito desse tipo de avaliação, que a princípio foi destacada como relevante para a realização de um diagnóstico das aprendizagens e de identificação dos problemas educacionais, tendo em vista a indução de políticas ou ações específicas. A fim de garantir novas oportunidades educacionais aos alunos que obtivessem pontuação inferior a 14 pontos na prova do Saresp, realizada em dezembro de 2001, a Resolução SE n.14 dispôs sobre a realização de provas para esses estudantes, ao término da participação deles na recuperação de férias.

Apesar das normatizações indicarem e exigirem mudanças na organização, rotina, espaço e tempo escolares, sem considerar o contexto educacional, alguns suplementos informativos publicados e divulgados pela SEE-SP às escolas estaduais procuraram apresentar, entre 1998 e 2002, de forma direta e clara, aos coordenadores pedagógicos e professores, as novas orientações prescritas nos Pareceres e Resoluções. Para Paz (1989, p.125), esse tipo de iniciativa torna-se fundamental para garantir a eficácia e eficiência da reforma, que depende, particularmente, das atitudes tomadas diante da proposta, pois é preciso que:

> la sociedad perciba la conveniencia del cambio propuesto. Y para eso son fundamentales, tanto los enunciados, como el discurso de la política educacional. [...] Y la toma de conciencia está unida, no solo a la calidad de la información que se ofrece, sino a la existencia de material informativo puesto a disposición de los interesados.

Entre os principais materiais informativos publicados e divulgados pela SEE-SP, entre 1998 e 2002, destacam-se: o Planejamento

O REGIME DE PROGRESSÃO CONTINUADA **131**

1998, a Orientação para as Escolas Estaduais [16] e o *Planejamento 2000*. Em todos os Informativos, havia a recomendação de que as orientações prescritas deveriam ser apresentadas pelo coordenador pedagógico e discutidas com os docentes durante o período de planejamento ou encontros semanais de HTPC (Hora de Trabalho Pedagógico Coletivo), de modo a contribuir para a redefinição de ações e a construção da proposta pedagógica da escola.

As normatizações e os suplementos produzidos durante a gestão da secretária de Educação Rose Neubauer caracterizam-se por um distanciamento do corpo docente, pela valorização da Diretoria de Ensino e compreensão da escola como um elemento independente, com vida própria, livre de conflitos, com autonomia para estabelecer um trabalho pedagógico capaz de atender às exigências presentes na legislação e no contexto escolar.

Apesar de a gestão de Rose Neubauer centralizar suas ações na legislação e regulação da rede estadual de ensino, descentralizando a definição dos aspectos pedagógicos, a SEE-SP obteve resultados quantitativos expressivos, de acordo com dados do Censo Escolar de 2002, com relação ao ensino fundamental. Esse nível de ensino, em 2002, contava com 6.143.206 alunos matriculados, sendo que 3.146.261 (51,2%) encontravam-se na rede estadual; destes 40,2% entre a 1ª e a 4ª séries, e 69,7% entre a 5ª e a 8ª séries.

Entre 1998 e 2002, a defasagem entre idade e série reduziu-se consideravelmente, segundo dados divulgados pela própria SEE-SP (2002): a taxa da 1ª série caiu de 5,8% para 2,8% em 2002; a taxa da 8ª série diminuiu de 42,4% para 27,9% em 1998.

De acordo com a SEE-SP (2002), essa redução na taxa de defasagem idade-série "é um poderoso indicador da democratização do acesso e da permanência dos jovens no ambiente escolar", com reflexos no atendimento à população, tais como: a) aumento da matrícula no período diurno; b) descongestionamento progres-

---

16 Publicado em 1998. Síntese do Parecer CEE nº 67/98 – Aprovado em 13/3/1998 as Normas Regimentais Básicas para as escolas públicas.

132 DEBORA CRISTINA JEFFREY

sivo das classes e diminuição das matrículas nas séries iniciais; c) aumento de estudo da população.

No que diz respeito à evolução das taxas de aprovação, reprovação e abandono da rede de ensino do estado de São Paulo, o levantamento realizado pelo Centro de Informações Educacionais – CEI (2003) – apontou os seguintes dados expressados na Tabela 5, entre 1998 e 2002.

Tabela 5 – Taxas de aprovação, reprovação e abandono – ensino fundamental (1998- 2002) rede estadual

Ano	Em %		
	Aprovação	Reprovação	Abandono
1998	**93,4**	**2,0**	**4,6**
1999	92,2	**3,3**	4,5
2000	91,0	**4,3**	4,7
2001	91,8	**5,1**	3,1
2002	92,0	**5,1**	2,9

Os dados da Tabela 5 destacam que, no ano de 1998, as taxas de aprovação são de 93,4% e reprovação, 2%, representando, no período analisado, os melhores índices apresentados, pois a partir de 1999 há um crescimento inverso: o da reprovação. Assim, considerando que o regime de progressão continuada deveria reduzir a reprovação, nota-se que esse processo não se consolida, permanecendo estável entre os anos de 2001 e 2002, com uma taxa de 5,1%.

Rose Neubauer, secretária de Educação da rede estadual paulista, durante entrevista ao jornal *O Estado de S. Paulo*, de 1º de Outubro de 2000, reconheceu que a drástica redução das taxas de reprovação, no ano letivo de 1998, foi decorrente da prática da promoção automática, ao declarar que, "em 1998, as escolas deixaram todo mundo passar e nós sabíamos disso, mas, em 1899, já começou a mudar a situação".

Inversamente a essa situação, as taxas de abandono mantiveram a tendência de queda progressiva, uma vez que a taxa de 4,6%, de

O REGIME DE PROGRESSÃO CONTINUADA 133

1998, caiu para 2,9% em 2002. Essa redução pode ser compreendida como um reflexo do programa de regularização do fluxo escolar Classes de Aceleração e de políticas compensatórias do governo federal, como a Bolsa Escola, o Renda Mínima e Programa de Erradicação do Trabalho Infantil (Peti), que incentivaram a permanência na escola tanto dos alunos com sucessivas reprovações, como daqueles que vivem em situações-risco.

Porém o crescimento das taxas de reprovação, entre 1999 e 2002, pode ser justificado, segundo a SEE-SP (2002), por meio de dois fatores:

a) Introdução da avaliação de ciclo, implementada pelo Saresp (Sistema de Avaliação do Rendimento Escolar do Estado de São Paulo) no ano de 2001, a qual analisou os ciclos I e II do ensino fundamental, e influenciou, diretamente, na avaliação final de desempenho do aluno, aumentando a taxa de reprovação na 4ª série de 6,5% em 2000, para 10% em 2001; e, na 8ª série, de 5,9% em 2000, para 8,6 em 2001.[17]
b) Problema de adaptação das escolas às mudanças necessárias ao êxito da proposta do regime de progressão continuada.

Entre os problemas de adaptação das escolas à nova organização escolar, Rose Neubauer apontou, na mesma entrevista concedida ao jornal *O Estado de S. Paulo*, do dia 1º de outubro de 2002, a dificuldade do trabalho com a recuperação das defasagens do aluno, ao reconhecer que nem todas as unidades escolares "estão se apropriando dele, porque continuam com a prática tradicional". Por isso, a secretária atribuiu os problemas de rendimento dos alunos às escolas que não estavam assumindo a responsabilidade para organizarem-se e assegurarem uma avaliação séria.

Assim, a transferência de responsabilidade da SEE-SP para a escola na resolução de seus próprios problemas não seria um acon-

---

17 Levantamento realizado pela CIE/SEE-SP e divulgado no documento: Desempenho Escolar da Rede Estadual do Estado de São Paulo (2003).

134 DEBORA CRISTINA JEFFREY

tecimento isolado, influenciado, diretamente, pelo regime de progressão continuada, mas seria um processo decorrente da reforma do Estado, que, na área da educação, de acordo com Martins (2001), configurou-se pela:

a) flexibilização das instituições, tendo em vista a adaptação às demandas de seus usuários;
b) desconcentração do poder e descentralização de sua gestão, com a delegação da autonomia;
c) relação entre qualidade da educação e verificação do desempenho da rede de escolas, a partir da responsabilização de seus principais atores;
d) uso de novas tecnologias pela escola na gestão do sistema e das unidades.

Para Martins (2001, p.428), essa nova configuração no processo de gestão da educação, no estado de São Paulo, legitima-se pela delegação de normas e procedimentos a serem cumpridos, representando um paradoxo, pois, ao mesmo tempo em que as medidas legais e orientações normativas são implementadas, caso do regime de progressão continuada, incentivando o exercício da autonomia escolar para a elaboração coletiva do projeto político pedagógico, são estabelecidos rigorosos procedimentos de organização das escolas, considerando que:

A ideia mágica de que bastam novas normas para que a realidade se transforme automaticamente, via de regra, tem constituído o cerne da política educacional paulista. No entanto, os atores responsáveis por sua materialização vêm promovendo a lucidez necessária para a gestão da escola pública, (re) significando o discurso oficial que lhes imputa responsabilidades e lhes outorga uma autonomia normativa.

A gestão de Rose Neubauer, frente à Secretaria de Educação de São Paulo, particularmente com relação ao regime de progressão continuada, entre os anos de 1997 e 2002, configurou-se pela dualidade de significações entre o discurso oficial e a autonomia das escolas, uma vez que a normatização foi utilizada como o principal mecanismo de divulgação para a aceitação das reformas, para as alterações no espaço e no tempo escolares diante da nova organização proposta.

As concepções pedagógicas, educacionais e avaliativas que fundamentam os princípios norteadores do regime de progressão continuada, no modelo de gestão adotado, tornam-se uma incumbência de cada escola, aspecto que favorece o fortalecimento das resistências, da omissão e da falta de reflexão necessária para a efetiva concretização da proposta no interior da unidade escolar, pois se a autonomia, como destacou Martins (ibidem, p.428), é normativa, basta assumir o discurso oficial para que se evidencie a mudança almejada.

A secretária Rose Neubauer afastou-se do cargo em abril de 2002 para se dedicar à campanha política naquele mesmo ano, transferindo a função para o secretário de Educação, Gabriel Chalita, que estruturou a segunda fase do regime de progressão continuada na rede estadual de ensino. Diferentemente da secretária de Educação anterior, o atual secretário valoriza publicamente a necessidade de constituir-se um projeto educacional baseado nos valores, na ética e no amor, e de "mãos dadas com a família de cada um dos alunos da rede pública de ensino".

Entre as principais iniciativas de Gabriel Chalita, logo no início de sua gestão, está o restabelecimento do diálogo com professores e demais profissionais da educação a respeito do regime de progressão continuada, da formação docente e da relação família e escola.

Especialmente com relação ao regime de progressão continuada, o secretário de Educação, no mês de junho de 2002, organizou, em parceria com a Cenp, o Fórum de Debates, intitulado "Progressão continuada: compromisso com a aprendizagem", realizado em São Paulo, com intuito de favorecer a reflexão e discussão da medida. Participaram do Fórum representantes das Diretorias de Ensino,

136 DEBORA CRISTINA JEFFREY

entidades de classe, membros do Conselho Estadual de Educação, docentes de Universidades/Faculdades de Educação, integrantes de Conselho de Escola e Associação de Pais e Mestres, entre outros.

Apesar da diversidade de interlocutores, pelo fato de contar com a presença de representantes dos sindicatos dos profissionais da educação, funcionários técnico-administrativos da SEE-SP e DE, além de professores pesquisadores da temática vindos de algumas instituições do ensino superior do estado de São Paulo, o Fórum contou com um número significativo de funcionários ligados diretamente à SEE-SP, os quais, após responderem aos questionários avaliativos, pontuaram entre as principais controvérsias relacionadas à implementação do regime de progressão continuada: a) falta de entendimento na distinção entre progressão continuada e promoção automática; b) precária formação acadêmica do professor para trabalhar com diferentes formas de ensino; c) insuficiente discussão entre os órgãos centrais da SEE-SP, professores e comunidade sobre a progressão continuada.

Pode-se considerar que o Fórum de Debates tornou-se um marco nas discussões sobre o regime de progressão continuada, pois pela primeira vez desde sua implementação na rede estadual de ensino foi possível abrir espaço para a comunicação entre interlocutores com opiniões divergentes. Entretanto, para Gabriel Chalita, o evento era algo estratégico, já que, por um lado, seria uma boa oportunidade para sensibilizar a rede estadual sobre suas pretensões à frente da SEE-SP; por outro, favoreceria a apresentação de algumas justificativas que levassem ao entendimento da opinião pública a respeito da proposta.

Com o término das eleições ao governo do estado de São Paulo e da vitória do candidato Geraldo Alckmin, Gabriel Chalita é mantido à frente da SEE-SP, e, desde o ano de 2003, sua gestão tem se caracterizado, principalmente, por uma mudança no encaminhamento das ações destinadas às escolas da rede estadual e aos profissionais da educação.

O REGIME DE PROGRESSÃO CONTINUADA **137**

Essas mudanças nas ações e no trato com os profissionais da educação foram apresentadas na definição de uma política educacional pautada em quatro eixos[18] de atuação:

- educação voltada para o desenvolvimento da autonomia da aprendizagem;
- rede pública de ensino como uma organização de aprendizagem;
- escola inclusiva e cidadã;
- escola eficaz, focada em processos e resultados.

No documento que apresenta a política educacional da Secretaria Estadual de São Paulo, em 2003, destacam-se como principais eixos de ação governamental: a organização da *escola inclusiva*, a estruturação da SEE-SP como uma *organização de aprendizagem* e a consolidação de um *programa de formação continuada*.

A *escola inclusiva* é entendida como:

> a escola que se empenha em praticar um currículo que tem ligação com a vida, em acolher as crianças e os jovens, oferecendo-lhes condições para o desenvolvimento da autoestima, da autoconfiança e de um bom autoconceito, elementos indispensáveis para que construam suas identidades, situem-se na realidade e, sobretudo, elaborem e realizem com determinação seus projetos de vida. (SEE-SP, 2003, p.5)

Entre os elementos considerados essenciais para a organização dessa escola inclusiva, segundo o documento, ressalta-se o regime de progressão continuada, por favorecer a permanência dos sujeitos no espaço escolar, ampliar as oportunidades educacionais e, fundamentalmente, fortalecer a relação professor-aluno, que deve estar baseada no respeito, no afeto e na confiança.

---

18 Os quatro eixos do governo Geraldo Alckmin na pasta da Educação são retratados em detalhes no documento que apresenta a política educacional da SEE-SP, disponível no site: <http://www.educacao.sp.gov.br>; e no suplemento Rede do Saber, produzido pela SEE-SP/ FDE/ Fundação Vanzolini (2003).

138 DEBORA CRISTINA JEFFREY

De modo a favorecer este processo, a SEE-SP é considerada como uma *organização de aprendizagem*, que deve apresentar disposição orgânica permanente para avaliação crítica e transformação criativa de suas práticas e conceitos; alinhar ações de seus diversos agentes, a partir do desenvolvimento e de formas de pensamento sistêmico e da construção de diferentes concepções e objetivos comuns. Como uma *organização de aprendizagem*, o documento enfatiza que a SEE-SP precisa proporcionar a aprendizagem aos diversos agentes no tocante ao planejamento, execução, acompanhamento, avaliação e apropriação dos resultados tanto de aspectos da gestão como de didático-pedagógicos, de modo coletivo e "preferencialmente, em situações de formação em serviço, no enfrentamento das reais condições de operação, além de manter-se firmemente focado no aprimoramento dos resultados" (SEE-SP, 2003, p.12).

Porém, apesar de reconhecer a importância da SEE-SP como uma organização de aprendizagem, durante a apresentação da política educacional, há um reconhecimento, com base em experiências anteriores que:

> Processos pouco participativos não garantem que haja uma transformação orgânica, mas apenas em nichos específicos da organização, que tendem a se distanciar e mesmo antagonizar-se com os demais; situações de aprendizagem diferentes das situações reais de operação, ainda que simuladas, implicam um grau extra de abstração e um sobre-esforço na transposição do aprendido. (ibidem)

Assim, a fim de fomentar a participação e favorecer a estruturação de situações de aprendizagem similares às vivenciadas no cotidiano escolar, reconhece-se que uma *organização da aprendizagem* se desenvolverá na ação, sem a necessidade de determinar-se um tempo ou local específico para aprender. Isso porque, de acordo com o documento, a aprendizagem torna-se uma preocupação constante de todos os planejamentos e ações, desde os conhecimentos que sejam sistematizados, consolidados, formalizados e socializados, de modo a garantir vantagens sistemáticas.

O REGIME DE PROGRESSÃO CONTINUADA **139**

Diante dessa constatação, o documento apresenta, como alternativa para que esses aspectos sejam concretizados, a estruturação de um *Programa de Formação Continuada,* que:

> deve possibilitar aos profissionais da educação que atuam na rede pública estadual o aperfeiçoamento permanente que resulte no aprimoramento das práticas escolares. Deve garantir não apenas a contínua melhoria da qualidade da educação e, consequentemente, da aprendizagem, como também que essa aprendizagem promova a inserção social participativa e democrática. (SEE-SP, 2002, p.13)

O *Programa de Formação Continuada,* proposto na política educacional da SEE-SP, pressupõe um planejamento para definição das prioridades e sistemáticas de capacitação, aliando o trabalho de fundamentação teórica com as vivências da rede estadual, durante momentos de implementação e desenvolvimento de atividades no local de trabalho.

Além disso, afirma-se, no documento, que a SEE-SP irá coordenar, produzir e distribuir materiais didáticos e de divulgação pedagógica, a fim de garantir o sucesso da aprendizagem e/ou contribuir para a compreensão, por parte dos profissionais da educação, de aspectos tais como: o que ensinar, para que ensinar e como ensinar e avaliar.

Considera-se também, ao longo do documento, a necessidade de garantir a diversidade de iniciativas, atendendo a tempo demandas específicas, sem que isso implique uma fragmentação das ações, pois:

> Conforme a experiência tem demonstrado, as ações desenvolvidas de modo descentralizado, a despeito de atenderem às necessidades mais particulares e de proporcionarem impulsos criativos e engajamento pela identificação com a proposta, podem causar certa desagregação e desalinhamento das ações globais da SEE. É certo que, por seus aspectos positivos, devem ter garantias de viabilidade e ser interpretadas como parte fundamental dos processos de

140 DEBORA CRISTINA JEFFREY

implementação. Por isso mesmo, devem ser planejadas no conjunto das ações macro-políticas e estar intimamente sintonizadas com todas as iniciativas de formação continuada. (SEE-SP, 2003, p.14-5)

A Diretoria de Ensino (DE), de acordo com a proposta descrita, deverá ter uma atuação mais direta e próxima das escolas, diferentemente da função desempenhada na gestão anterior, uma vez que o principal objetivo do órgão era a fiscalização quanto ao cumprimento e adequação dos documentos escolares às normas.

Assim, o acompanhamento e apoio às unidades escolares pela DE será realizado, principalmente, na formulação, implementação e organização de sua proposta pedagógica; organização do trabalho coletivo; elaboração do diagnóstico das dificuldades de aprendizagem dos alunos; definição quanto ao uso dos recursos didáticos disponíveis, como as novas tecnologias da informação e comunicação; ou na ampliação e no fortalecimento dos canais de participação dos alunos e da comunidade nas atividades escolares, favorecendo uma assistência quase que imediata às equipes escolares, no que se refere às questões didático-pedagógicas.

Nota-se que, ao menos na proposta política de 2003, as questões didático-pedagógicas, porém, são incluídas como parte integrante das ações e diretrizes a serem desenvolvidas pela SEE-SP, DE e pelas escolas, tendo em vista o cumprimento de algumas metas estabelecidas pela administração, tais como:

a erradicação do analfabetismo no estado de São Paulo; a melhoria da competência leitora de nossos alunos, tornando-os aptos a participar do mundo letrado e a interagir de modo autônomo com a realidade. O êxito desse conjunto de metas estará expresso nos indicadores de desempenho dos alunos.
[...] Todo esse movimento requer o preparo intelectual, emocional e afetivo de seus atores – educadores, alunos e comunidade. Por isso, a Secretaria da Educação está priorizando, entre suas ações, a formação dos profissionais que atuam nas escolas. Para tanto, concebeu um programa capaz de ressignificar a qualificação do

O REGIME DE PROGRESSÃO CONTINUADA 141

profissional que está na escola, de mantê-lo atualizado sobre novas metodologias de ensino voltadas para práticas inovadoras, de torná-los aptos a utilizar novas tecnologias, competentes para organizar situações de aprendizagem e enfrentar contradições que emergem da multiplicidade de destinos presentes nas salas de aula, capaz, enfim, de promover uma revisão de valores, saberes e representações e incorporar novas habilidades e posturas que conformam o educador. (SEE, 2003)

O foco central das ações, segundo as colocações do documento que apresenta a política educacional para a rede estadual de São Paulo, é a formação dos profissionais que atuam nas escolas. Deste modo, se a gestão anterior preocupou-se com as normas, a gestão do secretário Gabriel Chalita propôs uma ação focalizada na formação dos profissionais que atuam na escola.

A SEE-SP, portanto, a partir do segundo semestre de 2003, iniciou o processo de implementação das propostas que tinham sido apresentadas no primeiro semestre em documento referente à Política Educacional. O *Programa de Formação Continuada* constitui-se por meio do programa *Teia do Saber* e da criação de uma infraestrutura de tecnologia de informação e comunicação, denominada de *Rede do Saber*.

A *Teia do Saber*[19] é parte integrante do *Programa de Formação Continuada* da SEE-SP, que abrange ações específicas de ensino e aprendizagem direcionadas aos profissionais da educação. Destacam-se, entre as ações, alguns projetos e programas desenvolvidos pela SEE-SP e pela CENP, como:

– capacitação dos profissionais da educação da rede estadual, incluindo os educadores do Programa Escola da Família;
– aprendizagem de metodologias dos componentes curriculares do ciclo I, ciclo II e ensino médio;
– formação de professores alfabetizadores – Letra e Vida.

---

19 Mais informações ver o site da CENP: www.cenp.gov.br

142 DEBORA CRISTINA JEFFREY

A *Rede do Saber* concretiza-se por meio de uma infraestrutura de tecnologia de informação e comunicação, implementada pela SEE-SP, e que interliga virtualmente todas as regiões do estado em pontos espalhados por 75 municípios, distribuídos entre as 89 Diretorias de Ensino. Cada ponto pode possuir um ou mais ambientes de Rede do Saber, cada um constituído por três tipos de sala: sala de videoconferência; sala de informática e sala de estudos.[20]

Diante da criação dessa infraestrutura e do *Programa Teia do Saber,* cumpriu-se parte dos propósitos apresentados na política educacional. Por isso, como na gestão anterior reclamava-se da ausência de capacitação e cursos, o secretário Gabriel Chalita investiu em um dos pontos frágeis da rede, a fim de reverter a situação.

Além da implementação da *Rede do Saber* e da *Teia do Saber,* houve divulgação, aos professores, de materiais de orientação ou informação a respeito dos Programas e Projetos elaborados, por meio da produção de suplementos impressos e por via eletrônica, no site da SEE-SP, com utilização de uma linguagem direta e de fácil assimilação, sendo direcionada aos professores.

Por outro lado, enquanto se investiu na qualificação e formação dos profissionais da educação, tendo em vista a aplicação dos conhecimentos adquiridos por estes no trabalho e na prática, realizados no espaço escolar, as normatizações, com relação ao regime de progressão continuada, aprovadas na gestão de Rose Neubauer, não sofreram nenhuma alteração, somente foi revogada a recuperação de férias, em 2003, pela Resolução SE n.84, de 15 de agosto de 2003, sob a alegação da necessidade de intensificação das atividades de reforço e recuperação paralela dos alunos com dificuldades de aprendizagem.

Em 2004, a Resolução SE n.84/03 também foi revogada, sendo substituída pela Resolução SE n.42, de 5 de maio, que estabeleceu novos critérios para o funcionamento dos projetos de reforço, recuperação paralela e recuperação contínua. Essa Resolução defi-

---

20 Fonte: Informativo Rede do Saber, produzido em 2003 pela SEE-SP/FDE/ Fundação Vanzolini.

niu a finalidade desses três projetos, os procedimentos a serem cumpridos para o encaminhamento dos alunos, as atribuições dos docentes, do Conselho de Classe/Série, da Direção e da Coordenação Pedagógica, a composição do número de alunos por turma e as formas de avaliação.

Além de alterações e do estabelecimento de novas exigências no desenvolvimento do projeto de reforço, de recuperação paralela e de recuperação contínua, presentes na Resolução SE n.42/04, o secretário de Educação instituiu, em 2003, a obrigatoriedade para a realização das provas do Saresp a todos os alunos da rede estadual do ensino, incluindo as turmas de classes de aceleração, recuperação de ciclo, ensino médio, Cefam, por meio da Resolução n.120, de 11 de novembro.

Ao final do ano letivo de 2004, a Resolução n.101, de 18 de novembro, também passou a assegurar a participação de estudantes das redes municipais e particulares, que optarem por sua realização.

Enquanto a normatização referente ao regime de progressão continuada não sofre alteração, a ênfase na avaliação externa, especialmente do Saresp, legitima o propósito de construção de uma escola eficaz, pautada nos processos e resultados, favorecendo, deste modo, a consolidação de um dos quatro eixos de ação apresentados nas diretrizes da política educacional da SEE-SP em 2003.

Diante das iniciativas propostas pelo secretário de Educação Gabriel Chalita e dos esforços realizados para constituir na rede estadual *escolas inclusivas, eficazes e organizadoras de aprendizagem*, entre os anos de 2003 e 2004, as taxas de aprovação, reprovação e abandono alcançaram os seguintes resultados:

Tabela 6 – Taxas de aprovação, reprovação e abandono na rede estadual do ensino fundamental (2003-2004)

Ano	Em %		
	Aprovação	Reprovação	Abandono
2003	91,7	5,6	2,7
2004	91,8	6,2	2,0

Fonte: SEE-CIE.

144 DEBORA CRISTINA JEFFREY

Em dois anos de gestão, orientada por novos eixos de ação e diretrizes, destacados na política educacional, observa-se na Tabela 6 que as taxas de aprovação praticamente se mantiveram estáveis, enquanto as de abandono apresentavam uma pequena queda. Porém, os indicadores de reprovação apontam um crescimento anual de 0,6%.

Apesar de o crescimento das taxas de reprovação assinalar um crescimento anual de 0,6%, ao analisar as taxas de rendimento escolar, entre 1998 e 2004, período que compreende as duas fases do regime de progressão continuada e a mudança de gestão da Secretaria de Educação, é possível verificar alguns resultados que chamam atenção.

Tabela 7 – Taxas de aprovação, reprovação e abandono no ensino fundamental da rede estadual de São Paulo (1998-2004)

Ano	Em %		
	Aprovação	Reprovação	Abandono
1998	93,4	2,0	4,6
1999	92,2	3,3	4,5
2000	91,0	4,3	4,7
2001	91,8	5,1	3,1
2002	92,0	5,1	2,9
2003	91,7	5,6	2,7
2004	91,8	6,2	2,0

Fonte: SEE-CIE.

Entre 1998 e 2004, as taxas de abandono nas escolas da rede estadual do ensino fundamental apresentaram quedas anuais, sendo reduzidas de 4,6% (1998) para 2% (2004), indicando que o acesso e a permanência dos alunos neste nível estão configurando resultados expressivos.

Com relação às taxas de aprovação, ao longo dos sete anos posteriores à implementação do regime de progressão continuada na rede estadual do ensino fundamental, elas também apontaram redução de 93,4% (1998) para 91,8% (2004), enquanto as taxas de repro-

O REGIME DE PROGRESSÃO CONTINUADA   145

vação tiveram crescimento, indo de 2% (1998) para 6,2% (2004).
Esses resultados mostram que o ideal de *escola inclusiva, eficaz e organizadora de aprendizagem* ainda não foi totalmente concretizado, pois, apesar de as mudanças contribuírem para o acesso e permanência dos alunos no ensino fundamental, o sistema continua a excluí-los ao longo de sua trajetória escolar.

É possível observar que, por exemplo, em 1998, ano de implementação do regime de progressão continuada, houve uma intensificação na publicação de normas e um fortalecimento da função regulatória das DE, quanto ao cumprimento das Resoluções[21] pelas escolas estaduais. Simultaneamente, no interior das escolas, de acordo com trabalhos acadêmicos como de Oliveira (1999), verificaram-se indícios da prática da promoção automática.

No ano de 1999, após um ano de implementação do regime de progressão continuada, ocorreu uma diminuição considerável de publicação das normas referentes à medida e, consequentemente, da pressão regulatória das DE sobre as escolas da rede estadual, fazendo que as taxas de aprovação apresentassem uma pequena redução, atingindo 92,2%; enquanto as de reprovação marcaram um relativo crescimento, chegando a 3,3%, e as de abandono alcançaram 4,5%.

Em 2000, quando foi publicado o *Informativo Planejamento*, com ênfase na construção da proposta pedagógica e na conscientização da autonomia da escola pela equipe escolar, as taxas de aprovação continuaram apontando queda, ao apresentar um índice de 91%; a reprovação, por outro lado, atingiu 4,3%; e o abandono apresentou pequeno crescimento, atingindo 4,7%.

No ano letivo de 2001, foi realizada a prova de avaliação do ciclo pelo Saresp, inserindo-se, portanto, um mecanismo de regulação externa nas escolas estaduais. Isso contribuiu para que a situação anterior tivesse continuidade: aumento das taxas de reprovação, que chegou a 5,1%; redução do abandono, assinalando 3,1%; e uma ligeira melhora na aprovação, que alcançou 91,8%.

---

21 Consultar Quadro 2.

146 DEBORA CRISTINA JEFFREY

Em abril de 2002, ocorreu a mudança de secretários, criando-se uma expectativa na rede estadual a respeito da continuidade ou revogação do regime de progressão continuada; as taxas de aprovação atingiram 92%; as de reprovação, 5,1%; e as de abandono, 2,9%, mantendo-se quase estáveis, se comparadas ao ano letivo anterior.

Entre os anos de 2003 e 2004, a proposta do regime de progressão continuada foi mantida, e as ações previstas e realizadas pela SEE-SP focalizaram os docentes e demais profissionais da educação, pertencentes ao quadro do magistério da rede estadual de ensino. Nota-se que as taxas de reprovação atingiram os níveis mais elevados do período de sete anos, 5,6% (2003) e 6,2% (2004), enquanto as de aprovação se estabilizaram com 91,7% (2003) e 91,8% (2004) e as taxas de abandono continuaram apresentando queda, chegando a 2%.

Certamente, as taxas de rendimento apresentadas devem ser comparadas ao total de alunos matriculados no ensino fundamental em cada ano letivo, a fim de contribuir para uma análise mais precisa e exata da realidade escolar existente no estado de São Paulo. Apesar de esses dados não serem divulgados pela SEE-SP, é possível ter uma dimensão parcial da evolução das taxas de rendimento, ao longo dos sete anos de implementação do regime de progressão continuada.

A partir desses dados, o que se percebe, apesar dos esforços realizados pelos secretários de Educação (Rose Neubauer e Gabriel Chalita) para reduzir as taxas de reprovação, tornando o propósito da escola eficaz, a rede estadual demonstra-se ainda seletiva, pois, mesmo diante de denúncias de que há prática da promoção automática, existem alunos sendo excluídos do ensino fundamental, de acordo com os dados observados na Tabela 7.

Embora os secretários de Educação tenham definido diferentes enfoques para justificar suas ações, com destaque para o enfoque administrativo/financeiro (Rose Neubauer) e pedagógico (Gabriel Chalita), seus propósitos eram similares: construir uma rede de escolas eficazes com ênfase nos processos e resultados.

Para Mello (2000, p.172), essas escolas eficazes podem ser compreendidas como aquelas que:

O REGIME DE PROGRESSÃO CONTINUADA **147**

valorizam o desempenho acadêmico, principalmente nas disciplinas básicas do currículo, para o qual estabelecem objetivos de aprendizagem claros e bem definidos. Seus profissionais apostam na capacidade dos alunos de atingir esses objetivos e realizam um contínuo acompanhamento do progresso de cada aluno. São escolas que possuem um ambiente ordenado e voltado predominantemente para as atividades de ensino-aprendizagem, às quais dedicam mais tempo que escolas consideradas pouco eficazes.

Deste modo, os secretários de Educação, com o intuito de tornar o ideal de escola eficaz uma realidade, realizaram diversas ações, que, no entender desses gestores, favoreciam a construção de unidades escolares firmadas nesse propósito. Entre as ações promovidas pelos secretários de Educação, com tal propósito, destaca-se um conjunto de reformas promovidas no âmbito administrativo e escolar, e na formação em serviço dos profissionais da educação.

Embora Rose Neubauer e Gabriel Chalita tenham valorizado a construção de escolas eficazes, o regime de progressão continuada parece ter sido o instrumento utilizado tecnicamente pelos dois gestores da SEE-SP, entre 1998 e 2004, para viabilizar a realização desse projeto educacional, tanto do ponto de vista administrativo como pedagógico.

Administrativamente, o regime de progressão continuada tem favorecido a gestão das escolas da rede estadual do ensino fundamental no que se refere ao cumprimento de normas e ao alcance dos objetivos estabelecidos, destacando-se a democratização do ensino, regularização do fluxo escolar e tentativa de combate às altas taxas de reprovação e evasão. Em contrapartida, pedagogicamente, a medida viabiliza o foco nas atividades que envolvem o processo de ensino e aprendizagem, permitindo a ampliação das oportunidades educacionais, especialmente dos alunos com dificuldades de aprendizagem.

Entretanto, diante da relevância administrativa e pedagógica atribuída ao regime de progressão continuada pelos gestores da SEE-SP desde 1998, os conflitos, divergências e resistências já existentes no interior das escolas parecem ter sido desconsiderados,

148 DEBORA CRISTINA JEFFREY

assim como o projeto de escola e educação, pois os programas e ações desenvolvidos, nesse período, foram implementados verticalmente, ou seja, de cima para baixo, de modo que os profissionais da educação, atuantes no interior das escolas, foram considerados como meros cumpridores de tarefas e deveres, em diversos momentos. Por isso, uma medida como o regime de progressão continuada, que objetiva, na perspectiva dos secretários, alterar a organização, o tempo e o espaço escolar, a partir de uma mudança de postura dos sujeitos, e não de um projeto de escola e educação, enfrenta resistências e conflitos, principalmente quando se desconsidera a dinâmica conservadora e individualista, que, historicamente, tem influenciado as ações e relações neste ambiente.

Apesar de as iniciativas promovidas pelos secretários de Educação terem procurado amenizar as resistências, criar alternativas para a aprendizagem dos alunos e obter o êxito esperado, os professores, que deveriam estar envolvidos diretamente no processo de implementação, na mudança da organização escolar e na configuração de um projeto de escola e educação, parecem ser tratados pelos gestores como coadjuvantes desse processo.

Tanto Rose Neubauer quanto Gabriel Chalita, cada um com seu perfil de atuação, transferiram particularmente para a escola e os professores a responsabilidade sobre o êxito ou fracasso da medida e a realização das transformações idealizadas em suas políticas educacionais, fato que pode ser observado nas orientações oficiais e nos informativos divulgados na rede estadual.

Contudo, Silva (2000, p.45-6) alerta que qualquer iniciativa de mudança no espaço escolar depende de um sujeito ou de pessoas que sejam destacadas como um ponto concreto de referência das ações, pois:

> Um sujeito, uma obra, uma coordenação visível e concreta [...] são condições facilitadoras da durabilidade de propostas de mudança. [...] Uma atuação que se limite a exigir das pessoas o cumprimento de papéis previstos em ordenamentos jurídicos, sob a alegação de que são pagas para isso, tem produzido, como já o

O REGIME DE PROGRESSÃO CONTINUADA 149

demonstrou a história da administração escolar, enormes esforços com poucos resultados.

Pelo que aponta Silva, a ausência de sujeitos como referência para o estabelecimento de ações que favoreçam a durabilidade de propostas de mudança ou a exigência do cumprimento de papéis previstos nos ordenamentos jurídicos pode levar à obtenção de poucos resultados.

E, nesse sentido, com referência ao regime de progressão continuada, as orientações oficiais e informativas produzidas, entre 1998 e 2004, são bastante enfáticas sobre a atuação docente e o papel atribuído à escola, nessa forma de organização; contudo, por outro lado, não apresentam nenhum sujeito como principal referência das ações a serem realizadas no espaço escolar.

A referência necessária para orientar ou conferir diretrizes sobre as ações dos sujeitos no interior da escola, de acordo com Rose Neubauer e Gabriel Chalita, deve ser definida pela equipe escolar. Diante dessa exigência, passam a surgir alguns questionamentos envolvendo o regime de progressão continuada, no interior da escola: qual concepção, fundamento e orientação seguir? Como configurar o trabalho pedagógico nessa nova organização escolar? Como estruturar a equipe pedagógica para oferecer os subsídios necessários para a atuação dos profissionais da educação no cotidiano escolar?

Em nenhum momento, entre 1998 e 2004, esses questionamentos chegaram a ser respondidos pelos secretários de Educação publicamente, os quais sempre atribuíram à escola e aos docentes a incumbência para fazê-los, pois as orientações e os informativos já apontavam os encaminhamentos necessários para que cada unidade escolar encontrasse sua referência e diretriz, diante da implementação do regime de progressão continuada. Entre os encaminhamentos, destacam-se: a proposta pedagógica, a autonomia da escola e o diagnóstico das dificuldades de aprendizagem dos alunos.

Após sete anos de implementação do regime de progressão continuada, qual seria o tipo de representação feita especialmente pelos docentes sobre a medida, considerando a autonomia de cada escola para estabelecer suas referências, orientações e diretrizes com relação à proposta?

A representação dos docentes analisados, todavia, é compreendida durante a análise como uma forma de descrição dos sujeitos que expressam suas visões de mundo, concepções, seus valores e seus fundamentos pedagógicos, envolvendo o processo de ensino e aprendizagem, a relação professor-aluno e as práticas avaliativas estabelecidas em um determinado contexto educacional.

PARTE II

O REGIME DE PROGRESSÃO CONTINUADA E AS REPRESENTAÇÕES DE DOCENTES NO ESPAÇO ESCOLAR

3
A CARACTERIZAÇÃO DA ESCOLA ESPERANÇA E DOS DOCENTES ENTREVISTADOS

A fim de retratar as representações docentes sobre o regime de progressão continuada, a organização do trabalho pedagógico, a atuação da equipe escolar, após sete anos de implementação da medida na rede estadual do ensino fundamental, serão consideradas as opiniões de dez professores e um coordenador pedagógico, os quais atuam em uma escola pública, localizada na periferia do município de Campinas-SP, e que apresentam as seguintes características:[1]

- professor 1: 33 anos, formação em Geografia (licenciatura/ instituição privada), dez anos no magistério, trabalha há sete anos na escola com a disciplina de Geografia;
- professor 2: 49 anos, formação em Biologia (licenciatura/ instituição privada), pedagogia (instituição privada), especialização e mestrado na educação (instituição pública), 25 anos no magistério, trabalha há sete anos na escola com a disciplina de Ciências;

---

1 Os docentes e coordenador pedagógico que participam da pesquisa foram escolhidos pelo fato de serem efetivos e trabalharem na escola analisada por, pelo menos, sete anos.

154 DEBORA CRISTINA JEFFREY

- professor 3: 39 anos, formação em Geografia (licenciatura/ instituição privada), 11 anos no magistério, trabalha há nove anos na escola com a disciplina de Geografia;
- professor 4: 38 anos, formação em História (licenciatura/ instituição privada), sete anos no magistério, trabalha há sete anos na escola com a disciplina de História;
- professora 5: 40 anos, formação em Matemática (licenciatura/instituição privada), 17 anos no magistério, trabalha há sete anos na escola com a disciplina de Matemática;
- professor 6: 30 anos, formação em Letras (licenciatura/instituição privada), sete anos no magistério, trabalha há seis anos na escola com a disciplina de Português;
- professor 7: 38 anos, formação em Matemática (licenciatura/ instituição privada), 17 anos no magistério, trabalha há sete anos na escola com a disciplina de Matemática;
- professor 8: 55 anos, formação em Biologia (licenciatura/instituição privada), 25 anos no magistério, trabalha há oito anos na escola com a disciplina de Ciências;
- professor 9: 53 anos, formação em Química (licenciatura/instituição privada), 20 anos no magistério, trabalha há 14 anos na escola com as disciplinas de Química e Matemática;
- professor 10: 43 anos, formação em Letras (licenciatura/instituição privada), sete anos no magistério, trabalha há seis anos na escola com a disciplina de Português.
- coordenador pedagógico: 41 anos, formação em Letras (licenciatura/instituição privada), trabalhou dez anos na escola com a disciplina de Português e atua na coordenação desde 2001.

Os profissionais da educação entrevistados tinham, pelo menos, sete anos de atuação na escola estadual analisada e possuem uma carga horária diversificada.[2] Entre as principais peculiaridades apresentadas pelos docentes, destacam-se a formação na graduação

---

2 A carga horária dos docentes será destacada, posteriormente, ao longo do item: o contexto escolar.

O REGIME DE PROGRESSÃO CONTINUADA   155

em Instituições do Ensino Superior privadas e a conclusão de curso de pós-graduação (especialização e mestrado) somente por um dos entrevistados.

Compreende-se que os depoimentos apresentados pelos docentes resultam de um processo dinâmico, no qual suas representações apontam, concomitantemente, aspectos presentes tanto nas orientações oficiais e informativas divulgadas às escolas, como suas percepções pessoais e profissionais, resultantes da memória, pois, segundo Kenski (1994, p.109):

> As pessoas não têm em sua memória, uma visão fixa, estática, cristalizada dos acontecimentos que ocorreram no passado, pelo contrário, existem múltiplas possibilidades de construir-se uma visão do passado e transmiti-la oralmente de acordo com as necessidades do presente.

Kenski (ibidem), ao entender que a memória permite a construção de múltiplas possibilidades para o sujeito construir uma visão do passado e transmiti-la oralmente, permite considerar que as representações dos profissionais entrevistados retratam acontecimentos do cotidiano escolar, vivências e percepções decorrentes de ações do passado, que envolvem um processo de infidelidade normativa (Lima, 2001) e estabelecimento de diferentes comportamentos diante do papel desempenhado (Heller, 2004) em um determinado contexto escolar.

A Escola Estadual Esperança[3] localizava-se na região norte do município de Campinas-SP, em um bairro da periferia que faz divisa com outras cidades pertencentes à Região Metropolitana de Campinas.

Juntamente com outras três escolas de ensino fundamental e médio, atendia uma população escolar que, nos últimos 15 anos, apresentou um crescimento significativo, em virtude das invasões

---

3 O nome da escola foi preservado, assim esta será denominada de Esperança.

156 DEBORA CRISTINA JEFFREY

no entorno do bairro. Esse fato fez que essas escolas, durante o processo de reorganização das unidades escolares da rede estadual de ensino, ocorrido em 1996, dividissem o atendimento do ensino fundamental, sendo que, das quatro, duas oferecem somente vagas no ciclo I (1^a a 4ª séries) e as outras duas, no ciclo II (5^a a 8ª séries) e ensino médio.

Fundada em 1987, a Escola Esperança, até 1995, atendia todas as séries do ensino fundamental e médio, mas, após a citada reorganização das escolas estaduais, passou a oferecer vagas somente no ciclo II e ensino médio, para uma população bastante diversificada.

A Escola Esperança possuía 16 salas de aula, uma biblioteca, um laboratório de ciências e informática, uma quadra de esportes coberta e ofereceria atendimento em três períodos (matutino, vespertino e noturno).

No ano letivo de 2004, a Escola Esperança possuía 1.540 alunos matriculados, 48 professores no ensino fundamental e 39 no nível médio, todos com formação em nível superior (licenciatura); uma diretora, um vice-diretor, dois coordenadores pedagógicos (matutino/vespertino; vespertino/noturno), quatro inspetores de aluno e duas faxineiras. O serviço de fornecimento de merenda escolar era terceirizado.

Em seus 17 anos de existência, a Escola Esperança sempre foi considerada uma referência no bairro, pela seriedade dos profissionais que ali trabalhavam (corpo docente, núcleo de direção, técnico-administrativo e operacional); pela participação ativa dos pais e da comunidade nos projetos desenvolvidos; e, especialmente, pela qualidade do ensino oferecido, contribuindo para a entrada de seus alunos em conceituadas universidades públicas do estado de São Paulo, após a conclusão do ensino médio e realização de exames vestibulares.

No entanto, de acordo com os depoimentos do coordenador pedagógico entrevistado, essa situação foi alterada com a reorganização das escolas, o que impossibilitou, em sua opinião, o acompanhamento do desempenho escolar dos alunos, desde as séries iniciais até o ensino médio, uma vez que o processo envolvia, além

O REGIME DE PROGRESSÃO CONTINUADA **157**

dos professores e da coordenação, os pais ou outros familiares que tinham participação constante na unidade.

> a grande questão da gente são os alunos que chegam de fora, que chegam muito defasados, porque nós tínhamos aqui da primeira à quarta série, então, eram alunos nossos mesmo, quando teve aquela separação da escola, isso pra gente foi complicado, porque nós começamos a receber alunos [...] que não tinham base nenhuma, e isso pra gente foi mais difícil. [coordenador pedagógico, 41 anos]

Assim, com a entrada dos alunos a partir da 5ª série do ensino fundamental, na opinião do coordenador pedagógico, o processo de formação inicial (1ª a 4ª séries) não pôde ser acompanhado pelo corpo docente, dificultando o trabalho pedagógico com um grupo heterogêneo e desconhecido. Outro fator negativo, apontado pelo coordenador pedagógico, foi o processo de alta rotatividade docente, pois, até o ano de 1994, quando a unidade participou do projeto *Escola Padrão*,[4] instituído pelo Decreto n.34.035, de 22/10/1991, na rede pública estadual, com abrangência no ensino fundamental e médio, a escola possuía um corpo docente permanente, em função do caráter de dedicação exclusiva, ao qual os professores deveriam se submeter. Para ele, isso facilitaria o desenvolvimento de projetos

---

4 O Projeto Escola Padrão, instituído pelo Decreto n.34.035/91, foi introduzido na rede estadual de ensino no ano letivo de 1992, durante o governo de Luis Antonio Fleury Filho (1991-1994), com o principal objetivo de recuperar o padrão de qualidade do ensino e modernizar a escola pública, por meio de um processo que envolveria a autonomia pedagógica e administrativa dela. O Projeto, entre 1992 e 1994, não conseguiu incorporar todas as escolas da rede estadual de ensino, sendo escolhidas somente 1.614, das 6.500 unidades escolares distribuídas pelo estado. Além do diferencial salarial recebido pelos profissionais envolvidos no Projeto, a reforma dos prédios escolares e o investimento em materiais pedagógicos levaram à valorização das escolas envolvidas e ao descaso das excluídas, de acordo com Borges (2002). O Projeto Escola Padrão foi desativado logo no início da gestão do governador Mário Covas, em 1995.
Para mais informações a respeito do Projeto da Escola Padrão, ver os trabalhos de Borges (2002) e Marques (1997).

158 DEBORA CRISTINA JEFFREY

específicos para o processo de ensino e aprendizagem, para o envolvimento da comunidade e para a capacitação docente.

Apesar da experiência do *Projeto Escola Padrão* ser considerada pelo coordenador da Escola Esperança uma inovação que favoreceu o desenvolvimento do trabalho pedagógico com o regime de progressão continuada, na análise de Borges (2002, p.279), ele se caracterizou como uma medida seletiva, pois:

> A Escola Padrão, da forma como foi concebida, um projeto de escola ideal a ser implantado progressivamente de acordo com possibilidades orçamentárias não garantidas, constitui-se em um sonho transformado em pesadelo. Os projetos anteriores tinham implantação em todas as unidades escolares e já contavam com reação dos professores porque não atingiam a todos, e vem um projeto que não atende a todas as escolas, gerando desconfiança no magistério, em que pese ser um projeto de reconhecida qualidade. O modelo de escola idealizado tinha seus custos. A época não era propícia, o Estado sofria a cada mês perda de arrecadação. Ainda esgotavam-se os recursos externos.

Considerando a análise do autor, pode-se compreender que o Projeto Escola Padrão mostrou-se uma proposta limitada na abrangência e no financiamento da proposta, mas a melhoria da estrutura física dos prédios reformados, o investimento em um processo de ensino e aprendizagem diferenciado, permaneceram como herança na Escola Esperança, que ainda conta com sala de informática, laboratório, salas de aula em bom estado de conservação e uma biblioteca com acervo diversificado, aberta à comunidade.

A remoção dos professores efetivos para outras unidades, após o cancelamento dos contratos de dedicação exclusiva, resultante da desativação do Projeto Escola Padrão e da alta rotatividade de docentes Admitidos em Caráter Temporário (ACTs),[5] tem dificul-

---

5 Os professores Admitidos em Caráter Temporário (ACT) são contratados apenas durante um ano letivo ou em substituição dos docentes afastados. Não têm estabilidade na função.

O REGIME DE PROGRESSÃO CONTINUADA   159

tado a realização de um trabalho pedagógico integrado, na opinião do coordenador pedagógico, em função da falta de tempo para a adaptação do corpo docente ao contexto escolar, inviabilizando, assim, o desenvolvimento de projetos de longo prazo "[...] o que pra gente foi complicado é essa rotatividade de professores, porque chega um, sai outro, eles não pegam o jeito" [coordenador pedagógico, 41 anos].

Nesse contexto educativo, o regime de progressão continuada foi implementado, no ano letivo de 1998, em um espaço escolar que ainda se encontrava em processo de adaptação à reorganização das unidades escolares, à mudança do corpo docente e da população escolar atendida. Na opinião do professor 10, a proposta foi implementada na Escola Esperança com falhas pela falta de preparação prévia do corpo docente, de discussão e orientação. "[...] Como nas outras unidades, o regime de progressão continuada foi colocado aqui sem um prévio trabalho de preparação: discussão e orientação de todos os educadores" [professor 10 (Português), 43 anos].

Apesar das incertezas e dúvidas iniciais, o estudo da proposta do regime de progressão continuada, de acordo com o coordenador pedagógico, foi intensificado, a partir de 1998, junto ao corpo docente, a fim de favorecer a compreensão das mudanças ocorridas na escola e no desenvolvimento do processo de ensino e aprendizagem. Desse modo, influenciada pela teoria de Vygotsky,[6] a unidade, entre os anos de 2000 e 2002, introduziu um critério alternativo de menções para o desempenho escolar dos alunos, com o objetivo de favorecer a realização de um processo avaliativo diagnóstico, baseado na zona de desenvolvimento proximal que, segundo Vygotsky (1994, p.112), pode ser definida como:

a distância entre o nível de desenvolvimento real, que se costuma determinar através da solução independente de problemas, e o nível de desenvolvimento potencial, determinado através da solução de

---

6 Para maior detalhamento, ver os trabalhos de Vygotsky (1984) e Oliveira (1995).

160 DEBORA CRISTINA JEFFREY

problemas sob a orientação de um adulto ou em colaboração com companheiros mais capazes.

Essa avaliação, definida a partir da concepção sócio-histórica, foi justificada, segundo o coordenador pedagógico, como uma possibilidade de garantir um processo diagnóstico e contínuo, necessário para o êxito do regime de progressão continuada na escola, o que exigiu estudo e entendimento da teoria pelo corpo docente durante os encontros semanais de HTPC (Hora de Trabalho Pedagógico Coordenado), ao longo do ano letivo de 2000. Para o professor 7, os estudos a respeito das práticas avaliativas baseadas em uma concepção sócio-histórica resultaram em uma mudança nas formas de avaliação desenvolvidas em sala de aula, apesar de ele interpretar a avaliação como sinônimo de prova.

Nesse sentido, foi legal, como por exemplo eu não dou avaliação nenhuma, não trabalho com avaliação, então, eu trabalho com o que aluno faz dia após dia, a produção diária dele. [professor 7 (Matemática), 38 anos]

Segundo o coordenador pedagógico, as menções baseadas na zona de desenvolvimento proximal tiveram de ser substituídas pela menção alfabética, vigente anteriormente, pelo fato de os novos professores apresentarem dificuldades em sua utilização, desconhecerem a proposta e não possuírem tempo hábil para aprender os critérios utilizados. Ele esclarece, no seu depoimento, que:

chega um, não dá tempo, é onde o sistema é muito complexo, então não havia tempo de você preparar novamente o grupo, muda muito, isso quebra. Pra eu trabalhar essa questão da avaliação era mais fácil, porque eu estava aqui na implantação, mas quem tá chegando [...] não dá pra você estar preparando porque nós temos num mês mudança de dois, três professores. É gente que entra de licença, é gente que muda de escola, então, não é fácil ficar substituindo substituto [...] até hoje tem professor que eu não sei o nome, é verdade,

O REGIME DE PROGRESSÃO CONTINUADA   161

sendo que antes nós tínhamos uma ligação. Sabia quem tava à noite mesmo não sendo meu período [...] havia essa facilidade, agora, não, tá muito complicado isso. [coordenador pedagógico, 41 anos]

O depoimento do coordenador pedagógico aponta as implicações negativas da rotatividade docente no desenvolvimento da proposta alternativa de menções, baseada na teoria de zona de desenvolvimento proximal de Vygotsky, que foi estabelecida com o intuito de possibilitar a realização de uma prática avaliativa diagnóstica e o acompanhamento do progresso do aluno em cada bimestre.

No entanto, em função das condições de trabalho dos docentes, as menções baseadas na zona de desenvolvimento proximal tornaram-se simples nomenclaturas utilizadas para representar as notas dos alunos, por conta da dificuldade de registro e acompanhamento pelos professores das turmas compostas por até 48 alunos, conforme relatou o coordenador pedagógico.

Embora o professor 10 tenha expressado descontentamento com a superlotação das salas de aula, especialmente no ensino fundamental, essa é uma questão que estava sendo equacionada na Escola Esperança, pois, se até o ano letivo de 2003 as turmas eram compostas por até 48 alunos, em 2004 houve uma melhora dessa situação, com a abertura de outras duas unidades escolares na região. As classes de 5ª a 8ª séries passaram a contar com turmas de 29 a 38 alunos. Já no ensino médio, no ano de 2004, as turmas chegaram a ser compostas por 29 a 43 alunos.

Contudo, apesar de ter ocorrido uma diminuição no número de alunos por sala de aula, o coordenador pedagógico reconhecia a existência de problemas no acompanhamento discente e de seus avanços e dificuldades, mesmo após sete anos de implantação do regime de progressão continuada, o que o levou a tentar introduzir um novo modelo de ficha avaliativa, que fosse capaz de reverter a situação.

Nós temos um outro sistema que tá registrando, é o aluno, agora é uma ficha, uma planilha pra uma classe, e a gente avalia os problemas deles as questões de aprendizagens e as propostas de solução,

162 DEBORA CRISTINA JEFFREY

o que que você propõe pra eles, de que maneira você quer esse retorno dentro da família, do próprio menino, de que maneira você vai estar trabalhando dentro da sala de aula, com a recuperação com ele ali, pra que ele possa estar realmente atingindo os objetivos que você deseja. [coordenador pedagógico, 41 anos]

O depoimento do coordenador pedagógico expressa a preocupação com a criação de medidas necessárias para o diagnóstico do progresso ou dificuldades de aprendizagem do aluno, encaminhamento de soluções e envolvimento da família para solucioná-los. Porém a preocupação do coordenador pedagógico não foi resultante apenas das demandas educacionais da escola, mas do cumprimento de orientações da própria SEE-SP (1998), que incentivou as unidades escolares na criação de diferentes formas de registro do desempenho dos alunos, a partir da criatividade da equipe escolar.

Durante conversas com professores e o coordenador pedagógico da Escola Esperança, pude compreender que, mesmo com a criação de diferentes formas de registro do aproveitamento escolar dos alunos, as informações obtidas nas fichas avaliativas não estavam sendo utilizadas para orientar as ações ou o trabalho pedagógico da unidade, por conta da inexistência de profissionais que se propusessem a organizar e tabular essas informações, tornando o acompanhamento da aprendizagem um processo individualizado, dependente da iniciativa de cada docente ou da própria coordenação pedagógica.

Bertagna (2003), em estudo de caso realizado em escola pública organizada em ciclos de progressão continuada, já destacava que o registro do progresso dos alunos em fichas avaliativas é uma prática que pode até ser tratada com seriedade pelos professores, mas tem sido realizada paralelamente à atribuição das notas, que não são discutidas nem atribuídas coletivamente.

Por outro lado, se as fichas avaliativas resultam de uma orientação da própria SEE-SP às escolas, Bertagna (ibidem, p.431) evidencia que as discussões acerca delas centram-se no trabalho de elaboração e construção do processo, sem que haja compreensão ou questionamento da relevância dessa atividade pelos professores.

O REGIME DE PROGRESSÃO CONTINUADA   163

Assim, apesar de o êxito da proposta do regime de progressão continuada encontrar-se na participação direta da equipe escolar (SEE-SP, 1998; 2000), a Escola Esperança, entre os anos de 1998 e 2004, encontrou grandes dificuldades para a realização de um trabalho pedagógico coletivo, voltado para o atendimento de uma população escolar heterogênea, a partir do conhecimento de seus problemas e formas de intervenção.

Como destacou Barretto (2003), a partir da 5ª série, o ensino é fragmentado, a formação do corpo docente e seus horários são diversos e há atendimento de um maior contingente de alunos, que, muitas vezes, acabam sendo chamados apenas por números. Essas condições de trabalho existentes em uma escola do ciclo II (5ª a 8ª séries do ensino fundamental), descritas por Barretto, podem ser observadas na Escola Esperança pelo fato de as disciplinas escolares se manterem fragmentadas e os professores efetivos cumprirem uma jornada semanal, às vezes, em dois ou até três períodos diferentes, não só na unidade, mas em outras da região ou na rede privada.

Os professores entrevistados possuem as seguintes cargas horárias: o professor 1: cumpre vinte horas em sala e dez como formador na Diretoria de Ensino; professor 3: cumpre vinte horas na Escola Esperança e dez horas em outra unidade escolar ministrando aulas no supletivo; professor 8: vinte horas na Escola Esperança e dez na rede privada; professor 9: trinta horas na Escola Esperança; professor 10: vinte horas na Escola Esperança e dez horas em outra unidade escolar da região; os outros docentes (2, 4, 5, 6 e 7) cumprem uma jornada semanal que varia entre 20 e 25 horas na Escola Esperança.

A carga horária de trabalho diversificada dos professores efetivos e a rotatividade dos ACT inviabilizam ou, pelo menos, têm dificultado a participação destes, durante a semana, em projetos educativos complementares,[7] na Escola Esperança. Esses projetos são desenvolvidos por voluntários da própria comunidade, grupo constituído por pais, alunos e profissionais que exercem alguma

---

7 A Escola Esperança oferece aos alunos atividades complementares, semanalmente, com aulas de informática, dança e fanfarra.

164 DEBORA CRISTINA JEFFREY

atividade no próprio bairro, e que acabam contribuindo também para a manutenção do prédio e organização de eventos.

Alguns professores, no entanto, estão participando, aos fins de semana (sábado e domingo), do Projeto Escola da Família, que é realizado, desde agosto de 2003, nas escolas da rede pública estadual, com o objetivo de combater a violência nos bairros, transformando as escolas da rede estadual em "centros de convivência", a partir da realização de atividades voltadas para práticas esportivas e culturais, orientação na área de saúde e qualificação para o trabalho.

O Projeto Escola da Família,[8] uma iniciativa da SEE-SP, em parceria com a Organização das Nações Unidas para a Educação, Ciência e Cultura (Unesco), Instituto Ayrton Senna e Instituto Faça Parte, é desenvolvido na Escola Esperança aos sábados e domingos, das 9 horas às 17 horas, período em que são realizadas atividades esportivas (futebol, vôlei, xadrez, capoeira), culturais (bordado e dança de rua), saúde (palestras preventivas sobre drogas, Aids, gravidez na adolescência etc.), qualificação para o trabalho (informática e culinária) e destina-se à comunidade, aos alunos e aos pais. As atividades são coordenadas por voluntários (médicos, pais, professores, artesãos, entre outros), estudantes universitários, professores, coordenação e direção da própria escola.

Segundo afirmou o secretário de Educação, Gabriel Chalita, durante entrevista ao site de notícias da Unesco, o Projeto Escola da Família tem obtido êxito, sendo uma proposta positiva que deve ser mantida, em função de sua abrangência[9] e seus objetivos sociais, culturais e educativos. Além do parecer positivo do secretário de

---

8 O Projeto Escola da Família, em funcionamento na rede estadual de ensino desde agosto de 2003, conta com a participação de pelo menos cinco mil escolas, voluntários, professores da própria unidade e estudantes de cursos universitários (graduação) que recebem uma bolsa de estudo mensalmente durante o ano letivo. Para mais informações ver site da SEE-SP: <www.educacao.sp.gov.br>.

9 Em 2003, segundo levantamento feito pela SEE-SP, foram atendidos dez milhões de pessoas, e 5.306 escolas da rede estadual ficaram abertas aos fins de semana. Para mais informações consultar o endereço:<http://www.unesco.org.br/noticias/releases/prog_escola_familia/mostra_documento>.

O REGIME DE PROGRESSÃO CONTINUADA **165**

Educação do Estado, o Grupo de Pesquisa Informática Aplicada à Gestão Educacional (Iage), da Universidade Estadual Paulista (Unesp), Campus de Araraquara (SP), após realizar uma avaliação entre os usuários do Projeto, durante o ano de 2003, pôde constatar que, entre os 23 itens analisados, dez foram avaliados como ótimos e 13 como bons, sendo que nenhum foi considerado regular ou ruim.

Contudo, um Projeto como a Escola da Família, avaliado positivamente pelo secretário de Educação e usuários, possui um alto investimento, no valor de R$ 60 milhões,[10] somente no ano de 2003, ao passo que outras propostas, como o *Reforço* e a *Recuperação de Férias*, cujo objetivo seria garantir um acompanhamento dos alunos com dificuldades de aprendizagem, contaram com a iniciativa da própria Escola Esperança para se desenvolverem, contando somente com os recursos fixos mensais repassados pela SEE-SP.

O *Projeto Reforço* na Escola Esperança está organizado para atender os alunos com dificuldades de aprendizagem, em grupos de, no máximo, vinte integrantes, que são indicados pelos professores de cada turma, a partir do segundo bimestre de cada ano letivo. São oferecidas aulas de reforço escolar nas disciplinas, principalmente de Português e Matemática, mas, em decorrência de demanda, podem ser organizadas turmas para aulas de Ciências, História ou Geografia.

Para o coordenador pedagógico da Escola Esperança, embora o reforço seja entendido como uma alternativa para trabalhar as dificuldades dos alunos, ele acredita que o Projeto não tem conseguido solucionar os problemas de aprendizagem dos alunos, especialmente pela desmotivação destes e desinteresse dos pais.

Olha, o que que a gente tenta, na questão do reforço, é trabalhar essas dificuldades dos meninos, mas também não é fácil, porque os meninos, eles não têm único objetivo. Então, a frequência no reforço não é legal, os pais não encaram o reforço como o momento

---

10 Valor apresentado no artigo da Unesco.

166 DEBORA CRISTINA JEFFREY

de estar completando essas ações. [coordenador pedagógico, 41 anos]

O problema da frequência dos alunos da Escola Esperança no Projeto Reforço não era decorrência apenas do conflito de interesses destes, fator apontado pelo coordenador pedagógico, mas também da dificuldade de acesso à unidade escolar, especialmente para os adolescentes que participavam das atividades no período vespertino, pois, dependendo da localização de sua residência, o transporte escolar funcionava apenas nos horários de entrada e saída oficiais.

Por isso, os alunos ou eram obrigados a retornarem para casa por volta das 12 horas, sendo impedidos de frequentar as aulas no período vespertino, que acontecem às 13 horas, ou chegavam à unidade escolar por volta das 12 horas e 30 minutos, sendo que os encontros, no período matutino, tinham início por volta das 9 horas.

Se a frequência dos alunos, na opinião do coordenador pedagógico, "não era legal", o acompanhamento de suas dificuldades de aprendizagem também era prejudicado pelo número reduzido de encontros, que aconteciam somente duas vezes na semana, com duração de uma hora cada um, no período matutino, caso o aluno estudasse no período vespertino, e no horário do almoço para aqueles que frequentavam as aulas pela manhã. Antes do início das atividades, sempre era oferecido um lanche para os que frequentavam as aulas no período matutino, e almoço para os do grupo vespertino, refeição garantida pela parceria realizada entre a Escola Esperança e a Central de Abastecimento de Campinas (Ceasa), fornecedora dos alimentos consumidos.

Com relação aos professores contratados para a realização do Projeto Reforço, no ano letivo de 2004, a Escola Esperança contava apenas com quatro, sendo dois para a disciplina de Português e outros dois para Matemática. O professor 6, um dos entrevistados, participou do Projeto durante o ano letivo de 2004, a fim de complementar seus rendimentos. As turmas eram constituídas por

O REGIME DE PROGRESSÃO CONTINUADA **167**

grupos de até vinte alunos, o que não permitia a participação de todos os que necessitavam de acompanhamento, levando, segundo relato do coordenador pedagógico, à formação de listas de espera, pois a resolução de casos mais graves, como os de alfabetização, era priorizada.

Para o professor 6, as aulas de reforço de Português são importantes, pois, além de permitirem o trabalho de alfabetização dos alunos do ciclo II, possibilitam o acompanhamento e diagnóstico de estudantes que podem apresentar um comportamento indisciplinado, em virtude das dificuldades com a leitura e escrita. O mesmo professor esclareceu que nem sempre na sala de aula convencional da Escola Esperança era possível oferecer uma atenção individualizada, como acontece no reforço, por conta da presença de um maior número de alunos e da obrigação do docente em concluir os conteúdos programados.

O trabalho de alfabetização dos alunos no Projeto Reforço do ciclo II (5ª a 8ª séries do ensino fundamental) foi valorizado pelo professor 2, que considera a Escola Esperança privilegiada por organizar essa iniciativa, uma vez que ele reconhece que, na fase de implementação da proposta do regime de progressão continuada, ações como essa quase não existiam. Para esse docente, no momento da entrevista, a situação já havia melhorado, pelo menos na unidade, pois, além de projetos como o reforço, a escola contara também com classes de aceleração, medidas que, em sua opinião, nem sempre aconteciam em outras escolas.

> agora não, já tem (aceleração) né?, já tem até aqui na escola, chamamos a classe de alfabetização, mas não são todas as escolas de todos os bairros que têm esse recurso que tem aqui, tá!. [professor 2 (Ciências), 49 anos]

O professor 1, em seu depoimento, também é favorável ao Projeto de Reforço, independentemente da existência do regime de progressão continuada, por favorecer o aproveitamento cognitivo dos alunos.

168 DEBORA CRISTINA JEFFREY

Eu acredito, agora em termos de aproveitamento na parte cognitiva, nessas aulas de reforço. Eu acredito, sim, que tenha sido válido, [...], eu noto que, independentemente do regime de progressão continuada, o projeto de reforço dos alunos é válido". [professor 1 (Geografia), 33 anos]

O destaque, pelos professores 2 e 1, do Projeto Reforço na Escola Esperança, indica que ambos reconhecem a importância dessa ação no acompanhamento dos alunos com problemas de aprendizagem. Porém, durante entrevista, o professor 6, que trabalhava diretamente com as turmas de reforço, esclareceu que o trabalho do coordenador da unidade era um importante elemento para o desenvolvimento das atividades, por fornecer materiais de apoio aos docentes que participavam do Projeto, como livros, músicas e dinâmicas.

Por outro lado, o professor 6 esclarece que, com relação à capacitação oferecida pela Diretoria de Ensino Oeste (DE-Oeste), esta ocorre somente no início de cada semestre.

Há assistência o tempo todo, a coordenação trabalha como um elo de ligação, nesse caso, porque às vezes você não encontra o professor todos os momentos. Então, a gente passa pra coordenação, olha, tais e tais alunos estão tendo outras dificuldades, apresentaram mais algumas, tais e tais alunos tiveram melhora, como é que está em sala de aula, como é que tá sendo a resposta em sala de aula com o professor da sala, aí o professor vem, traz essas respostas pra gente através da coordenação, que serve como uma fonte entre os dois. [professor 6 (Português), 30 anos]

De acordo com o relato do professor 6, é possível evidenciar que o coordenador pedagógico torna-se um mediador entre o professor do reforço e o da sala regular, em virtude da dificuldade de diálogo e de encontros frequentes entre esses docentes. Além disso, parece que o professor do reforço é quem deve tomar a iniciativa para acompanhar o desenvolvimento do aluno nas turmas regulares,

O REGIME DE PROGRESSÃO CONTINUADA **169**

pois, de acordo com o depoimento do professor 6, não há a realização de qualquer planejamento em conjunto entre esses docentes.

O coordenador da Escola Esperança reconheceu que iniciativas como a do professor 6 nem sempre acontecem, pois, em sua opinião, é uma questão que depende da "boa vontade" de cada um, já que não existem docentes com formação específica na unidade para trabalharem com alfabetização. Esse fato é agravado pelo posicionamento da SEE-SP, que impede a contratação de professores I (séries iniciais – 1ª a 4ª séries do ensino fundamental) para fazer esse tipo de acompanhamento; na Escola Esperança pode-se apenas contratar professores II (5ª a 8ª séries do ensino fundamental e médio).

O Projeto Reforço, considerando manifestações obtidas durante entrevistas e conversas com docentes da Escola Esperança, foi compreendido como uma importante iniciativa que possibilitava o acompanhamento dos alunos com dificuldades de aprendizagem, embora eles reclamassem que muitos desses não aproveitavam a oportunidade, pois faltavam às aulas e não recebiam estímulo em casa, o que possibilitaria o avanço esperado. Com relação ao Projeto Recuperação de Férias, os docentes entrevistados consideraram que a medida somente facilitou a aprovação dos alunos que "nada produziram".

No geral, observou-se que vários alunos tiveram de frequentar as aulas de Recuperação de Férias na Escola Esperança, principalmente pelo desempenho insatisfatório em alguma disciplina. Em alguns casos, conforme registro em atas do Conselho de Classe/Série, pôde-se identificar que houvesse decisão pela mediata reprovação ao final do ano letivo, no caso de alunos com baixa assiduidade e fraco desempenho.

A partir do levantamento do número de alunos encaminhados ao Projeto Recuperação de Férias na Escola Esperança, entre os anos de 1998 e 2002, verificou-se um aumento significativo das inscrições, especialmente em 2001, quando ocorreu a avaliação do ciclo II, por meio do Sistema de Avaliação do Rendimento Escolar do Estado de São Paulo – Saresp. Essa avaliação condicionou a participação do aluno da 8ª série do ensino fundamental que estivesse

170 DEBORA CRISTINA JEFFREY

em recuperação intensiva, a seu desempenho na prova. A Tabela 8[11] apresenta dados da Recuperação de Férias (1998-2002) na Escola Esperança.

Tabela 8 – Número de matriculados e encaminhados para a Recuperação de Férias (1998-2002) da 5ª à 8ª séries do ensino fundamental – Escola Esperança

Ano	Matriculado	Enc. Rec. Férias	%	Promovido	%	Retido	%
1998	1.053	0	0,0	0	0,0	0,0	0,0
1999	1.127	60	5,3	60	100,0	0,0	0,0
2000	1.167	78	6,7	52	66,7	26,0	33,3
2001	1.096	205	18,7	119	58,1	86,0	41,9
2002	1.133	146	12,8	132	90,4	14,0	9,6

Fonte: Atas das Reuniões de Conselho de Classe/Série (1998 a 2002).

De acordo com os dados da Tabela 8, houve um aumento do número de alunos do ensino fundamental encaminhados à Recuperação de Férias entre os anos de 1998 e 2001, e queda do número de promovidos no Projeto para a série posterior, indicando que a medida não facilitou, como afirmaram os professores 7, 4 e 10, a vida de todos os alunos matriculados. Esse fato, no entanto, pode até ter acontecido no ano letivo de 1999, quando, dos sessenta alunos que participaram do Projeto, todos foram promovidos.

Em 2001, ano da recuperação do ciclo para os alunos da 8ª série do ensino fundamental, 205 alunos chegaram a ser encaminhados à Recuperação de Férias. Destes, somente 119 obtiveram promoção e 86 permaneceram retidos na série cursada, o que indica que a prova do Saresp foi determinante para definir a aprovação ou reprovação do aluno.

No ano letivo de 2003, a SEE-SP suspendeu o Projeto Recuperação de Férias na rede de ensino, mediante Resolução SE 84/03, sob a justificativa de que as atividades de recuperação paralela (reforço) e contínua deveriam ser intensificadas. Assim, a Escola Esperança

---

11 Dados obtidos pela consulta de atas e diários de classe da Escola Esperança.

passou a contar somente com o reforço (recuperação paralela) e acompanhamento direto do professor da disciplina (recuperação intensiva) para atender às dificuldades e eventuais problemas de aprendizagem dos alunos.

O contexto escolar da Escola Esperança, entre os anos de 1998 e 2004, de acordo com as informações descritas anteriormente, caracterizou-se pelo atendimento a um grupo heterogêneo, pela adaptação constante ao desenvolvimento de novos projetos e pela extinção dos que deixaram de ser priorizados pela SEE-SP, como a Recuperação de Férias.

Nota-se que, com relação aos problemas de aprendizagem, a questão da alfabetização e o trabalho com este assunto têm representado um grande desafio na Escola Esperança, que não possui um número de profissionais suficiente para realizar atividades específicas na área, tornando difícil o atendimento à demanda.

Por outro lado, a Escola Esperança, mesmo diante de um contexto escolar complexo, tem procurado desenvolver algumas medidas alternativas com a finalidade de facilitar o trabalho pedagógico ou adequá-lo às exigências impostas pela SEE-SP, como por exemplo a organização das fichas avaliativas.

A concretização de um trabalho coletivo também é outro fator desafiador na Escola Esperança, em virtude da diversidade de jornada de trabalho docente e das especificidades das disciplinas que compõem a matriz curricular no ciclo II (5^a a 8ª séries do ensino fundamental), contrariando, assim, a proposta pedagógica de 2003, da unidade que foi constituída sob o lema "Construir Juntos" cujo objetivo era garantir o ensino e a aprendizagem, mediante a interação da família com a equipe pedagógica e administrativa.

O trabalho pedagógico e a atuação docente na Escola Esperança

O trabalho pedagógico da Escola Esperança, tal como expresso em sua proposta, elaborada no ano de 2003, baseava-se na ação

172   DEBORA CRISTINA JEFFREY

"Construir Juntos", envolvendo a família, a equipe pedagógica e a administrativa. As ações realizadas pela Escola Esperança e seus profissionais tinham o intuito de promover a formação do aluno crítico, participativo, conhecedor de seus direitos e deveres, transformador de sua própria identidade, atuante em seu meio, desenvolvendo capacidades e habilidades necessárias para o exercício da cidadania.

A Proposta Pedagógica da Escola Esperança ainda apontava que o trabalho pedagógico desenvolvido na unidade deveria contribuir para a formação de:

> um aluno capaz de estabelecer relações, comparações, convívio humano, crescimento como um ser atuante, responsável e consciente que, através do seu esforço na aprendizagem dos conteúdos e vivência escolar, obterá garantias de ascensão social e conquista dos objetivos, somando assim inúmeros pontos favoráveis nesse competitivo mercado de trabalho, em que as diversas e inúmeras habilidades tornam-se importantes diferenciais em uma contratação de empregos. (Proposta Pedagógica da Escola Esperança, 2003, p.1)

A formação do aluno da Escola Esperança, apresentada em sua Proposta Pedagógica, priorizava o processo de aprendizagem dos conteúdos e da vivência escolar dele, tendo em vista o incentivo do desenvolvimento de habilidades necessárias para garantir a ascensão social e competição no mercado de trabalho. Diante dessas colocações, compreende-se que os objetivos educacionais da Escola Esperança procuravam destacar as demandas da população escolar atendida: o desejo de ascensão social e a preparação para o mercado de trabalho.

Porém essa proposta pedagógica não apontava quais seriam os encaminhamentos necessários para atingir os objetivos propostos, no tocante à formação dos alunos. Assim, por um lado havia uma diretriz norteadora para atividades e trabalho pedagógico realizados pela Escola Esperança, por outro, o entendimento sobre o regime de progressão continuada parecia também ser decorrente da

O REGIME DE PROGRESSÃO CONTINUADA **173**

falta de clareza sobre o projeto de escola e de educação que deveriam nortear as ações dos docentes.

Essa situação, talvez, justifique o depoimento do professor 9, que destacou sua preocupação com a existência de dúvidas e ausência de preparação dos profissionais para atuarem em uma organização escolar estruturada pelo regime de progressão continuada. "Para a rede de ensino ainda existe dúvidas. Talvez, pelo fato de que ainda não houve tempo para realmente preparar todos os profissionais envolvidos" [professor 9 (Química e Matemática), 53 anos].

Embora a falta de preparação para o trabalho pedagógico com o regime de progressão continuada fosse, para o professor 9, uma preocupação, na opinião do professor 5, as dúvidas e dificuldades encontradas pelos docentes eram decorrentes de problemas no entendimento da concepção e dos fundamentos do regime de progressão continuada, desde a implementação da medida.

Os professores na fase inicial tinham dificuldades para entender a filosofia do regime de progressão continuada e, no que é mais difícil, atender à diversidade de saberes dos alunos em uma sala de aula. Levou um certo tempo para que as adaptações e acertos fossem acontecendo. [professor 5 (Matemática), 40 anos]

A compreensão dos fundamentos e concepções do regime de progressão continuada, a preocupação com o atendimento à diversidade dos saberes dos alunos e o período de adaptação à proposta retratados pelo professor 5, na análise de Gather Thurler (2001a, p.18), podem representar indicativos de que alguns professores integrantes da equipe escolar podem se adaptar à medida, assim como o fizeram diante de inovações anteriores, respeitando somente as características formais delas, sem que houvesse qualquer transformação concreta em suas práticas, pois,

As experiências de países pioneiros mostram-nos, de fato, como é fácil reduzir os ciclos a simples medidas estruturais, que consistem em prolongar a duração da aprendizagem em um, dois, ou

174 DEBORA CRISTINA JEFFREY

mesmo três anos, em fazer alguns retoques nos planos de estudos e em modernizar um pouco os métodos de avaliação para lhes dar uma aparência mais formativa.

Provavelmente, as reuniões pedagógicas são um dos momentos utilizados por escolas que favoreceram a apresentação e discussão das medidas estruturais adotadas pela SEE-SP, para retocar os planos de estudos ou propor a modernização dos métodos de avaliação, assim como apontou Gather Thurler (2001a, p.18). No caso específico da Escola Esperança, as Horas de Trabalho Pedagógico Coletivo (HTPC) que ocorriam apenas uma vez por semana, nos períodos vespertino e noturno, com duração de duas horas, eram momentos destinados para apresentar e discutir as propostas de novos planos de estudo, modernização dos métodos de avaliação, encaminhamento de alternativas para promoção da aprendizagem dos alunos e formação continuada dos docentes.

Apesar das limitações existentes na Escola Esperança para a implementação de um espaço de formação continuada, no entendimento do professor 2, o regime de progressão continuada teria contribuído para uma reflexão sobre sua prática pedagógica. "No trabalho pedagógico o regime de progressão continuada causou mais reflexões sobre o que fazemos e o que não fazemos" [professor 2 (Ciências), 49 anos].

O depoimento do professor 2 sugere que suas reflexões sobre sua prática pedagógica não tiveram origem nas reuniões de HTPC ou em discussões envolvendo o coletivo, mas em suas próprias demandas, oriundas da proposta do regime de progressão continuada, as quais envolviam novas concepções sobre o processo de ensino e aprendizagem e sobre as práticas avaliativas. Contrariamente, para o professor 4, a progressão continuada não permitiu novas reflexões, já que ele declarou que a medida fez que "os professores ficassem mais perdidos do que já estavam [...]" [professor 4 (História), 38 anos].

O relato do professor 4 evidencia que, mesmo após sete anos de implementação do regime de progressão continuada, não havia,

O REGIME DE PROGRESSÃO CONTINUADA **175**

para este docente, clareza sobre as possibilidades de reflexão e atuação nesse tipo de organização escolar. Para o coordenador pedagógico, no entanto, a medida não representava nenhuma inovação, pois: "Eu já li um pouco do projeto, no papel ele é lindo, mas na prática não é tanta coisa!" [coordenador pedagógico, 41 anos].

Se a função do coordenador pedagógico é mobilizar os docentes à mudança, com intuito de promover transformações no trabalho pedagógico e nas rotinas escolares desenvolvidas na escola, o depoimento desse profissional indica que, até mesmo para ele, a proposta do regime de progressão continuada não tem credibilidade.

Esse posicionamento do coordenador pedagógico pode ter contribuído para que se mantivesse um planejamento desarticulado com relação à definição dos objetivos comuns às diversas etapas da aprendizagem dos alunos, durante todo o ciclo II, tornando tal iniciativa uma prática individualizada, na qual cada docente deve se apoiar em suas próprias concepções e em fundamentos pedagógicos.

O professor 3, em seu depoimento, aponta exatamente as implicações desse processo, a partir da implementação do regime de progressão continuada, tanto para sua prática pedagógica como para o aluno.

Em minha prática pedagógica foi um abismo muito grande, pois não fomos preparados nem informados de como deveríamos trabalhar. Quanto ao aluno, para ele foi bom, ele não é mais reprovado. [professor 3 (Geografia), 39 anos]

O depoimento do professor 3, a respeito das implicações do regime de progressão continuada, particularmente para o aluno, evidencia que sua concepção de ensino e aprendizagem focalizou somente o fato de este estudante ser aprovado ou reprovado, ao final do ano letivo, desconsiderando as possibilidades de aprendizagem que poderiam ser aproveitadas por esses sujeitos, nessa forma de organização escolar.

Assim, apesar de reconhecer que a ausência de reprovação era um benefício ao aluno, o professor 3, ao afirmar que o regime de

176 DEBORA CRISTINA JEFFREY

progressão continuada representou um abismo em sua prática pedagógica, indicou que esse tipo de posicionamento pode prejudicar, na mesma linha do que mostra Gather Thurler (2001b, p.19-20), uma tomada de decisão indispensável sobre as condutas didáticas e ferramentas pedagógicas a serem utilizadas no trabalho com ciclos escolares, pois:

> Para serem capazes de desenvolver tais estratégias didáticas, os professores devem não apenas conhecer bem os objetivos de aprendizagem e os planos de estudo, como também se orientar a partir de um referencial rico e diversificado de situações-problema, que eles combinarão ou adaptarão conforme as necessidades e as circunstâncias. Finalmente, devem dispor de um bom conhecimento dos processos pelos quais os alunos constroem seus saberes, de modo a serem capazes de lhes oferecer o apoio necessário.

Particularmente na Escola Esperança, as estratégias didáticas; os objetivos de aprendizagem e dos planos de estudos, e a orientação dos referenciais de situações-problema, destacados por Gather Thurler (2001b), que deveriam ser constituídos pela equipe escolar, eram estabelecidos pelo professor, sendo responsabilidade da coordenação pedagógica o direcionamento das rotinas, o apontamento dos alunos com dificuldades, o repasse dos informes da DE e a reflexão pedagógica, mediante alguns estudos e leitura de textos envolvendo diversas temáticas.

Por isso, em conversa com os professores, observou-se que os objetivos de aprendizagem, as estratégias didáticas, a estruturação dos planos de estudo e a resolução dos problemas em sala eram muito distintos entre eles, pois, enquanto para o professor de Ciências a preocupação estava no desenvolvimento de um trabalho de iniciação científica com os alunos, o de Português valorizava o cumprimento de todo o conteúdo programático estabelecido para o ano letivo, e o de Geografia priorizava a realização das tarefas escolares.

Assim, o trabalho coletivo deixa de ter algum sentido na realidade da Escola Esperança, mesmo que a coordenação pedagógica se esforçasse em realizá-lo nos encontros semanais de duas horas.

O REGIME DE PROGRESSÃO CONTINUADA **177**

No entanto, independentemente da relevância do trabalho coletivo para o êxito da proposta de ciclos de progressão, o professor 6 acreditava que sua prática pedagógica deveria ser norteada por seus próprios conhecimentos, tendo em vista o rendimento escolar do aluno.

Para haver um bom rendimento, o professor precisa ser um "conhecedor"; sujeito do conhecimento; objeto do conhecimento e conhecimento didático. Só assim haverá avanço (rendimento escolar). [professor 6 (Português), 30 anos]

A diversidade de objetivos e de estratégias didáticas existentes na Escola Esperança destoa da expectativa criada pela SEE-SP (1998, 2000, 2003) a respeito do papel e das ações que o professor deveria concretizar no interior da sala de aula, de modo a promover a aprendizagem dos alunos, já que essa orientação era:

Enfrentando a heterogeneidade dos alunos que frequentam sua classe, aguça-se a compreensão docente acerca do processo de aprendizagem, bem como da forma como ele se articula com a estrutura dos conhecimentos a serem construídos e com as habilidades desenvolvidas em cada área. O professor passa a atender melhor a sua clientela, quando reconhece ser ele o especialista em aprendizagem [...]. Um professor competente e ciente dessa competência leva, inevitavelmente, os alunos a se apropriarem dos conteúdos escolares. (SEE-SP, 2000, p.9)

Deste modo, a SEE-SP, ao acreditar que somente a competência docente garantiria o êxito do trabalho pedagógico, acabou por enfatizar as qualidades e ações necessárias ao professor, a fim de que pudesse trabalhar com a proposta do regime de progressão continuada, mas sem esclarecer quais meios o docente deveria utilizar para atingir o principal objetivo, o de promover a aprendizagem dos alunos.

Essa visão de docente especialista e competente, descrita pela SEE-SP, pode ser observada no depoimento do professor 7, no qual

178 DEBORA CRISTINA JEFFREY

afirmou que o aperfeiçoamento dos métodos (procedimentos) de ensino deve ser compreendido como um elemento fundamental para atender às suas necessidades e às dos alunos.

Estou sempre na busca de métodos que possam melhor atender às minhas necessidades, para poder contribuir com meus alunos e, consequentemente, com a sociedade. [professor 7 (Matemática), 38 anos]

A declaração do professor 7 reforça a ideia da competência docente, destacada pela SEE-SP, por considerar que um aperfeiçoamento dos métodos trará implicações no processo de ensino e aprendizagem, principalmente, no tocante ao trabalho com a heterogeneidade e com os interesses do aluno.

Porém, o professor 8 apresentou opinião diferente do professor 7, ao considerar que somente os métodos não garantiriam a aprendizagem do aluno, mas, sim, a valorização do ritmo de cada um.

O aluno, ele já não é mais subjugado a repetir algo que ele, digamos... não tivesse um interesse maior, porque as realizações humanas, elas não dependem só do plano formal da educação. Modernamente e humanamente, essas realizações são, muito mais, junção do desempenho do sujeito que deixa de ser objeto do sistema de ensino e aprendizagem e passa a ser um sujeito da busca dos seus interesses, inclusive os pedagógicos. [professor 8 (Ciências), 55 anos]

A valorização do ritmo do aluno, destacada pelo professor 8, foi um fator também indicado pelo professor 5, com o propósito de garantir a aprendizagem do aluno, em seu próprio tempo, sem que fosse necessário retomar os conteúdos anteriores. "Não há necessidade de retomar os conteúdos desde o início, como se nada tivesse sido aprendido, basta dar continuidade e respeitar o ritmo de aprendizagem do aluno. [professor 5 (Matemática), 40 anos]"

A flexibilidade do trabalho com os conteúdos escolares e o respeito ao ritmo do aluno, aspectos apreciados pelo professor 5, não devem ser desconsiderados como fatores essenciais para o desenvolvimento do trabalho pedagógico na perspectiva do regime de progressão continuada, desde que seja realizado um diagnóstico prévio das aprendizagens anteriores.

Neubauer (2000), a esse respeito, sugere que o diagnóstico prévio seja feito durante consulta às avaliações anteriores e fichas de acompanhamento, favorecendo a organização dos alunos, em diferentes grupos, para que sejam estimulados a alcançarem ao menos um desempenho médio.

A realização do diagnóstico prévio das aprendizagens anteriores dos alunos, indicada pela SEE-SP (2000, 2003) e por Neubauer (2000), na Escola Esperança, era feita por meio das fichas de acompanhamento, utilizadas durante as reuniões do Conselho de Classe/ Série, a fim de permitir uma análise do desempenho discente, sendo arquivadas, posteriormente, na secretaria da unidade, e por meio de avaliações de aprendizagem, que acabavam sendo sempre devolvidas aos alunos, no final de cada bimestre, inviabilizando a consulta dos registros constantemente.

Esse processo de diagnóstico, no entanto, além de acontecer em momentos predeterminados, dependia, na Escola Esperança, principalmente da iniciativa docente. No caso específico dos professores contratados temporariamente (ACT), estes encontraram dificuldades para obter informações prévias da turma, com colegas que tinham lecionado nesse grupo, no ano letivo anterior, pelo fato de sua contratação acontecer somente no mês de fevereiro, alguns dias antes do início das aulas e posterior ao período de planejamento da escola.

Embora o processo de diagnóstico do aluno apresentasse falhas na Escola Esperança, o professor 4 entendeu que o regime de progressão continuada contribuiu para uma alteração em sua concepção pedagógica. Ele reconhece que a medida ajudou a valorizar a heterogeneidade dos alunos e as diferenças de ritmos de aprendizagem. "Ele [regime de progressão continuada] esclareceu e valorizou a 'heterogeneidade'. Os alunos são diferentes, têm ritmos

180 DEBORA CRISTINA JEFFREY

diferentes e, portanto, aprendem de forma diferente" [professor 4 (História), 38 anos].

Se para o professor 4 o regime de progressão continuada "esclareceu" e "valorizou a heterogeneidade" dos alunos, é possível evidenciar que somente o reconhecimento desse aspecto não exime a responsabilidade docente e da escola de garantirem o sucesso escolar e a aprendizagem do aluno, pois, segundo Neubauer (2000, p.8):

na progressão continuada em ciclos, a marca do fracasso é da escola, do trabalho do professor, da organização do sistema de ensino que tem que ser avaliado, questionado, revisado e repensado nos seus pontos frágeis. A cada final de ano, ou o aluno conseguiu avançar mais, aprender, ou foi a escola que ficou para trás.

Apesar de a escola ser pressionada para garantir a aprendizagem do aluno a todo custo, aspecto bem salientado por Rose Neubauer, ex-secretária de Educação do estado de São Paulo e autora do artigo acima citado, o professor 7 tem consciência de que as propostas elaboradas e introduzidas na rede pelos órgãos superiores, como a SEE-SP, são alteradas de tempos em tempos, por isso, suas práticas, seus planos de ensino e objetivos não dependem das políticas vigentes, e sim da circunstância existente na realidade escolar.

o tempo passa, tudo muda, são revisados os planos, novos planos e isso tem uma dinâmica, a essência do plano pedagógico não muda, a dinâmica é circunstancial, por isso, eles não dependem das políticas. [professor 7 (Matemática), 38 anos]

O reconhecimento do professor 7 de que a política educacional vigente não é capaz de alterar sua prática ou seu plano pedagógico, por compreender que estes não dependem de uma proposta externa, indica que os planos, em sua perspectiva, são imunes a qualquer tipo de interferência política ou organizacional da escola.

Deste modo, o depoimento do professor 7 oferece indícios de que o regime de progressão continuada, em seu entendimento, não alterou as rotinas, práticas e propostas desenvolvidas por ele próprio, por seus colegas de trabalho e pela Escola.

Assim, se organização e tempos escolares não têm sofrido nenhuma alteração, na percepção do professor 7, questões como o currículo e os aspectos culturais que o envolvem, diante da população atendida, se transformam em elementos secundários, determinados e estabelecidos pelas normatizações, enquanto a avaliação, o aproveitamento e a realização das tarefas pelos alunos, na perspectiva do regime de progressão continuada, tornam-se os principais focos de questionamento e, até mesmo, de divergência, entre os profissionais da educação, pois demandam estudo, reflexão e mudanças nas práticas anteriormente consolidadas.

Freitas (2000), ao analisar a relação entre a cultura e o currículo a partir do regime de progressão continuada, reconhece o esvaziamento dessa discussão no interior da escola, por compreender que essa proposta apenas focaliza os procedimentos para resolver os problemas sociais e culturais dos alunos, deixando de contribuir para o estabelecimento do que seria essencial e significativo para se ensinar e aprender; as formas de trabalho para adaptar os alunos frente às demandas da educação e o tipo de recurso que estaria à disposição da escola para cumprir essas tarefas.

A questão do currículo e da cultura revelou-se um aspecto secundário para alguns professores entrevistados, que estariam insatisfeitos com o nível de conhecimento e o aproveitamento dos alunos, no que se refere ao conteúdo trabalhado. Esse fato foi enfatizado pelo professor 1, que vinha se preocupando, principalmente, com as facilidades oferecidas pelo regime de progressão continuada aos estudantes, ao declarar que:

> O que a gente percebe é que caiu muito o aproveitamento dos alunos com relação ao conteúdo, porque parece que esse novo sistema tá querendo despertar expectativa no aluno aqui dentro da escola, principalmente para facilitar a vida boa do aluno, porque ele estudando ou não estudando, ele tem 'n' maneiras de ser aprovado – professor 1 (Geografia), 33 anos]

182 DEBORA CRISTINA JEFFREY

Embora o professor 1 tenha declarado em seu depoimento que o regime de progressão continuada estava facilitando a vida do aluno, e com isso ele tenha apresentado uma visão conservadora sobre a medida, essa facilitação não pode ser observada pelas taxas de rendimento da Escola Esperança, entre os anos de 1998 e 2004, apresentadas na Tabela 9.

Tabela 9 – Taxas de rendimento escolar (aprovação, reprovação e evasão) e recuperação de férias do ensino fundamental (1998-2004) – Escola Esperança

Ano	Matriculado (Nº de alunos)	Aprovado (Nº de alunos)	%	Reprovado (Nº de alunos)	%	Evadido (Nº de alunos)	%	Encaminhamento Recuperação de Férias (Nº de alunos)	%
1998	1053	1025	97,4	10	0,9	18	1,7	0	0,0
1999	1127	1037	92,0	0	0,0	30	2,7	60	5,3
2000	1167	1057	90,6	11	0,9	21	1,8	78	6,7
2001	1096	879	80,2	8	0,7	4	0,4	205	18,7
2002	1133	983	86,8	3	0,3	1	0,1	146	12,8
2003	904	899	99,4	4	0,5	1	0,1	*	*
2004	807	743	92,0	60	7,5	4	0,5	*	*

Fonte: Atas das Reuniões de Conselho de Classe/Série (1998 a 2004).
*Nenhum aluno foi encaminhado para o Projeto por conta de sua extinção no ano letivo de 2003.

Os dados referentes às taxas de rendimento escolar dos alunos matriculados na Escola Esperança, entre os anos de 1998 e 2004, evidenciam que, embora tenha havido uma redução no número de matrículas no ensino fundamental, as taxas de aprovação mantiveram-se acima de 80%, enquanto as taxas de reprovação, até o ano letivo de 2003, permaneceram abaixo de 1%; no ano de 2004, sofrendo uma grande elevação, ao atingir 7,5% durante esse período, as taxas de evasão continuaram estáveis, representando menos de 1%.

Contudo, apesar de as taxas de aprovação terem se mantido acima de 80%, observa-se que o regime de progressão continuada,

O REGIME DE PROGRESSÃO CONTINUADA   183

de fato, não facilitou a vida do aluno, pois, com a existência da Recuperação de Férias até o ano letivo de 2003, houve um grande contingente de alunos encaminhados para o Projeto, em consequência de baixo aproveitamento e/ou assiduidade. A reprovação, elemento que se acreditou estar extinto, manteve-se, mesmo em pequenas proporções, tendo sido aplicada a alunos com baixa assiduidade e problemas de aproveitamento em mais de três disciplinas, até o ano letivo de 2002; após a extinção da Recuperação de Férias e continuidade apenas do reforço, recuperação contínua e recuperação paralela, a encargo pelo professor de cada disciplina, houve um aumento considerável das reprovações, chegando a 60 alunos em 2004.

As taxas de rendimento da Escola Esperança, no período de 1998 a 2004, indicam que a facilidade oferecida, no tocante à aprovação dos alunos, pelo regime de progressão continuada, à qual o professor 1 fez referência durante seu depoimento, não é um fato que pôde ser constatado, mesmo durante o período em que a Recuperação de Férias foi realizada.

O professor 3, apesar de ser contra o regime de progressão continuada, por acreditar que a medida favorece a aprovação dos alunos sem qualquer esforço, em seu depoimento ofereceu algumas sugestões para melhorar esse problema, como a dependência por disciplina, que seria cursada nos casos de reprovação.

Ah, eu sou contra esse sistema, o antigo também eu era contra porque explode uma matéria e o aluno tinha que voltar pro outro grupo, embora eu acho bem injusto isso, mas, por outro lado, esse sistema também eu não gosto porque o próprio aluno passa, tanto faz ele se esforçar ou não, de todo jeito ele vai passar mesmo! Então, estudar pra quê, muitos pensam assim, [...] Eu seria a favor de uma reprovação como na faculdade, se ficou em uma disciplina, eu volto pra fazer essa disciplina, e faz as outras, e continua as outras na série seguinte, ou, então, podia optar em terminar essa depois, continuar com as outras, por mim seria desse jeito. [professor 3 (Geografia), 39 anos]

184 DEBORA CRISTINA JEFFREY

O encaminhamento de alunos reprovados em alguma disciplina para a série subsequente, proposto pelo professor 3, é uma alternativa mais dinâmica do que a proposta pela SEE-SP, em sua Orientação às Escolas divulgada em 1998, a qual indicava a aplicação da retenção parcial, nos casos de baixa assiduidade e aproveitamento escolar. No entanto, para a SEE-SP (1998), essa retenção parcial deveria ser concedida aos alunos do ciclo I e das séries intermediárias do ciclo II, com frequência inferior a 75% do total de horas letivas e com rendimento escolar insatisfatório em mais de três componentes curriculares, fazendo que permanecessem retidos na mesma série, mas dispensados de cursar as disciplinas concluídas com êxito anteriormente.

As considerações do professor 3 e da SEE-SP a respeito da reprovação escolar, embora sejam distintas, assinalam que essa problemática ainda não chegou a ser pensada de modo consensual. A solução do problema da reprovação, na opinião do coordenador pedagógico, depende de uma mudança de mentalidade, algo difícil de ser realizado e entendido por alguns professores da Escola Esperança. Ele considera que:

A mudança, ela tem questão de mentalidade mesmo. Faltam alguns professores, tá entendendo realmente a questão. E eu acho assim, que não é questão do aluno ser promovido, o professor tem que saber que o aluno vai ser retido porque não atingiu os objetivos. Agora, eu acho que o aluno, ele tem que ser valorizado de uma maneira diferente, ele tem objetivos, ele atingiu realmente alguns objetivos, ele tem condições, porque o aluno não é igual um com o outro. Eu tenho que avaliar, o que o menino tem, o que que eu posso querer dele, até onde ele pode ir, então, eu não posso igualar todos, eu tenho uma classe de quarenta, e todos são iguais, então, isso vai ser trabalhado no HTPC, ele exige mais da gente nesses trabalhos com o professor. [coordenador pedagógico, 41 anos]

A questão da avaliação do aluno e de sua classificação ao final do processo avaliativo, a partir dos critérios estabelecidos pelo profes-

O REGIME DE PROGRESSÃO CONTINUADA   185

sor, para o coordenador pedagógico, depende de uma mudança de mentalidade, em que somente encontros semanais de duas horas, sem um acompanhamento mais efetivo e a construção de indicadores coletivos, tornam-se algo desafiador. De acordo com Carvalho (1985, p.11):

> O processo avaliativo envolve basicamente a questão axiológica, ou seja, os valores atribuídos a determinados tipos de conduta e/ou desempenhos. O valor de uma conduta ou de um desempenho, por sua vez, é dado pela perspectiva filosófico-cultural de uma classe ou grupo social.

Os depoimentos dos professores 1 e 3, descritos anteriormente, expressam o valor de conduta e de desempenho que é esperado do aluno, o sucesso escolar resultante do esforço pessoal, contradizendo a proposta do regime de progressão continuada, que envolve um diagnóstico e a reorientação do trabalho pedagógico, tendo em vista a aprendizagem do grupo.

Para o professor 10, todavia, a exigência de uma conduta e desempenho que valorizam o ritmo de cada aluno, introduzidos com o regime de progressão continuada, acabou, com a seletividade da escola, ao abolir o "espírito da competição", fato que considera prejudicial para a formação do aluno, por deixá-lo "vulnerável" à competitividade existente na sociedade.

> Para o Estado mudou essa questão do aluno competir, ter esse espírito de competição, você entendeu? Nós temos um lado da sociedade, na história, que é totalmente voltada pro aluno, você entendeu? As pessoas competem por nota, não é isso? Quer dizer, isso faz, então, com que o aluno, o nosso aluno de escola pública, perca essa noção, uma vez que ele não precisa ter esse espírito de competitividade, você entendeu? Então não cria essa expectativa nele de que ele tem que ser bom, não por ser o melhor, mas ser bom, né, pra ter o melhor, ele tem que conseguir, que use o melhor dele, né? (...) Quando ele sai, aí ele vai se deparar com aquilo que existe

186 DEBORA CRISTINA JEFFREY

aí fora, entendeu? Por exemplo, ele vai prestar um curso técnico, ele fala "puxa vida, pela primeira vez eu vou competir, eu vou ter que mostrar nota", entendeu? Vai ter que tirar uma nota, aí todo aquele conceito que o regime de progressão continuada passou cai, entendeu? E isso aí é problemático, porque você deixa o aluno, tipo, muito vulnerável. [professor 10 (Português), 43 anos]

O depoimento do professor 10 apresenta uma preocupação com a preparação do aluno para o mercado de trabalho, o que também estava expresso na Proposta Pedagógica da Escola Esperança (2003), quando enfatiza que a aprendizagem dos conteúdos escolares deverá contribuir para a ascensão social, conquista dos objetivos e do desenvolvimento de habilidades necessárias para competir no mercado de trabalho. Assim, para o professor 10, a vinculação da formação escolar com a preparação para o trabalho esvazia a proposta do regime de progressão continuada que está pautada no desenvolvimento do aluno e em suas potencialidades, aspectos que até poderiam favorecê-lo em uma possível competição, seja no mercado de trabalho, seja em um futuro processo de seleção.

No entanto, se a competição deve ser desconsiderada como um elemento estimulador do processo de ensino e aprendizagem no regime de progressão continuada, conforme evidenciou o professor 10, esta é fortalecida entre as escolas da rede estadual de ensino, em virtude da realização das avaliações do Saresp, que, desde 1996, têm promovido um monitoramento da qualidade de ensino no estado, com a verificação do desempenho escolar de alunos dos ensinos fundamental e médio.

Com o propósito de construir uma cultura da avaliação na rede de ensino, o Saresp torna-se um importante instrumento para a gestão educacional do governo do estado,[12] que optou, na década de 1990, por promover a modernização da rede por meio de um processo que envolveu a racionalização, desconcentração, descentralização e controle desta.

---

12 Ver estudo de Machado (2003) a respeito da utilização do Saresp como instrumento de gestão pelo governo Mário Covas/Geraldo Alckmin (1995- 2002).

O REGIME DE PROGRESSÃO CONTINUADA 187

O Saresp, visto como um elemento da gestão educacional e adotado pelo governo do estado desde 1996, é, no entanto, entendido de maneiras diferentes, segundo Bitar et al. (1998), pois, se de um lado sua finalidade seria promover uma reflexão sobre a qualidade de ensino, a fim de encontrar alternativas, transformar a prática pedagógica e redimensionar as políticas educacionais, por outro lado, ele também pode ser compreendido como um instrumento de controle. Sousa & Oliveira (2003), a esse respeito, compreendem que, ao se apresentarem como um mecanismo "propulsor da qualidade", práticas avaliativas de monitoramento, como o Saresp, contribuem para oferecer maior visibilidade e possibilidade de controle público sobre os produtos e resultados educacionais, principalmente por valorizarem a atribuição de méritos individuais à instituição, à classificação e à comparação, com base no desempenho obtido pela realização de uma avaliação externa.

Sobre esse assunto, o coordenador pedagógico da Escola Esperança destaca, em sua fala, a relevância de uma avaliação de monitoramento como o Saresp, para a unidade escolar, pelo fato de contribuir como um orientador do processo de aprendizagem e do trabalho pedagógico desenvolvido ali. No entanto, o modo como esse processo vem sendo realizado é contestado pelo coordenador, pois ele acredita que o nível de exigência das provas não tem permitido uma avaliação detalhada da realidade escolar, apesar de considerar satisfatória a classificação obtida pela Escola Esperança.[13]

O Saresp depende do nível que se pede. Eles fizeram sinal de ok para a Escola. Nós não achamos, tanto que a gente pediu nas reuniões de HTPC que os professores trabalhem um pouco mais, exijam mais, porque o que se pediu tá fácil, dentro do que eles podem oferecer. Então, eu não concordo com essa base que ele [Saresp] dá, eles tão fazendo pouco. [coordenador pedagógico, 41 anos]

---

13 Não tivemos acesso aos dados do Saresp e da classificação da Escola Esperança nesta avaliação entre os anos de 1998 e 2004, por esta razão, esses dados deixarão de ser apresentados no estudo.

188 DEBORA CRISTINA JEFFREY

Esse pedido de maior rigor na aferição dos conhecimentos dos alunos, feito pelo coordenador pedagógico da Escola Esperança, com relação às provas do Saresp, indica a tensão existente entre a avaliação contínua e a avaliação externa, a qual já foi destacada anteriormente por Barretto (2001), tem causado incertezas e ansiedades entre os professores, apesar de os discursos sobre o tema, os quais, segundo a autora, somente resvalam a realidade, procurarem enfatizar a necessidade de mudança das práticas escolares e do tratamento tradicional dado à avaliação no espaço escolar.

A tensão entre a avaliação contínua e externa analisada por Barretto (2001) pôde ser verificada, ao final do ano letivo de 2001, quando foram aplicadas as provas do Saresp com intuito de avaliar os ciclos. Porém, além de avaliar os ciclos, o Saresp 2001 foi utilizado pela SEE-SP como um indicador para a promoção dos alunos da 4ª e 8ª séries do ensino fundamental, segundo determinação da Resolução SE n.124/01, que, no Artigo 2º, indicava que:

As atividades a serem elaboradas sob a forma de prova específica e aplicadas [...], têm por objetivo aferir junto aos alunos as condições para a continuidade de seus estudos no Ciclo II ou no Ensino Médio, uma vez que seus resultados se constituirão em indicador essencial para a promoção do aluno. (Artigo 2º – Resolução SE n.124, de 13 de novembro de 2001)

Assim, a partir de uma prova de língua portuguesa e do resultado obtido nela pelo aluno, ao final do ciclo no ano letivo de 2001, seria determinada sua promoção ou retenção.[14] Diante desse fato, os dados da Tabela 10, referentes ao rendimento dos alunos da 8ª

---

14 De acordo com a Resolução SE n.124/01, o critério estabelecido para a aprovação seria atingir uma pontuação mínima: 14 pontos. Caso o aluno não conseguisse atingir a pontuação necessária, teria uma nova oportunidade com o encaminhamento para a Recuperação de Férias e a realização de uma nova avaliação; aqueles que obtivessem êxito eram promovidos à série seguinte, e os que não atingissem a pontuação necessária, ao final de janeiro, eram retidos, tendo de realizar a recuperação de ciclos no ano letivo de 2002.

O REGIME DE PROGRESSÃO CONTINUADA   189

série do ensino fundamental da Escola Esperança, entre 1998 e 2004, indicam que o ano letivo de 2001 foi atípico, ao apresentar um número maior de reprovações, principalmente após a Recuperação de Férias, período no qual os alunos com baixo desempenho na avaliação de novembro realizaram nova prova do Saresp.

Tabela 10 – Taxas de rendimento escolar (aprovação, reprovação e evasão) e Recuperação de Férias 8ª série do ensino fundamental (1998-2004) – Escola Esperança

8ª série	Matric.	Aprov.	%	Repr.	%	Evad.	%	Enc. Recup. Férias	%	Prom.	%	Retid.	%
1998	209	204	97,6	0	0,0	5	2,4	0	0,0	0	0,0	0	0,0
1999	188	181	96,3	0	0,0	7	3,7	0	0,0	0	0,0	0	0,0
2000	257	238	92,6	1	0,4	6	2,3	12	4,7	9	75,0	3	25,0
2001	240	215	89,6	5	2,1	1	0,4	19	7,9	6	31,6	13	68,4
2002	294	259	88,1	0	0,0	0	0,0	35	11,9	29	82,9	6	17,1
2003	250	247	98,8	3	1,2	0	0,0	***	***	***	***	***	***
2004	217	172	79,3	41	18,9	4	1,8	***	***	***	***	***	***

Fonte: Atas das Reuniões de Conselho de Classe/Série (de 1998 a 2004).

Em 2001, na 8ª série do ensino fundamental, houve cinco reprovações ao final do ano letivo, sendo encaminhados 19 alunos para a Recuperação de Férias. Após a realização de novas provas do Saresp, somente seis desses alunos obtiveram êxito, sendo promovidos para a série seguinte, enquanto 13 alunos permaneceram retidos, junto às turmas de recuperação de ciclo. Nota-se, portanto, que a aprovação ou reprovação dos alunos da 8ª série do ensino fundamental, particularmente no ano letivo de 2001, esteve condicionada ao êxito ou fracasso na prova do Saresp.

Deste modo, se no ano letivo de 2001 os alunos da 8ª série da Escola Esperança tiveram sua trajetória escolar definida por uma avaliação externa, em 2004, mesmo após a extinção da Recuperação de Férias e a reformulação dos propósitos do Saresp, que passou a verificar as habilidades de leitura e escrita dos alunos dos ensinos

190 DEBORA CRISTINA JEFFREY

fundamental e médio, o número de reprovações aumentou consideravelmente para 41 alunos, enquanto a evasão chegou a 4 alunos, de acordo com os dados da Tabela 10.

Portanto, os dados da Tabela 10 indicam que, embora tenha sido bastante enfatizado entre os professores entrevistados o fato de o regime de progressão continuada acabar com a reprovação, este sempre continuou existindo na Escola Esperança. O professor 9, em depoimento, apresentou alguns fatores que, em seu entender, vinham contribuindo para agravar os problemas de aprendizagem dos alunos, e que ao final do ciclo pareciam ser utilizados como justificativas para a reprovação dos alunos.

> Olha, do jeito que é no nosso estado, eu não sei até que ponto isso ajuda [regime de progressão continuada], porque até hoje as escolas não sabem trabalhar com esse projeto. [...] As escolas não estão preparadas para isso, é por isso que nós temos aí alunos de quarta série que não sabem escrever, que estão na oitava e não sabem escrever, e nem no terceiro colegial. Nós temos aqui nossos próprios alunos que chegaram de outros lugares sem saber escrever, sabe?". [professor 9 (Matemática/Química), 53 anos]

Entre os principais problemas apontados pelo professor 9, destacam-se o desconhecimento do regime de progressão continuada e a falta de preparação da escola para trabalhar nessa forma de organização, fatores que, em seu entendimento, estariam contribuindo para o fracasso do aluno, principalmente com relação à escrita.

No entanto, enquanto para o professor 9 o regime de progressão continuada contribuiu para o fracasso escolar dos alunos, o professor 8 não conseguiu, mesmo após sete anos de implementação da medida, apontar as contribuições positivas e negativas da proposta, apesar de considerar que esta, ao menos, possibilitou uma reflexão sobre a prática dos professores, especialmente para os efetivos.

> Não dá para se dizer que nada melhorou, mas também dizer que piorou. Me sinto completamente deficiente. É preciso esperar

O REGIME DE PROGRESSÃO CONTINUADA   191

um pouco mais. [...] Acho que ainda não aconteceram grandes mudanças em termos de aquisição para os alunos. Porém está sendo relevante, pois serviu para que alguns profissionais acomodados ficassem mais atentos em relação à sua prática, sobretudo os efetivos que se sentem os donos da verdade e, raramente, procuram melhorar sua forma de ensino. [professor 8 (Ciências), 55 anos]

Embora o professor 8 reconheça que o regime de progressão continuada tenha permitido uma reflexão sobre a prática pedagógica do corpo docente e que é preciso esperar mais um pouco para diminuir suas deficiências, para o professor 1 é o envolvimento de todos que poderá contribuir para a superação dos problemas vivenciados pela Escola Esperança, pois a proposta implementada é lei e deve ser seguida, sendo necessário criar mecanismos para a discussão das necessidades dos alunos, dos professores e até mesmo da unidade. Ele considera que:

Tudo é possível, como disse Fernando Pessoa! Tudo vale a pena, quando a alma não é pequena! Tudo é possível, mas tem que ter empenho de todos os lados, não pode ser só do professor, professor não pode ser um mártir, sabe, ele é que vai salvar o mundo, que não é assim, tem que ser uma coisa de todos, governo, família, aluno, professor, escola, todos. Tem que haver empenho de todos os lados, não só de cá. [professor 1 (Geografia), 33 anos]

O depoimento do professor 1 indica a necessidade da divisão de responsabilidades para que a proposta do regime de progressão continuada tenha condições de ser bem-sucedida na Escola Esperança, desmistificando a crença que a mudança nas práticas, nos rituais e no processo de ensino e aprendizagem, esperada com a implementação desta organização escolar, decorreria somente das ações dos professores. Deste modo, a fala do professor 1 apresenta o grande entrave ao desenvolvimento do trabalho pedagógico da Escola Esperança, a atuação conjunta e a atribuição de responsabilidades entre os docentes.

192 DEBORA CRISTINA JEFFREY

Apesar de a unidade ter realizado um trabalho diferenciado, no início da década de 1990, com o Projeto da Escola Padrão, havia diversos problemas anteriores à proposta do regime de progressão continuada, como: grande número de docentes contratados temporariamente, escassez de encontros pedagógicos, falta de conhecimento e divulgação dos objetivos educacionais.

Assim, o regime de progressão continuada somou-se como mais um elemento agravante, no entendimento dos docentes entrevistados, para dificultar a realização do trabalho pedagógico almejado pelos professores, colocando em questão principalmente o projeto social e de educação proposto pela escola.

4
O REGIME DE PROGRESSÃO CONTINUADA NA ESCOLA ESPERANÇA

O regime de progressão continuada, instituído pela Deliberação CEE n.09/97 na rede pública estadual de ensino, era compreendido pelo CEE-SP como uma estratégia inovadora que permitiria uma organização do ensino em ciclos, contribuindo para a universalização da educação, regularização do fluxo escolar e melhoria da qualidade de ensino, fatores norteadores da política educacional introduzida na rede, a partir de 1995. O intuito era o de proporcionar maior produtividade dos recursos públicos na área, segundo Neubauer (1999), por meio da racionalização, descentralização e avaliação do sistema.

Desta forma, para a SEE-SP (1998), o regime de progressão continuada tinha como objetivo alterar "radicalmente" o percurso e o progresso escolar dos alunos, de modo a reduzir os índices de repetência e evasão escolar, proporcionando uma economia de recursos considerável na rede de ensino.

Contudo, se o regime de progressão continuada apresentou um caráter inovador, ao propiciar uma mudança no processo de avaliação do rendimento escolar e na produtividade do sistema de ensino (Deliberação 09/97), para os professores da Escola Esperança essa

194 DEBORA CRISTINA JEFFREY

nova organização do ensino possuía conotações completamente diferentes da proposta apresentada pela SEE-SP.

> É mais um projeto, né? É mais um projeto político educacional da administração pública como qualquer outro, logicamente tem os seus objetivos, e tem buscado seguir as metas e os objetivos propostos por quem definiu o regime. [professor 8 (Ciências), 55 anos]

> É uma Deliberação em que o aluno passa de uma série para outra sem reprovar. Avalia-se a progressão de cada aluno, individualmente. [professor 7 (Matemática), 38 anos]

A partir do depoimento dos professores, observa-se que o significado do regime de progressão continuada ainda não foi bem compreendido pelo corpo docente, pois cada um realiza a interpretação de um aspecto da proposta, sem que haja um consenso a respeito da estratégia inovadora introduzida na rede, tanto que um dos entrevistados, mesmo após sete anos de sua implementação, revelou que continuava desconhecendo a proposta: "Eu não conheço o projeto, o que eu sei do projeto é a aplicação, porque eu trabalho numa escola que segue o regime" [professor 8 (Ciências), 55 anos].

O desconhecimento da proposta e dos fundamentos norteadores do regime de progressão continuada, relatado pelo professor 8, indica que este docente somente reconhecia os aspectos operacionais que envolvem a proposta, especialmente com relação à progressão do aluno.

Assim como o professor 8, o desconhecimento da medida e, principalmente, dos fundamentos que a sustentam, por outros profissionais na educação na rede estadual de ensino, a partir de 1998, de acordo com Barretto & Mitrulis (2001), proporcionou o estabelecimento de acusações por parte de parcela do professorado paulista. Para estes, o regime de progressão continuada foi uma medida contrária aos propósitos da educação, pelo fato de favorecer a prática da promoção automática.

O REGIME DE PROGRESSÃO CONTINUADA   195

A SEE-SP, no entanto, se defendeu das acusações de vários professores da rede, no informativo *Escola de Cara Nova: Planejamento 98*, ao declarar que o regime de progressão continuada não era uma proposta contrária aos propósitos da educação, apesar de reconhecer a manifestação de insatisfação com a instituição da medida por diversos profissionais da rede estadual, ao considerar que;

> há professores descontentes, afirmando que à SEE interessa apenas aprovar os alunos, independentemente de sua aprendizagem, fato que implica negligência para com o ato educativo e, evidentemente, desprestígio para aqueles que fazem dele ofício. Há também pais preocupados com uma suposta incongruência entre o apregoado por essa Pasta – envidar esforços substanciais para promover a qualidade de ensino – e o apoio dado à implementação da progressão continuada, entendida como ausência de mecanismos de incentivo para os estudos de seus filhos. Existem também alunos que se encontram confusos por não saber o que deles se espera no regime de ciclos. (SEE-SP, 1998, p.7)

Apesar de a SEE-SP defender a proposta, mesmo reconhecendo o descontentamento produzido na rede pela implementação do regime de progressão continuada, alguns professores da Escola Esperança, em seus depoimentos, destacaram o autoritarismo e a falta de condições para o trabalho inerentes à nova organização do ensino.

> Ele [o regime de progressão continuada] foi uma imposição. Primeiramente, o projeto foi colocado sem uma consulta a quem realmente trabalha no dia a dia com os projetos, então, foi algo que deixou de fora a opinião do professor, do docente [...]. [professor 3 (Geografia), 39 anos]

> Eu acho que quem teve esse trabalho, ele até expressou muito bem, só que não aplicou direito, tá? Porque pra ser uma progressão continuada, em primeiro lugar, tem que ter um respaldo junto

196 DEBORA CRISTINA JEFFREY

da direção, respaldo da coordenação, respaldo da educação em si, né? Tem que dar assistência pro professor, dar amparo para o professor, amparo para aquela criança, né? [professor 2 (Ciências), 49 anos]

As falas dos professores expressam duas problemáticas que, segundo suas percepções, dificultaram a aceitação do regime de progressão continuada: o autoritarismo do órgão central e a falta de preparação dos profissionais para atuarem com a proposta da progressão continuada. Fusari et al. (2001), ao analisarem pesquisa de opinião realizada pelo Sindicato dos Professores do Ensino Oficial do Estado de São Paulo (Apeoesp) com professores da rede de ensino sobre as reformas educacionais implementadas no estado de São Paulo, a partir de 1995, destacam tais problemáticas.

Evidenciam, mediante os resultados obtidos, que as inovações educacionais, tais como o regime de progressão continuada, introduzidas na rede pela SEE-SP, caracterizaram-se por um processo de implementação autoritária, pela valorização quantitativa dos resultados, principalmente com referência à aprovação e à falta de oferta de condições para o desenvolvimento de um trabalho pedagógico de qualidade.

Steinvascher (2003), ao analisar em seu estudo as manifestações dos sindicatos e associações de profissionais da educação da rede pública paulista sobre o regime de progressão continuada, evidencia que essa postura autoritária da SEE-SP, de fato, não permitiu a participação dos educadores e da comunidade escolar, limitando-se à comunicação de orientações via documentos.

O estudo destaca ainda que os sindicatos e as associações dos profissionais da rede paulista denunciaram essa situação por meio de artigos e ensaios publicados em seus meios de comunicação com os associados, de modo a tentar coibir o autoritarismo dos órgãos centrais.

Apesar da denúncia dos sindicatos e associações de profissionais da educação da rede pública paulista sobre a postura autoritária da SEE-SP no processo de implementação do regime de progressão

O REGIME DE PROGRESSÃO CONTINUADA 197

continuada nas escolas estaduais, na análise de Oliveira (1999, p.125), as resistências criadas, após a instituição da medida, foram neutralizadas pelo órgão central, pois a desarticulação docente dificultou a garantia de mobilização de "fortes recursos políticos" entre os grupos opositores, em virtude da fragilidade existente nas redes de debates educacionais no interior das escolas.

Na Escola Esperança, no ano letivo de 1998, o regime de progressão continuada foi bastante contestado, especialmente por retirar a autonomia docente para decidir sobre a aprovação e reprovação do aluno, sendo compreendido, inicialmente, como uma medida que colocaria em prática a promoção automática.

Apesar das resistências do corpo docente em aceitar a nova organização escolar, esta foi incorporada às rotinas do cotidiano escolar, sobretudo quanto à obrigatoriedade de registro do desempenho dos alunos pelos professores através das fichas avaliativas, à redefinição dos critérios adotados para determinar a aprovação ou reprovação dos alunos e ao desenvolvimento de medidas de apoio aos alunos com dificuldades de aprendizagem, com destaque para o projeto de reforço e recuperação.

No entanto, o predomínio de professores contratados temporariamente, a rotatividade docente e a ausência de condições materiais, para o coordenador pedagógico, são fatores que têm dificultado o trabalho pedagógico realizado na Escola Esperança, com repercussões na gestão da unidade, ao declarar que:

> Nosso grupo gestor [...] ficamos com um grande problema. O problema é que nós não temos professores pro acompanhamento à família, tudo isso é difícil, (...), porque os problemas deles [alunos] são coisas que eles estão trazendo desde o primário, das séries iniciais, falta base pra esses meninos, o problema tá lá no início, então, é difícil da gente solucionar esses problemas de lá. [coordenador pedagógico, 41 anos]

Outro aspecto apontado pelo professor 1 é o número de alunos por sala de aula, o qual, em sua opinião, dificulta a realização de

198 DEBORA CRISTINA JEFFREY

registros individuais do rendimento escolar dos alunos, inviabilizando o acompanhamento específico de cada um, prática esta apontada pela SEE-SP (1998; 2000) como essencial para o êxito do regime de progressão continuada no interior da escola.

> Em salas de quarenta, quarenta e oito alunos, é muito difícil pro professor fazer o registro de todo mundo, acompanhando todo mundo direitinho [...]. Eu entendo que deveria ser uma quantidade menor de alunos. Eu entendo assim porque são alunos que já trazem problemas de anos anteriores, e teria que ser uma quantidade menor para que o professor pudesse acompanhar melhor [...]. [professor 1 (Geografia), 33 anos]

Assim, o autoritarismo da SEE-SP, a rotatividade docente e a superlotação das salas de aula são fatores apresentados pelos professores como problemas operacionais, com repercussões no interior da Escola Esperança e na condução dos trabalhos, a partir da organização do regime de progressão continuada. Entretanto, os três fatores destacados podem ser compreendidos como desdobramentos da política educacional implementada na rede estadual, desde 1995, cuja principal preocupação era a racionalização do uso dos recursos públicos.

Oliveira (1999, p.124) aponta, em sua análise, que a política educacional adotada pela SEE-SP, entre os anos de 1995 e 2002 na rede estadual de ensino, passou por um processo de racionalização dos recursos públicos, de modo que o enxugamento do quadro de professores contratados reverteu-se na rotatividade docente, na superlotação das classes e no autoritarismo como elemento fundamental para a neutralização das resistências.

> As linhas gerais da política foram profundamente marcadas pelas preocupações políticas e teóricas de seus formuladores e as estratégias de articulação de apoios e neutralização de resistências foram razoavelmente eficientes para assegurar o controle sobre a agenda na sua implementação.

Apesar das preocupações políticas e teóricas, presentes na política educacional desenvolvida pela SEE-SP entre 1995 e 2002, elas não ofereceram uma estrutura organizacional à Escola Esperança capaz de favorecer, de acordo com o professor 10, o trabalho com o regime de progressão continuada. Para Oliveira, isso ocorreu por conta das falhas tanto no "treinamento" dos professores como em relação ao tempo de aula, que deveria ter sido ampliado, de modo a atender às especificidades dos alunos.

> Embora a gente saiba que hoje nem sempre os professores recebem um treinamento à parte, eles usam um material diferente, embora o regime de progressão continuada tenha falhas [...] então pra suprir algumas lacunas que realmente existem deveria ter um período maior de aula, não só aquele período normal, mas mais algum período [...]. [professor 10 (Português), 43 anos]

O aumento do período de aula pode ser evidenciado, na fala do professor 10, como uma preocupação quanto à necessidade de transformação do regime da escola em tempo integral, proposta esta expressa na LDB n.9394/96, Artigo 87, inciso 5º, que orienta a realização de todos os esforços das redes escolares públicas urbanas, de ensino fundamental, para a concretização desse ideal.

A falta de ampliação da jornada escolar, destacada pelo professor 10, ocasiona alguns problemas, como a impossibilidade de acompanhamento do aluno com dificuldades de aprendizagem ou não alfabetizado, o que, segundo o professor 6, pode levá-lo à indisciplina na sala regular.

> Muitos alunos chegam com problemas sérios de alfabetização, alguns não sabem ler, não sabem escrever, trocam "u" por um "t" ou "d", coisinhas bem básicas que você vê lá no comecinho da alfabetização, então, isso é um problema muito sério, um aluno desse não acompanha dentro da sala de aula. Então, aí eu vou ter que detectar um outro problema que vão ter, indisciplina, o aluno não acompanha, ele não faz mais nada, aí não presta atenção e só faz

200 DEBORA CRISTINA JEFFREY

bagunça. Você vai me dizer que ele não tá entendendo nada, porque ele já tem um problema de defasagem. [professor 6 (Português), 30 anos]

A fala do professor 6 exemplifica alguns dos problemas que os alunos trazem ao chegarem na 5ª série do ensino fundamental, demonstrando a responsabilidade da escola na resolução da questão, já que a autonomia pedagógica e administrativa conferida a ela pela SEE-SP inclui a definição do tratamento a ser dado aos conteúdos curriculares, aos métodos de ensino, ao uso adequado do tempo e espaço físico da unidade e ao gerenciamento dos recursos humanos e materiais recebidos (Neubauer, 1999, p.174).

Deste modo, o problema de "defasagem" do aluno, destacado pelo professor 6, torna-se uma questão de responsabilidade da própria Escola Esperança, incluindo o corpo docente e a coordenação pedagógica. Essa transferência de responsabilidade, que envolve uma mudança nos padrões de gestão, marcada pela descentralização, faz que a escola, por meio da concessão de uma autonomia pedagógica e administrativa, tenha de buscar, segundo Neubauer (1999), formas diversificadas de atuação, de modo a proporcionar a melhoria dos resultados educacionais.

Porém, a autonomia da escola, de acordo com Neubauer (ibidem, p.174), tem como contrapartida a responsabilidade e o compromisso dela, que são exigidos por meio do controle da SEE-SP, via avaliação, tanto dos resultados de aprendizagem dos alunos como das condições da unidade. Esse processo desencadeou uma pressão dos órgãos centrais sobre as escolas da rede estadual para que os objetivos educacionais propostos na política educacional, tais como a regularização do fluxo escolar, a garantia da universalização da educação e a melhoria dos indicadores de rendimento fossem conquistados a qualquer custo.

Para o professor 2, a pressão exercida pelos órgãos centrais contribuiu para a distorção da proposta do regime de progressão continuada, sendo interpretada como um processo de promoção automática, já que mecanismos reguladores foram criados pela

O REGIME DE PROGRESSÃO CONTINUADA 201

SEE-SP, de modo que o trabalho docente passasse a ser condicionado à necessidade da conquista de resultados positivos pela escola.

O pessoal interpretou tudo errado, então, a criança foi passando e veio pressão em cima também, né? Pressão dos de lá de cima pra escola, da escola para o coordenador, do coordenador para o professor. Aí veio o bônus, a cor da escola, tudo isso interferiu, porque os professores foram fazendo o que eles queriam, e, ao mesmo tempo, ninguém querendo se prejudicar pra não perder o pouco que ele tinha ganho. Se bem que eu acho isso uma porcaria, eles deviam ter aplicado isso em grana na nossa escola, certo? [professor 2 (Ciências), 49 anos]

Na percepção do professor 2, os professores não tiveram alternativa diante das pressões, a não ser "fazer o que eles queriam", a aplicação de medidas de incentivo aos profissionais da educação e escolas, como o bônus gestão e mérito, além da classificação das unidades por cores.

O *bônus gestão*[1] passou a ser concedido aos diretores regionais, supervisores, diretores e coordenadores pedagógicos, desde o ano de 2000, que tivessem o mínimo de 120 dias no exercício da função. A concessão do pagamento do bônus está vinculada à consideração dos seguintes indicadores: avaliação do desempenho profissional, realizada pelo controle da frequência durante o ano letivo; desempenho da escola, com destaque para os resultados do Saresp; índice de abandono, frequência e média da ausência dos professores. A partir da análise dos indicadores, são atribuídos pontos aos resultados obtidos, por meio de uma escala estabelecida pela SEE-SP, que se constitui no parâmetro para a definição do valor do bônus de cada um dos profissionais.[2]

---

1 O bônus gestão foi regulamentado pela Lei Complementar número 890, de 28 de dezembro de 2000.

2 Há também o bônus mérito, regulamentado pela Lei Complementar número 891, de 28 de dezembro de 2000, que se diferencia do *bônus gestão,* por ser concedido somente aos professores da rede de ensino, com pelo menos noventa dias no exercício da função.

202   DEBORA CRISTINA JEFFREY

Essas vantagens financeiras chamam atenção da professora 2, que, embora tenha defendido que os recursos utilizados para a concessão deste bônus poderiam ter sido utilizados em investimento na escola, reconheceu nesse procedimento uma forma de "manipular os professores", fazendo que eles acabem aceitando as regras impostas, sob risco de perderem os benefícios adquiridos.

Além do *bônus*, outra medida que apresentou uma grande repercussão na rede foi a classificação das escolas por cores, a partir dos resultados obtidos no Saresp 2000. As cores azul, verde, amarela, laranja e vermelha passaram a identificar o desempenho das escolas, sendo a cor azul concedida para as melhores, e a vermelha para as piores. Assim, nesse contexto de pressões e cobrança das obrigações, seja por meio das avaliações externas (Saresp), controle da eficiência ou da racionalidade da escola, seja via bônus, o regime de progressão continuada ainda é visto como uma proposta desvinculada da realidade escolar, como manifestou o professor 9.

Pelo fato de a progressão continuada não ter sido elaborada por pessoas, assim [...] que não estão vivenciando o dia a dia da escola, não estão dentro da sala de aula, você vê que tá com muitas coisas negativas, porque uma pessoa pra elaborar alguma coisa ela tem que conhecer, ela tem que tá dentro, ela tem que ter vivenciado [...]. [professor 9 (Química e Matemática), 53 anos]

O depoimento do professor 9 indica sua percepção da distância existente entre a proposta do regime de progressão continuada e a realidade escolar, pelo fato de compreender que os idealizadores da medida encontravam-se distantes da rede, o que os teria levado a promover mudanças em um contexto educativo com inúmeros problemas que precisavam ser prioritariamente solucionados. Assim, se para o professor 9 a proposta era desvinculada da realidade escolar, para o professor 3, o regime de progressão continuada apresentava somente um propósito: reduzir os índices de repetência na rede estadual de ensino.

O REGIME DE PROGRESSÃO CONTINUADA **203**

Posso concluir que esse regime veio adequar os alunos de acordo com a suas idades nas séries devidas. Uma forma de fazer com que os alunos não tenham um índice de repetência tão grande, como ocorria no passado [...]. [professor 3 (Geografia), 39 anos]

Deste modo, os professores 9 e 3 ressaltaram que o regime de progressão continuada, enquanto parte integrante da política educacional implementada na rede estadual de ensino, ao propiciar a entrada e permanência de um maior número de alunos no ensino fundamental, apresentou um modelo educacional que acabava cumprindo a função de regularizar o fluxo escolar, desconsiderando a realidade das escolas e seus problemas.

Na Escola Esperança, por exemplo, existem problemas na organização de um trabalho pedagógico coletivo, as estratégias de ação dos professores configuram-se a partir da iniciativa de cada docente ou coordenação pedagógica: não existem materiais pedagógicos para a realização de atividades diversificadas, somente televisão, videocassete, alguns computadores e laboratório, que nem sempre possuem os componentes necessários para os experimentos.

Diante dessa situação, o regime de progressão continuada foi implementado na Escola Esperança sem que tenham sido solucionados os problemas operacionais do corpo docente ou até mesmo os da estrutura física. Para a SEE-SP, essas questões deveriam ser resolvidas pela escola, pois, com a autonomia, seria possível reconfigurar a organização escolar, envolver a comunidade e ainda superar os problemas existentes, considerando, de acordo com Neubauer (2000), que o fracasso do aluno representaria o fracasso da escola em fazê-lo aprender.

O professor 1 resumiu, em sua fala, a frustração diante da transferência de responsabilidades para a escola, ao destacar que "A escola é uma heroína, pois tudo tem que realizar sozinha" [professor 1 (Geografia), 33 anos].

Os professores entrevistados reclamaram que a autonomia da escola, sem a aplicação de recursos, não é suficiente para garantir o trabalho com alunos heterogêneos e para capacitá-los no desenvol-

204 DEBORA CRISTINA JEFFREY

vimento de atividades diversificadas. Por isso, alguns esclareceram que o regime de progressão continuada, enquanto parte da política educacional, preocupa-se com dados estatísticos, deixando de lado o investimento na área pedagógica, fato destacado pelo professor 4, para quem "A proposta do regime de progressão continuada só melhorou a qualidade das estatísticas do governo" [professor 4 (História), 38 anos].

Durante a realização das entrevistas ou mesmo em conversas informais com outros docentes da Escola Esperança, observou-se que o regime de progressão continuada, apesar de apresentar um caráter inovador em sua proposta inicial, não conseguiu alterar a rotina da escola, sendo entendido como um elemento externo que, obrigatoriamente, foi aceito, mas que não possui praticamente influência no estabelecimento das diretrizes pedagógicas ou dos planos de ação da unidade.

As atividades de reforço e as trilhas de progressão

Para a SEE-SP (1998), o regime de progressão continuada é uma medida que alterou "radicalmente" o percurso escolar dos alunos, fazendo que a escola encontrasse maneiras diversificadas de ensinar, assegurando a aprendizagem de sua clientela e seu progresso intra e interciclos. Pedagogicamente, a proposta, segundo a SEE-SP (1998), deveria contribuir para a elevação da autoestima do aluno, a partir do reconhecimento de que toda criança é capaz de aprender, desde que sejam oferecidas as condições necessárias para fazê-lo, como: o respeito pelo ritmo de aprendizagem, estilo cognitivo, além de recursos essenciais para o desenvolvimento do conhecimento.

No entanto, para o professor 3, a concepção pedagógica que envolve o regime de progressão continuada nem sempre foi possível de ser constituída no interior da sala de aula.

Ao longo do ano, o aproveitamento, falando de aproveitamento e de rendimento, dá pra observar que você não consegue

O REGIME DE PROGRESSÃO CONTINUADA   205

fazer o que você espera. Então, o aluno também não consegue um aproveitamento maior, [...] até mesmo o aluno que, veja bem, ele é reprovado por insuficiência de nota, muitas das vezes, até por ausência, né, em sala de aula. Então, ele, o Estado, viu através da progressão uma forma do aluno burlar várias coisas como a questão do aproveitamento, do conteúdo, da realização das atividades que são desenvolvidas, não é? Parece que o regime de progressão continuada veio pra realmente fazer com que o aluno, ou que muitos alunos deixassem realmente de ter um rendimento bom em função das brechas que o projeto deixa. [professor 3 (Geografia), 39 anos]

As "brechas" que seriam deixadas pelo regime de progressão e que estariam facilitando a vida do aluno, apontadas pelo professor 3, evidenciam sua preocupação com questões pedagógicas como o aproveitamento do aluno, aproveitamento dos conteúdos e a realização das atividades pelos estudantes. Frehse (2001, p.140), em seu estudo etnográfico, compreende que a preocupação pedagógica dos docentes centra-se, principalmente, na realização das tarefas ou na ocupação do aluno no dia a dia escolar.

Ocupar-se significa fazer aquilo que foi ordenado. Entra em cena a questão da autoridade e da disciplina. Esta não é pautada pelo conhecimento que se transmite, [...] mas, sim, pelo fato de o aluno obedecer e fazer o que lhe foi solicitado.

O ritmo do aluno, nessa concepção, acaba sendo desvalorizado, e o regime de progressão continuada, ao contrário, introduziu essa problemática: o trabalho com a heterogeneidade dos alunos, independentemente do rendimento apresentado por estes ao longo do ano letivo. Deste modo, a facilitação do percurso escolar, retratada pelo professor 3, pode ser compreendida como uma estratégia que Freitas (2002, p.306) denomina de "trilhas de progressão continuada diferenciadas", capazes de alterar o "metabolismo escolar", ao reforçar práticas de "interiorização da exclusão".

206   DEBORA CRISTINA JEFFREY

As trilhas de progressão continuada, diferenciadas e constituídas no interior da Escola Esperança, podem ser observadas pelos diferentes encaminhamentos dos alunos com dificuldades de aprendizagem, medidas que dependem da avaliação do professor para a continuidade na sala de aula regular ou inclusão destes nos grupos de reforço, como descreveu o professor 6.

A princípio, a gente faz um levantamento junto com os professores nas salas de aula. Quais são os alunos que apresentam maiores dificuldades, quais são as dificuldades que eles apresentam e, a partir daí, junto com a coordenação, a gente monta os grupos, cada um com o seu trabalho específico. É assim em grupinhos, é assim que a gente vai formando, os grupos, a partir das dificuldades comuns entre eles, e sempre em trabalho conjunto com o professor em sala de aula, o que eles precisam que a professora de reforço esteja reforçando, né? O que a gente precisa estar trabalhando com eles, o que que é relevante trabalhar mais. [professor 6 (Português), 30 anos]

Apesar de o professor 6 ter apontado que o levantamento dos alunos era feito em conjunto com os docentes das classes regulares, este parece não ser um processo que ocorria facilmente na Escola Esperança em função de alguns aspectos que vinham dificultando tal processo, tais como: a troca constante de professores ao longo do ano letivo, a qual impede um acompanhamento dos avanços e problemas de aprendizagem apresentados pelos alunos; e o elevado número de alunos nas turmas regulares, que acaba por prejudicar a observação de todos os estudantes, em especial daqueles que necessitam de auxílio.

Outro aspecto que parece ter comprometido tanto o levantamento como a indicação de alunos para o reforço na Escola Esperança é a ausência de critérios comuns em que os docentes das diversas disciplinas pudessem se basear para recomendar a participação dos estudantes nesse projeto.

É possível observar que na Escola Esperança os critérios que orientavam as indicações dos alunos ao reforço continuavam sendo

O REGIME DE PROGRESSÃO CONTINUADA   **207**

estabelecidos por cada docente. No entanto, se não havia clareza quanto aos critérios de indicação dos alunos, o projeto reforço, na opinião do coordenador pedagógico, tinha ao menos um objetivo: "tentar trabalhar as dificuldades dos alunos".

Olha, o que a gente tenta, na questão do reforço, tenta trabalhar as dificuldades dos meninos, mas também não é fácil, porque os meninos, eles não têm único objetivo. Então, a frequência no reforço não é legal, os pais não encaram o reforço como o momento de estar completando essas ações. [coordenador pedagógico, 41 anos]

A baixa assiduidade dos alunos no reforço, apontada pelo coordenador pedagógico como um dos entraves do projeto na Escola Esperança, nem sempre foi resultado do desinteresse dos alunos ou do acompanhamento dos pais, mas também ocorreu por conta das condições existentes para que os estudantes pudessem acompanhar as aulas. A falta de transporte para levar ou trazer os alunos às aulas de reforço em horários alternativos aos das aulas regulares, pelo fato de morarem em bairros distantes à escola, pode também ter representado um dos fatores que prejudicaram a assiduidade e o acompanhamento de algumas turmas.

Porém, mesmo enfrentando esses problemas, as turmas de reforço, no ano letivo de 2004, foram constituídas por 13 grupos, especialmente de Português e Matemática. De acordo com o coordenador pedagógico, muitos alunos que chegavam à 5ª série do ensino fundamental não estavam alfabetizados.

Tem alunos nossos que ficam no reforço de português e matemática, tem ano que nós temos ciência também, então, onde tá o maior número de defasagem é onde a gente criou grupos de reforço. Nós tivemos 13 grupos de reforço no primeiro semestre [...]. A gente tá querendo fazer um de alfabetização. Esses alunos que estão chegando, [...] tem muita gente que não sabe escrever, eu não sei como chegou até agora, esse é o grande problema, porque tem o

208 DEBORA CRISTINA JEFFREY

aluno que chega na oitava série sem saber conversar. [coordenador pedagógico, 41 anos]

O reforço, de acordo com a fala do coordenador pedagógico, representa o principal mecanismo criado na Escola Esperança para o acompanhamento dos alunos com dificuldades, fato que não estava acontecendo nas classes regulares em virtude da superlotação e da necessidade de cumprimento da transmissão de todo o conteúdo curricular planejado, durante o ano letivo, independentemente do ritmo de cada um.

O professor 6 ressaltou a importância do Projeto, ao considerar que, durante essas aulas, além da oportunidade de trabalhar com turmas pequenas, o atendimento aos alunos podia ocorrer quase que individualmente, situação que era inversa nas classes regulares.

A gente trabalha com turmas pequenas, de no máximo vinte alunos. Assim, eu consigo dar uma atenção quase que individual, o que não acontece em sala de aula com turmas enormes, com aquele conteúdo todo de gramática a ser cumprido. Então, no reforço eu consigo dar uma atenção maior pra esse aluno. [professor 6 (Português), 30 anos]

As turmas pequenas no reforço, de acordo com o professor 6, facilitavam o trabalho com o aluno, mas as condições de funcionamento do Projeto na Escola Esperança não estavam permitido que muitos alunos o frequentassem, pois existiam somente quatro professores para ministrar essas aulas, gerando uma grande fila de espera, sendo, portanto, a procura maior que a demanda. Essa situação vinha fazendo que a passagem dos alunos pelo reforço ocorresse rapidamente, de acordo com o professor 6.

Eu tenho um aluno assim, avançaram ele muito, então não há por que manter um aluno desse no reforço segurando a vaga de outro que tá precisando, e como a turma é pequena não pode colocar muita gente, senão vira sala de aula, e aí muitos trazem todos

O REGIME DE PROGRESSÃO CONTINUADA **209**

os problemas pra gente, e não é isso, temos que trazer soluções e não problemas. Então, tem alunos que, nossa, deslancharam, [...] e tem aluno que ainda não podia, tá indo embora, as suas melhoras são ainda insignificantes em virtude de todos os probleminhas que ele apresenta, então esse vai continuar, ele continua de repente este ano, acaba a quinta série, ano que vem ele vai fazer de novo, quinta série, vai continuar no reforço, porque, sabe, cada um tem seu ritmo, eu não posso acelerar [...]. [professor 6 (Português), 30 anos]

Apesar de o trabalho com o reforço depender do ritmo do aluno, como retratou o professor 6, esse Projeto nem sempre é bem-visto pelos docentes. Frehse (2001, p.74), ao longo de seu estudo, constatou que muitos professores olham com desconfiança para o reforço, ao alegarem que este serve para "incutir responsabilidade nos alunos do que, propriamente, conhecimento", sem surtir efeito sobre a aprendizagem daqueles que apresentam problemas escolares.

Apesar das controvérsias existentes em relação ao reforço, para o professor 6 esse Projeto deveria ser entendido como um complemento do regime de progressão continuada, diante da impossibilidade de retenção do aluno por dificuldades escolares durante o ciclo.

Eu acho que ele tá complementando, porque a partir do momento que você não pode reter o aluno, ele tem dificuldades, mas ele tem que passar. Você tem que criar meios pra que ele, nas dificuldades dele, consiga progredir, como? Fazendo reforço, numa sala menor, com menos alunos, com aluno que tem o mesmo problema que ele. [...] Então, eu acho que o reforço serve muito pra complementar essa história de progressão continuada, [...] porque você tá criando mecanismos pra que ele aprenda escrever. [professor 6 (Português), 30 anos]

O reconhecimento do professor 6 de que o reforço é um "mecanismo" para auxiliar o aluno no desenvolvimento da escrita, indica que, entre os principais problemas de aprendizagem, encontrava-se

210 DEBORA CRISTINA JEFFREY

o processo de alfabetização. Por isso, o coordenador pedagógico da Escola Esperança empenhava-se na formação de uma classe de alfabetização, apesar das dificuldades encontradas.

> A grande complicação é que os nossos professores PEB II, eles não sabem alfabetizar, e a gente precisa de um professor PEB I, ele tem, sim, essa qualidade, mas eles não podem trabalhar aqui na escola. Então, pra gente é muito complicado, porque a gente tem que tá, assim, correndo atrás para saber quem entre os PEB II faz tudo isso, sabe alfabetizar, porque é muito difícil. Você conta, assim, com a doação do próprio professor. [coordenador pedagógico, 41 anos]

A utilização da expressão "você conta, assim, com a doação do próprio professor", pelo coordenador pedagógico, evidencia que o trabalho com o ritmo escolar de cada aluno depende do comprometimento e da responsabilidade de cada docente, mesmo que este não tenha uma formação apropriada, por exemplo, para alfabetizar, já que a SEE-SP não autoriza a contratação de professores especializados para desempenharem esta função. Assim, os depoimentos do professor 6 e do coordenador pedagógico indicam que as atividades de reforço realizadas na Escola Esperança dependiam somente das iniciativas dos docentes, pois não havia um projeto construído coletivamente e que orientasse tal iniciativa, mesmo que a SEE-SP, por meio de resoluções, exigisse a elaboração do mesmo.

A atuação docente

Os professores da Escola Esperança entrevistados se identificam como profissionais que necessitam de auxílio constante para realizarem sua prática pedagógica, sobretudo após a introdução do regime de progressão continuada. Eles culpabilizam a SEE-SP pela falta de apoio, subsídios e informações necessários ao trabalho com a proposta. Além disso, as condições existentes na Escola Espe-

O REGIME DE PROGRESSÃO CONTINUADA **211**

rança, como falta de materiais de apoio às diferentes disciplinas do currículo e número excessivo de alunos por professores, os quais, na maioria dos casos, chegam a lecionar para mais de cem alunos, são apontadas como fatores que desfavorecem o envolvimento dos docentes com novas possibilidades de avaliação e condução do ensino e aprendizagem, como destaca o depoimento do professor 3.

> Eu acredito que falta subsídio, faltam coisas básicas pro meu dia a dia de trabalho [...]. Eu acho que, se houvesse material adequado pra cada disciplina, eu acredito que o projeto poderia ser levado mais a sério [...]. [professor 3 (Geografia), 39 anos]

Para os professores entrevistados, as dificuldades em conduzir sua prática pedagógica mediante a introdução do regime de progressão continuada são reforçadas pela inexistência de cursos preparatórios, como especialização, apontada pelo professor 2, ou pela falta de tempo para realizá-los, aspecto ressaltado pelo professor 9, fatores estes que, durante suas falas, aparecem como condições que contribuem para reforçar as dúvidas existentes em relação à proposta na rede.

> Falta de informação e de grana pra poder investir no professor pra poder trabalhar com ele [...], dar curso de especialização pra pessoa poder trabalhar com alfabetização, por exemplo. [professor 2 (Ciências), 49 anos]

> Para a rede de ensino ainda existem dúvidas. Talvez pelo fato de que ainda não houve tempo para realmente preparar todos os profissionais envolvidos. [professor 9 (Química/Matemática), 53 anos]

Os depoimentos dos professores 2 e 9 culpabilizam a SEE-SP pela falta de preparação dos docentes e investimento neles para trabalharem, efetivamente, no regime de progressão continuada em sala de aula. Na opinião de ambos, o órgão central deveria assumir a responsabilidade da oferta de cursos preparatórios, contribuindo

212 DEBORA CRISTINA JEFFREY

para a constituição de práticas e metodologias condizentes com a proposta adotada.

No caso específico do professor 4, a preocupação com a capacitação docente supera, até mesmo, a questão da redução de carga horária em disciplinas como História, Geografia e Ciências, redução esta que, em sua opinião, comprometeria a qualidade de ensino, com a ampliação da carga horária de disciplinas como Matemática e Português, estabelecida pela Resolução n.4/98, que orienta as matrizes curriculares dos ensinos fundamental e médio, ao declarar que:

> A redução da carga horária de disciplinas como História, Geografia e Ciências fez com que a qualidade, realmente, caísse bastante, mas o que falta realmente nesse projeto é a capacitação dos professores como um todo. [professor 4 (História), 38 anos]

A SEE-SP, desde 1998, a fim de contestar as afirmações do corpo docente com relação à falta de preparação, tem justificado a existência e oferta de cursos de capacitação aos profissionais da educação com a realização do Programa de Educação Continuada (PEC), entre os anos de 1997 e 1998, e a Teia do Saber, a partir de 2003.

Brito (2001), ao analisar o PEC, a partir da coleta de dados de documentos oficiais da SEE-SP e de materiais produzidos por uma universidade privada responsável pela capacitação em uma região polo do estado de São Paulo, evidencia que:

a) nos cursos de formação promovidos pelo PEC, os professores tiveram carga horária menor que os diretores e coordenadores;

b) a temática da avaliação, central no regime de progressão continuada, além de pouco abordada, não foi retratada com a profundidade necessária;

c) o PEC enfatizou a formação da equipe de gestão escolar;

d) em função da abrangência da rede, o PEC organizou o grupo de professores por disciplinas, fazendo que os trabalhos estivessem desarticulados do coletivo de cada escola.

O REGIME DE PROGRESSÃO CONTINUADA   213

A partir do ano de 2003, a SEE-SP passou a desenvolver outro Projeto de educação continuada, denominado Teia do Saber,[3] com o propósito de atualizar os docentes da rede nas diversas áreas do conhecimento e oferecer subsídios teóricos e práticos para auxiliá--los nas situações do dia a dia escolar. O Projeto Teia do Saber é oferecido por universidades públicas e privadas e conta com suporte das Diretorias de Ensino. Porém, os professores e o coordenador entrevistados da Escola Esperança, até o ano letivo de 2004, não haviam participado dessas capacitações.

Apesar de os projetos de capacitação como o PEC e a Teia do Saber procurarem, no entendimento da SEE-SP, oferecer subsídios para o trabalho pedagógico realizado nas escolas, parece que não há uma preocupação com os saberes que poderão ser produzidos pelos profissionais da educação e suas implicações nas atividades escolares.

Particularmente, a respeito do regime de progressão continuada, Silva (2000), ao analisar os saberes docentes constituídos nessa forma de organização escolar, considera que, sem o domínio dos fundamentos da proposta, serão desenvolvidas dentro do sistema "maneiras novas de se trabalhar", com a criação de novos saberes que podem ser contraditórios ou mesmo ambivalentes em relação aos objetivos estabelecidos com a medida. Com relação aos professores da Escola Esperança entrevistados, a criação de novos saberes e maneiras de trabalhar, de acordo com seus depoimentos, estão relacionados com o perfil, interesses e características dos alunos atendidos.

O perfil, interesse e característica dos alunos, apontados pelos professores entrevistados, restringem-se ao tipo de comportamento que os grupos apresentam, sendo estes rotulados pelo fato de serem ou não desinteressados e indisciplinados. Para o professor 1, além do desinteresse e da indisciplina, aspectos que atrapalham a condição de seu trabalho pedagógico em sala de aula, a facilitação dos

---

3 Para mais informações, consultar o site da SEE-SP: <http://www.educação. sp.gov.br>.

214   DEBORA CRISTINA JEFFREY

estudos para os estudantes com o regime de progressão continuada, que, em seu entendimento, eliminou a reprovação, tem contribuído para que estes desvalorizem a escola, as atividades e os professores como pessoas.

> Fica ruim pro professor, atrapalha pra todo mundo porque o aluno às vezes passa sem saber nada, ele fica no reforço, mas nem sempre ele leva a sério mesmo, ele vai mais pra passear, às vezes, porque os pais exigem, [...] porque tudo o que a gente tem fácil não valoriza. Em relação à educação não é diferente o que vem fácil demais, não valoriza nada, da escola às atividades. Os próprios professores se sentem desvalorizados, não em termos diretos, mas como profissional mesmo, e, muitas vezes, até como pessoas mesmo [...]. [professor 1 (Geografia), 33 anos]

A perda de autonomia docente para o estabelecimento de uma avaliação que pudesse estimular o aluno a estudar e, consequentemente, obter aprovação ao final do ano, é um fator que Arcas (2003) também constatou em seu estudo de caso, durante entrevista com professores da rede estadual que apontavam a mesma preocupação expressa pelo professor 1, com relação à desmotivação dos alunos aos estudos e ao favorecimento da aprovação de muitos, sem a efetiva aprendizagem do que havia sido ensinado. Para o professor 8, essa situação pode estar desenvolvendo um "vazio de conteúdo", por conta da falta de comprometimento das famílias e dos professores no estímulo à aprendizagem e ao empenho dos alunos.

> O regime de progressão continuada se, por um lado, eliminou esse medo da reprovação, por outro lado, impactou muito na inobservância por causa da idade [...] do adolescente, porque, se não houver um empenho maior da família e da escola, essa promoção sem exigência maior, em passar o aluno por aquela aprovação, né, tradicional, ela pode nos levar a um vazio de conteúdo da parte do aluno se houver um descuido dos pais e professores. [professor 8 (Ciências), 55 anos]

O REGIME DE PROGRESSÃO CONTINUADA   215

A preocupação do professor 8 com o "vazio de conteúdo" resultante da falta de empenho de pais e escola na motivação dos estudos dos alunos indica que, em sua percepção, o aspecto motivacional deve continuar a ser algo externo ao ritmo de cada um. Silva (2000), a esse respeito, constata, em seu estudo de caso, que para os professores a diminuição das exigências de aprendizagem dos conteúdos específicos no processo de escolarização estaria formando alunos sem os pré-requisitos necessários ao domínio de conteúdo. Para Barretto & Mitrulis (2001), a visão de muitos professores, pais e alguns alunos, de que teria havido uma redução das exigências de aprendizagem, a partir da proposta de ciclos, pode ser justificada pela vivência em uma escola seriada, onde a motivação dos estudos era influenciada pela nota, competição e pelo medo da reprovação, sendo inviável conceber um processo de ensino-aprendizagem vinculado aos interesses e às necessidades dos indivíduos, o que fundamenta a proposta de progressão continuada.

No entanto, apesar da vivência escolar em uma organização seriada, o regime de progressão continuada, para alguns professores entrevistados, é compreendido de maneira contraditória, representando, ao mesmo tempo, uma medida inovadora e também responsável pela desqualificação do ensino, aspecto expresso pelos docentes 9 e 5.

A proposta em si é maravilhosa, a questão é puramente quando se trata da prática. [professor 9 (Química/Matemática), 53 anos]

A falta de conhecimento profundo do regime de progressão continuada desqualificou o ensino. [professor 5 (Matemática), 40 anos]

A visão dos professores 9 e 5 a respeito do desafio de colocar em prática o regime de progressão continuada no cotidiano escolar, diante do risco de a medida desqualificar o ensino, indica a insegurança desses docentes com relação ao estabelecimento de novas práticas avaliativas e de ensino.

Magalhães (1999), a esse respeito, ao retratar a prática avaliativa de uma professora do ciclo I da rede estadual de ensino, evidencia que a docente analisada apresentava vários conflitos entre seu trabalho pedagógico e o regime de progressão continuada, principalmente com relação à perda de controle do processo avaliativo e à definição da aprovação ou reprovação do aluno, mediante seu êxito ou fracasso nas provas finais. Esse fato, segundo Magalhães (1999), contribuiu para que a indisciplina aumentasse e o controle da turma, por meio da coerção por nota, deixasse de ser algo significativo para os alunos.

Freitas (2002, p.318), nesse sentido, reconhece a gravidade do problema destacado por Magalhães (op. cit.), por compreender que a mudança na concepção de avaliação tem feito que os professores percam, de fato, o controle sobre o resultado de seu trabalho, produzindo, assim, "efeitos motivacionais desastrosos sobre ele". Isso porque a proposta de ciclos, incluindo aí a progressão continuada, além de não eliminar a avaliação (formal e informal), redefine seu papel e autoria, fazendo que esta seja associada com ações complementares como a recuperação paralela.

O professor 3, em depoimento, demonstrou compreender a necessidade de redefinição da prática avaliativa na perspectiva do regime de progressão continuada, ao apontar que a prova, em sua opinião, deveria ser substituída pela produção diária do aluno, e a nota, atribuída de acordo com seu desempenho ao longo do bimestre.

O que pede o regime de progressão continuada é que a avaliação do aluno seja uma avaliação contínua, diária, então, nesse sentido, eu acho interessante porque eu sei que tem muitos professores que tinham aquela ideia ainda tradicional de avaliação, só avalia o aluno no dia da prova, isso e aquilo, não é? E passava sem enxergar outras qualidades no aluno, você entendeu? [...] Então, o aluno sabe que a nota dele vai depender do empenho dele, né? Do desempenho no decorrer do bimestre, você entendeu? Então, muitos custam a perceber isso. Daí, eu converso com ele e tudo mais, e explico que o dia a dia dele é que vai pesar [...]. [professor 3 (Geografia), 39 anos]

O REGIME DE PROGRESSÃO CONTINUADA **217**

A vinculação da nota ao empenho na realização das tarefas diárias, presente no depoimento do professor 3, aponta que os critérios de avaliação baseiam-se no comportamento e cumprimento das atividades em sala de aula pelos alunos. A esse respeito, Freitas (2003a, p.45) compreende que a valorização desse tipo de critério caracteriza-se por um plano informal da avaliação, por se referir aos juízos de valores construídos nas interações do cotidiano escolar. Ele considera que:

> A parte mais dramática e relevante da avaliação se localiza aí, nos subterrâneos onde os juízos de valor ocorrem. [...] Esse jogo de representações vai construindo imagens e autoimagens que terminam interagindo com as decisões metodológicas do professor. [...] Aqui começa a ser jogado o destino dos alunos, para o sucesso ou fracasso. As estratégias de trabalho do professor em sala de aula ficam permeadas por tais juízos e determinam, consciente ou inconscientemente, o investimento que o professor fará nesse ou naquele aluno.

O plano informal da avaliação baseado no juízo de valores também é analisado por Bertagna (2003), em estudo de caso em uma escola pública, ao evidenciar que os professores, ao abandonarem a prática de provas ou realizarem sua aplicação somente para cumprir um ritual, após o estabelecimento do regime de progressão continuada, fundamentam a avaliação apenas nos julgamentos e juízos construídos no dia a dia escolar, transformando as avaliações informais em notas, de modo a representar o rendimento do aluno.

A dificuldade de redefinição do papel da avaliação e de sua autoria pelos professores (Freitas, 2002b), levando-os, em diversas situações do cotidiano escolar, à execução de uma prática avaliativa estabelecida no plano informal, de acordo com o depoimento do professor 3, também é reforçada pela necessidade de atender às pressões e aos anseios de algumas famílias, que não compreendem a nova organização escolar, desejando, portanto, a continuidade da

218   DEBORA CRISTINA JEFFREY

lógica seriada, que propiciava uma maior exigência aos estudos de seus filhos.

> a nossa preocupação não é com os critérios de avaliação, a nossa preocupação maior é com a expectativa do aluno, o impacto que causa isso na família, porque nós temos muitos pais que não entenderam muito bem, antes de se informarem melhor reclamam, né, e não querem que seus filhos sejam promovidos, digamos assim, sem o fantasma da retenção. [professor 3 (Geografia), 39 anos]

A preocupação com a expectativa do aluno e a cobrança de várias famílias em relação à avaliação e sua finalidade, apontadas pelo professor 3, contradizem o olhar do professor 8, com relação ao papel dos familiares no acompanhamento do desempenho e no estímulo de seus filhos aos estudos.

> Tá faltando uma maior estimulação da família pelo próprio sistema escolar, pra que a família entenda o que está acontecendo, [...] nós não temos uma cultura de família na escola. A nossa cultura é de família alheia ao processo pedagógico, nós temos um número ainda pequeno de famílias participativas no trabalho escolar daqui, e isso faz com que a gente leve mais tempo pra se aproximar das famílias e absorver melhor esse grande impacto que está causando que é a ausência de uma exigência maior da parte do aluno [...]. Teria que, por uma maior estimulação, nós teríamos que preparar novos critérios de estimulação para incentivar o aluno a buscar o conhecimento, naturalmente. E aqui um dos objetivos deve ser justamente este, desenvolver as potencialidades do aluno nas tarefas". [professor 8 (Ciências), 55 anos]

O depoimento do professor 8 aponta o reconhecimento deste de que o estímulo da família para apoiar o aluno nas tarefas escolares, exigindo maior empenho dos filhos, é um aspecto que se encontra falho, sendo, portanto, um dever do professor estabelecer novos critérios que favoreçam a dedicação dos alunos, particularmente na

O REGIME DE PROGRESSÃO CONTINUADA 219

realização de tarefas. Ao valorizar a realização das tarefas, o professor 8 limita a dimensão do trabalho pedagógico com os alunos, que precisam se preocupar com o cumprimento das atividades propostas e não com sua própria aprendizagem.

Pavan (1998), ao analisar o sucesso escolar de alunos de uma escola pública localizada na periferia do município de Jundiaí-SP, já indicava a existência da crença de alguns professores de que a presença dos familiares no espaço escolar seria determinante para o êxito do aluno, juntamente com a oferta de condições adequadas para o estudo domiciliar, a disciplina rígida dos pais e, principalmente, o bom comportamento dos filhos.

Para o professor 1, no entanto, a estrutura familiar dos alunos da Escola Esperança é algo crítico, que se reflete na falta de estímulo do aluno.

É crítico o papel da família na vida do aluno e cabe aos agentes que somos nós superar esse fator crítico, né? Porque isso que nós temos, do aluno se sentir desestimulado por causa da não exigência maior de empenho dele pela família, é reflexo da estrutura da família. Todo aluno com melhor estrutura familiar, logicamente, que vai muito melhor nesse novo sistema; os alunos cuja estrutura familiar já deixa a desejar, incluindo os casos graves de degradação da estrutura familiar, o risco é maior, porque a escola, ela oferece o seu produto, que é o seu estabelecimento e uma relação pedagógica, professor, aluno. Porém, tá faltando ainda um componente que seria a família se aproximar mais da escola. Nesse aspecto vai levar muito mais tempo pra que esse impacto seja absorvido pelo sistema. [professor 1 (Português), 33 anos]

Na percepção do professor 1, a família deve ser analisada a partir do tipo de estrutura que possui, relacionando o aproveitamento dos estudos pelos alunos com o nível de degradação familiar que vivenciam e desconsiderando, por outro lado, os diferentes tipos de arranjo que possuem, problemas de ordem social e econômica, relações de poder e gênero existentes em cada uma delas.

220 DEBORA CRISTINA JEFFREY

Carvalho (2004), ao destacar a relação entre família e escola,[4] compreende que esta ligação pressupõe o desejo de construir, particularmente, na escola pública, uma continuidade cultural e a identidade de propósitos entre esses dois agentes. No entanto, ainda de acordo com Carvalho (ibidem, p.44), a solicitação dos professores, da presença dos pais na escola pública, poderá ocorrer por duas razões: a) quando se sentem frustrados e impotentes diante das dificuldades de aprendizagem e/ou de comportamento com as quais não conseguem lidar; b) quando são culpabilizados, implícita ou explicitamente, pelas autoridades escolares, mídia ou pelos próprios pais e mães, pela deficiência do ensino e fracasso escolar.

Deste modo, com base na análise de Carvalho, pode-se compreender que os professores 8 e 1, ao destacarem a necessidade de participação da família na escola e no acompanhamento das tarefas escolares de seus filhos, apontam, indiretamente, suas inquietações diante de possíveis problemas com a indisciplina e pressão da própria SEE-SP, que, em documentos como o *Planejamento 2000*, reforça a responsabilidade docente no sucesso e aprendizagem do aluno, com o estabelecimento do regime de progressão continuada.

Segundo se depreendeu dos depoimentos, o regime de progressão continuada para os professores da Escola Esperança entrevistados é uma medida que gera insegurança aos profissionais da unidade escolar. Isso porque, mesmo após sete anos de sua implementação, eles revelam dúvidas com relação à proposta e às possibilidades que a medida pode oferecer à prática pedagógica e avaliativa, em função da falta de capacitação e a ausência de materiais específicos, por parte da SEE-SP, que propiciem o desenvolvimento de diferentes metodologias.

---

4 Carvalho (2004, p.42) atenta para o fato de que, quando os pais são convocados a participarem da educação de seus filhos, nem sempre são consideradas: as relações de poder no espaço escolar e familiar; a diversidade de arranjos familiares; as desvantagens materiais e culturais das famílias; as relações de gênero que estruturam as relações; e a divisão de trabalho em casa e na escola.

O REGIME DE PROGRESSÃO CONTINUADA 221

A autoridade docente e o trabalho pedagógico realizado

As representações, dos professores da Escola Esperança entrevistados, sobre o regime de progressão continuada e o trabalho pedagógico realizado na unidade focalizam, principalmente, as implicações da medida e os encaminhamentos adotados na unidade após sua implementação.

Entre os principais fatores destacados pelos docentes entrevistados, estão: a dificuldade de os professores exercerem a autoridade tanto em sala de aula como também nas instâncias deliberativas, especialmente no Conselho de Classe e Série; o estabelecimento de critérios e definição do número de atividades necessárias para avaliar o aluno; o exercício das práticas avaliativas; o questionamento do mérito do aluno diante de seu esforço e dedicação; e a ausência do estímulo da família do estudante a respeito da importância de sua aprendizagem e dos conteúdos escolares.

A autoridade docente para julgar e estabelecer a aprovação ou reprovação do aluno, prática realizada até a implementação do regime de progressão continuada na rede, foi uma das questões mais enfatizadas pelos professores durante as entrevistas. Eles apontaram que essa mudança trouxe inúmeros desdobramentos para o interior da sala de aula, como o aumento da indisciplina e a falta de interesse dos alunos em seus estudos, em virtude da retirada do poder de decisão do corpo docente sobre o destino dos alunos, ao final do ano letivo, como destacou o professor 3, em seu depoimento.

A questão que mais deixou a desejar é realmente você ficar com as mãos atadas no momento em que você tem que decidir se esse aluno deve ser aprovado, se não deve, você entendeu? [...] O regime de progressão continuada não permite que o professor realmente faça valer a sua opinião, a sua decisão. Até mesmo o conselho soberano, ele perdeu essa força de decidir a vida do aluno, então, o regime de progressão continuada passa por cima de uma ordem maior. [professor 3 (Geografia), 39 anos]

222 DEBORA CRISTINA JEFFREY

O depoimento do professor 3 aponta a dificuldade do docente para realizar uma avaliação do aluno que se configure não em ações e julgamentos isolados dos professores, como acontecia no regime seriado, mas no acompanhamento do progresso do estudante, ao longo do ano letivo, por meio da troca de informações com relação ao avanço e identificação de eventuais problemas de aprendizagem na turma, durante as reuniões do Conselho de Classe/Série ou HTPC.

Outro aspecto considerado pelo professor 3, no trecho acima apresentado, é o papel dos docentes no Conselho de Classe/Série. Ele enfatiza que as decisões, com relação à punição ou à oferta de oportunidade ao aluno indisciplinado ou com baixo rendimento escolar, deveriam ser realizadas individualmente, por compreender que a função dessa instância deliberativa seria definir o destino do discente, a partir das orientações de cada professor, sem que o coletivo prevaleça, contrariando, assim, a possibilidade de discussão e encaminhamentos necessários à resolução dos problemas de aprendizagem dos alunos.

O professor 7 também questiona o papel atribuído ao Conselho de Classe/Série e a perda do caráter punitivo, ao demonstrar em seu depoimento um inconformismo diante da ampliação das oportunidades educacionais conferidas aos alunos, após a implementação do regime de progressão continuada na Escola Esperança, independentemente do nível de esforço e empenho realizados, ao longo de todo o ano letivo.

O conselho não tem voz ativa, quer dizer, o que adianta você fazer uma reflexão, fazer um debate sobre, você procura todas as formas pra poder melhorar a qualidade, o aproveitamento do conteúdo, a participação desse aluno, e você não consegue atingir porque há uma recusa do próprio aluno, você entendeu? E chega no final do ano ele tem a mesma chance que outro teve ao ser aprovado. Porque essa é a própria lógica da progressão continuada. [professor 7 (Matemática), 38 anos]

O REGIME DE PROGRESSÃO CONTINUADA **223**

O professor 7, em seu depoimento, ao denunciar a falta de voz ativa do Conselho de Classe/Série, indica a valorização da punição exercida por este órgão deliberativo, durante o regime seriado. Segundo as *Normas regimentais para as escolas estaduais*, aprovadas pela CEE-SP em 1998 e publicadas no anexo ao Parecer 67/98, as novas atribuições do Conselho, de acordo com o Artigo 20, envolvem a possibilidade de inter-relação entre os profissionais e alunos dos diferentes turnos, turmas e séries (Inciso I); o favorecimento do debate permanente sobre o processo de ensino e de aprendizagem (Inciso II); a contribuição à integração e sequência dos conteúdos curriculares de cada classe/série (Inciso III); e a orientação do progresso de gestão do ensino (Inciso IV).

As novas atribuições do Conselho de Classe/Série, as quais, segundo o Artigo 21 das *Normas regimentais para as escolas estaduais*, devem ser compostas por professores e alunos, são desconhecidas pelo professor 7, que não tinha conhecimento nem de que esta instância deliberativa também fosse constituída por alunos. Além disso, a argumentação apresentada pelo professor 7, a respeito do aproveitamento dos estudantes, transfere para o aluno a responsabilidade de sua própria aprendizagem, por entender que ele deveria valorizar o esforço realizado pelo docente para melhorar a qualidade das aulas, as formas de aproveitamento e participação da turma, por meio da adequação do trabalho à proposta da progressão continuada.

Contudo, além da falta de valorização, pelos alunos, de seu trabalho e empenho, na opinião do professor 7, o regime de progressão continuada deixa de exigir do aluno o esforço necessário para sua aprovação, a qual, anteriormente, estava condicionada ao cumprimento das tarefas escolares e ao bom rendimento nas avaliações finais. E isso se dá pelo fato de o regime de progressão proporcionar a continuidade dos estudos na série seguinte de alunos cujo aproveitamento escolar não tenha sido satisfatório ao longo do ano letivo.

Às vezes dá uma certa revolta em alguns alunos que batalham, que desenvolvem um bom trabalho e que veem no final do ano

224 DEBORA CRISTINA JEFFREY

aquele que não fez nada ter também a sua aprovação. Então, esse é um fator muito negativo, é lógico que não deveria continuar como era antes, um número muito grande, até excessivo de repetência. [professor 2 (Ciências), 49 anos]

Apesar de reconhecer que a repetência deve ser combatida, o professor 2 acredita que a possibilidade de aprovação do aluno, independentemente de sua produção durante o ano letivo, é um fator negativo que o regime de progressão continuada introduziu na Escola Esperança.

Para ele, a aprovação deve ser concedida ao bom aluno, ou seja, aquele que cumpre as tarefas, tem boas notas e está sempre disposto a aprender tudo o que lhe foi apresentado. Porém, durante a entrevista, o professor 2 não apresentou nenhuma sugestão sobre o tipo de trabalho pedagógico que deveria ser realizado com os alunos que apresentam dificuldades ou requerem um acompanhamento específico nas aulas, remetendo ao próprio aluno o desafio de solucionar seus problemas de aprendizagem.

O depoimento do professor 2, por outro lado, indica que o êxito do aluno deve ser avaliado pelos méritos de seu esforço e dedicação, fatores que caracterizam e fundamentam um modelo de escola liberal. Nesse sentido, Porto (1987, p.39) afirma que:

depende de cada um o interesse e o esforço necessários para aprender. Como todos são colocados em iguais condições de aprendizagem e devem ser tratados igualmente, as possibilidades de êxito ou os eventuais fracassos devem ser imputados a cada um particularmente. Garante-se, pois, a justiça social e o reconhecimento do mérito e do esforço de cada um; e a escola, por sua vez, configura-se como uma instituição neutra a serviço de toda a coletividade.

Em seu depoimento, o professor 6 também reforça a ideia de que o regime de progressão continuada contribui para o desinteresse e diminuição do esforço necessário para a aprendizagem do aluno, protegendo-o ao afirmar que:

O REGIME DE PROGRESSÃO CONTINUADA   225

Com o regime de progressão continuada, o aluno se sentiu totalmente protegido, né? Aquele que diz eu não faço fica por isso mesmo, você entendeu? Então, tiraram uma coisa do aluno que o chama pra responsabilidade, pro compromisso, por isso acho o regime de progressão continuada uma coisa muito negativa pro aluno, você entendeu? [professor 6 (Português), 30 anos]

Na fala acima, o professor 6 destaca o poder que a avaliação classificatória pode exercer no processo de ensino e aprendizagem, ao considerar que essa prática avaliativa sempre foi responsável para chamar o aluno à "responsabilidade" e ao "compromisso". Deste modo, pode-se observar, diante das colocações do professor 6, sua resistência com relação à aceitação de uma nova prática avaliativa, a qual, nos termos de Sousa (1986, p.196), envolve a análise, reformulação e redimensionamento do trabalho desenvolvido, pois, para esse docente, a avaliação classificatória continua representando a base motivadora para o processo de ensino e aprendizagem.

As representações dos professores 2 e 6, expressas nos depoimentos destacados, sobre o papel da avaliação no processo de ensino e aprendizagem, ao valorizarem o mérito do aluno por seu esforço pessoal e a função classificatória da avaliação, demonstram a desarticulação existente para esses docentes entre o discurso da avaliação apresentado na proposta do regime de progressão continuada e a ação realizada em sala de aula.

Esse fato foi constatado por Magalhães (1999, p.239), durante o desenvolvimento de um estudo de caso envolvendo uma professora das séries iniciais, ao evidenciar que o discurso da avaliação "pode ter assumido uma roupagem diferente, mas a prática não mudou porque não havia articulação entre esse discurso e ação".

O distanciamento entre o discurso e a ação de uma prática avaliativa, de caráter diagnóstico e classificatório, verificado por Magalhães (1999), também foi reconhecido pelo coordenador pedagógico em seu depoimento.

Eu acho que os professores, até hoje, não conseguem lidar bem com o regime de progressão continuada, porque as dificuldades do aluno, elas não são realmente trabalhadas. [...] Porque o que é que acontece [...] A gente tem que estar trabalhando para que os alunos possam estar crescendo dia a dia, porque o que ele não consegue este ano ele pode conseguir o ano que vem, e vai em frente, mas, infelizmente, muitos ainda não perceberam isso [...]. [coordenador pedagógico, 41 anos]

O depoimento do coordenador pedagógico da Escola Esperança indica o reconhecimento de um problema existente entre vários professores: o trabalho com as dificuldades dos alunos. Este fato evidencia que a percepção de alguns docentes entrevistados em relação ao aluno, suas atribuições e o papel da escola, ainda é bastante conservadora, com predomínio de práticas educativas que valorizam o esforço pessoal, o mérito, a reprodução dos conhecimentos, a partir da manutenção da ordem, disciplina e obediência (Porto, 1987, p.39), contrariando, assim, a lógica do regime de progressão continuada, que prioriza a aprendizagem progressiva e a ampliação das oportunidades educacionais (SEE-SP, 1998, 2000).

De acordo com o coordenador pedagógico, o problema do trabalho com as dificuldades dos alunos, por parte de vários professores, é decorrente dessa percepção e da continuidade de uma prática avaliativa, baseada na classificação e seleção dos alunos. Em sua opinião, a alteração nesse processo depende de uma mudança de mentalidade do corpo docente, principalmente com relação à utilização dos instrumentos de avaliação, ao reconhecer que:

Você pode ter um método de avaliação, sistema de avaliação, um instrumento de avaliação, ele vai ser usado com os alunos de maneira diferenciada neste novo sistema. Você não vai poder querer que todos os alunos da sua sala respondam da mesma maneira, você não pode ter um único instrumento. [coordenador pedagógico, 41 anos]

A diversidade dos instrumentos de avaliação, apontada pelo coordenador pedagógico, tem a finalidade de favorecer um diag-

O REGIME DE PROGRESSÃO CONTINUADA **227**

nóstico mais preciso das dificuldades e dos avanços na aprendizagem dos alunos. Para Sousa & Alavarse (2003, p.90), esses aspectos devem ser definidos e estabelecidos sempre a partir do compromisso apresentado no projeto educativo da escola, pois:

não basta que aprimoremos os procedimentos e técnicas para a sua execução de modo divorciado da análise dos pressupostos que a informam e de suas consequências sociopolíticas. A avaliação não é um processo meramente técnico; ela expressa uma postura política e implica valores e princípios, refletindo uma concepção de sociedade, de educação e de escola.

Contrariamente às colocações realizadas por Sousa & Alavarse (ibidem), a avaliação, para os professores entrevistados, tende a ser tratada como uma questão técnica, sem que sejam problematizados seus pressupostos políticos, valores, princípios, concepções de sociedade, educação e escola. O professor 1 exemplifica esse aspecto em seu depoimento.

O que eu percebi é que, depois que a progressão continuada começou, o aluno se acomoda muito quando ele sabe que tem uma data estipulada para ser avaliado. E ele sendo avaliado dia a dia, caderno, atividades, trabalhos coletivos, individuais, trabalho individual, comportamento, participação, então, com um conjunto de fatores permite que o professor avalie de forma mais global o aluno. Então você acaba percebendo algumas qualidades, que uma avaliação não poderia, não permitiria avaliar. [professor 1 (Geografia), 33 anos]

A valorização da diversidade de instrumentos de avaliação pelo professor 1, em sua opinião, favorece a avaliação global do aluno e a percepção de suas qualidades, com relação ao desenvolvimento de certos tipos de atividades e condutas esperadas. Porém, a finalidade da avaliação, sua articulação com a proposta pedagógica da Escola Esperança, os critérios, os mecanismos de acompanhamento do

228 DEBORA CRISTINA JEFFREY

avanço e das dificuldades do aluno não são questões que chegam a preocupar ou inquietar o docente, pois a avaliação, de acordo com suas observações, remete a um projeto individual que norteia suas práticas.

A estruturação de um projeto educativo individual, desarticulado da proposta da escola, favorece o estabelecimento de um conflito entre as concepções dos docentes e os propósitos avaliativos que envolvem o regime de progressão continuada, podendo ocasionar uma resistência às mudanças e adaptações no trabalho pedagógico mediante certas inovações. De acordo com Gather Thurler (2001a, p.13), quando se propõe aos profissionais da educação, um abandono das rotinas escolares, é preciso levar em conta que:

> Convidá-los a abandonar suas rotinas relativamente eficientes por uma inovação, sem dúvida, promissora, mas que ainda não deu prova disso, significa pedir-lhes esforços e tomada de riscos que não estão prontos a aprovar.

A aprovação de medidas inovadoras, como o regime de progressão continuada, a realização de esforços e a tomada de riscos pelos docentes, apontadas por Gather Thurler (2001), são aspectos que ainda encontram resistência, pelo menos junto aos professores entrevistados. No entanto, o professor 9 é um dos poucos docentes que valorizam a proposta, e o faz por conta de sua experiência traumática com a reprovação na segunda série do primário.

> Eu acho que é uma medida válida, é um projeto válido, principalmente pras séries iniciais, quanto menor a série, mais válido o projeto é. Eu, por exemplo, lembro que no segundo ano do ensino primário fui reprovado. No primeiro ano do ensino primário, eu era um dos primeiros alunos da classe, e, no segundo ano, eu não sei se por culpa do professor ou por culpa minha eu repeti esse segundo ano. Hoje, na minha maneira de pensar, depois de ter vivido a educação vinte anos e analisado aquela situação que ocorreu naquela época, eu penso, hoje, que o professor falhou em ter me reprovado

O REGIME DE PROGRESSÃO CONTINUADA   **229**

no segundo ano. E nessa época não tinha progressão continuada, e eu não entendi como que eu deixei de ser um dos primeiros alunos da classe do primeiro ano pra ser reprovado no segundo. Acho que, se tivesse, assim, um estudo melhor da situação, talvez eu não tivesse repetido o segundo ano, talvez, se nessa época tivesse acontecido algum problema comigo do primeiro para o segundo ano, a progressão continuada ia, talvez, sanar esse ponto imperfeito [...]. [professor 9 (Matemática e Química), 53 anos]

O professor 9, ao relatar sua experiência com a reprovação, demonstra sensibilidade com a problemática, embora acredite que a proposta do regime de progressão continuada obtenha êxito apenas nas séries iniciais, pelo fato de os professores, neste nível, terem a oportunidade de realizar um acompanhamento diário dos alunos, aspecto que, nem sempre, acontece a partir da 5ª série do ensino fundamental, quando ocorre um aumento tanto do número de docentes como das disciplinas.

A questão do acompanhamento diário dos alunos e a atribuição de disciplinas ministradas por diversos docentes, apontadas pelo professor 9, evidenciam aspectos que envolvem a organização escolar e sua necessidade de mudança diante da proposta do regime de progressão continuada, a qual objetiva transformar a cultura classificatória e seletiva, contribuindo para a qualidade da escola (Sousa & Alavarse, 2003, p.90).

Contudo, os professores entrevistados, durante seus depoimentos, vinculam o regime de progressão continuada com a qualidade de ensino. Para os docentes, a questão da qualidade da escola envolve o ensino, a aprendizagem e a transformação dos conhecimentos adquiridos pelos alunos em instrumentos capazes de atender às suas necessidades, como destacou o professor 8, ao considerar que a Escola Esperança deve "[...] assegurar para todos nível de conhecimento suficiente para que o aluno possa atender às necessidades e exigências do mundo moderno" [professor 8 (Ciências), 55 anos].

No entanto, se para o professor 8 a qualidade da Escola Esperança está atrelada à garantia de um nível de conhecimento neces-

230   DEBORA CRISTINA JEFFREY

sário para atender às necessidades e exigências do mundo moderno, o coordenador pedagógico considera que essa garantia pode ser verificada quando:

> o aluno sai sabendo, escrever um texto coerente, sabendo ler um bom livro e tendo gosto pra isso. Acho que, se você conseguir embutir isso no aluno, ótimo, a escola é de boa qualidade. [...] Me deixa muito triste quando eu vou ouvir alguém lendo, que é aquela coisa engasgada, me sinto muito triste, então, pra mim, qualidade taí, não importa que seja pra História, o que for. [coordenador pedagógico, 41 anos]

A qualidade da Escola Esperança, tanto para o professor 8 como para o coordenador pedagógico, está relacionada com o domínio pelos alunos da leitura, escrita, resolução de problemas e expressão oral. A aquisição desses instrumentos, apontados por Mello (2000) como necessidades básicas de aprendizagem, é compreendida pelos professores da Escola Esperança como fundamentais para a vida do aluno.

No entanto, para o professor 8 e para o coordenador pedagógico, a falha da Escola Esperança em instrumentalizar o aluno e assegurar o desenvolvimento das necessidades básicas de aprendizagem, principalmente após a implementação do regime de progressão continuada, é um indicador de má qualidade da escola, uma vez que reconhecem que muitos estudantes estão saindo da unidade sem o conhecimento exigido pela sociedade.

Na avaliação do professor 4, poucos alunos têm convertido os conhecimentos transmitidos pela escola em algo significativo em suas vidas. Ele também afirma que a unidade não alterou suas rotinas e programas, mesmo após a introdução do regime de progressão continuada, fato que, em sua opinião, deixou de favorecer o êxito discente.

> Eu acredito que aqui existe, em termos gerais, um pequeno grupo de alunos que converte o que a escola tem oferecido em qua-

O REGIME DE PROGRESSÃO CONTINUADA 231

lidade, independentemente de toda dificuldade, mas uma grande maioria não tem tido êxito, não! Acredito que poucos alunos conseguem sobressair [...]. Eu sempre falo, é vestir uma nova roupa [regime de progressão continuada] num velho homem [escola]. Então, é complicado pôr uma roupagem nova num homem velho [...] onde a base é a mesma, as dificuldades e os programas são os mesmos [...]. [professor 4 (Geografia), 39 anos]

O professor 4, nesse trecho de seu depoimento, ressalta sua opinião com relação à dificuldade que a Escola Esperança apresenta para desenvolver um trabalho pedagógico que garanta o êxito do aluno fora do espaço escolar.

Ele destaca que tal problemática tem se agravado com o regime de progressão continuada, pelo fato de a medida não conseguir alterar a organização escolar e, consequentemente, não reestruturar o conhecimento que deveria ser vinculado à proposta, em função da continuidade de um processo educativo classificatório e seletivo, distanciando-se da concepção educacional de ciclos. Segundo Sousa (2000, p.34), essa concepção,

ao prever a progressão continuada, supõe tratar o conhecimento como processo, e, portanto, como uma vivência que não se coaduna com a ideia de interrupção, mas, sim, de construção, em que o aluno é situado como sujeito da ação, que está sendo formado continuamente, ou melhor, se formando, construindo significados a partir de relações dos homens com o mundo e entre si.

As considerações de Sousa (2000) a respeito da progressão continuada e da necessidade de tratamento do conhecimento como um processo em permanente construção não são uma questão que chamou atenção ou que fosse prioritária aos professores entrevistados, porque estes em depoimento valorizam a manutenção da disciplina dos alunos e as condições de exercício de sua autoridade, no interior da sala de aula, tornando secundária a questão que envolve a construção do conhecimento.

232   DEBORA CRISTINA JEFFREY

Na opinião do professor 5, o regime de progressão continuada é entendido como mais uma norma introduzida na escola e que se encontra totalmente distante do contexto escolar, desfavorecendo, portanto, o aproveitamento do aluno, fator já destacado anteriormente pelos professores 1, 2 e 6.

A progressão continuada não criou uma expectativa de aproveitamento no aluno. É um projeto que, de repente, ele foi colocado e nenhum aluno, realmente, tá inserido dentro do contexto, da mesma forma que nós também não fomos inseridos dentro do contexto. [professor 5 (Matemática), 40 anos]

A questão do envolvimento dos docentes e alunos no processo de implementação da proposta do regime de progressão continuada pela SEE-SP é sempre apresentada pelos professores entrevistados como um grande entrave para o êxito da medida, como se ambos fossem receptores passivos, coagidos a reproduzirem, fielmente, as orientações transmitidas. Contudo, Lima (2002, p.43) esclarece que os atores educacionais, no interior da escola, incluindo professores e alunos, não são sujeitos passivos que apenas aceitam as normatizações impostas pela administração central, pois,

a força da imposição normativa nem sempre é obedecida, ou traduzida em poder e em ações orientadas em conformidade, seja nos terrenos próprios da administração central, seja nos universos escolares periféricos. A uniformidade, o elevado número e a eventual precisão dos instrumentos normativos não se constituem como sinônimos, nem sequer como condição suficiente de reprodução em contexto escolar.

Assim, para a SEE-SP (1998, 2000), a escola e seus professores deveriam se ajustar ao regime de progressão continuada por meio do estabelecimento de estratégias inovadoras, definidas na unidade escolar, a fim de garantir a aprendizagem dos alunos. Entretanto, a medida, na visão dos docentes entrevistados, quanto ao êxito

O REGIME DE PROGRESSÃO CONTINUADA   233

da proposta, mesmo com a divulgação de orientações oficiais, em documentos como: a Deliberação CEE n.9/97 ou Resoluções específicas, não provocou alterações nas atividades deles.

> Pra mim não mudou muito, porque o meu projeto pedagógico, ele não depende muito dessas grandes mudanças. Ele segue um curso normal, onde os objetivos são atingidos sempre, então, muda o regime, e a relação pedagógica de ensino e aprendizagem vai se aperfeiçoando. [professor 10 (Ciências), 55 anos]

O depoimento do professor 10 evidencia que este profissional continua a conceber seu trabalho pedagógico isoladamente, sem sofrer nenhuma influência das orientações apresentadas pela SEE-SP envolvendo o regime de progressão continuada. Gather Thurler (2001b, p.60), a esse respeito, compreende que o isolamento docente é uma das principais características do ofício desse profissional, pois continua sendo legítimo trabalhar sozinho, ao considerar que o individualismo permanece no âmago da identidade profissional, mesmo que, atualmente, com as reformas ocorridas nos sistemas educativos, os professores sejam obrigados a cooperar mais.

> tais formas parciais e pontuais de cooperação não são ainda assimiláveis a uma cooperação profissional, aquela que, em nossa opinião, é indispensável para levar o conjunto dos atores do estabelecimento escolar a assumir, coletivamente, a responsabilidade pelo progresso dos alunos e que passa pela "sinergia" de várias dimensões do funcionamento do estabelecimento.

O isolamento docente e a tentativa de superação desta condição, analisados por Gather Thurler (2001), evidenciam o desafio de estabelecer a cooperação profissional no interior da escola, base fundamental do regime de progressão continuada, o qual depende do trabalho e da reflexão coletiva e relação ao projeto da escola, a sua organização e desenvolvimento de estratégias de aprendizagem dos alunos.

234 DEBORA CRISTINA JEFFREY

As representações dos docentes da Escola Esperança sobre o regime de progressão continuada: considerações

A análise das representações dos dez professores e um coordenador pedagógico de uma escola pública estadual, localizada na periferia do município de Campinas-SP, certamente não favorece a identificação de aspectos que podem ser generalizados para toda a rede, por se tratar de um estudo de caso, mas permite desmistificar a ideia de que os profissionais sejam agentes passivos das alterações realizadas no espaço escolar.

Há uma relação direta entre as iniciativas, orientações e projetos apresentados pela SEE-SP e o posicionamento dos docentes entrevistados, considerando que estes profissionais, apesar de apontarem durante os depoimentos falta de preparação para lidar com as inovações implementadas no espaço escolar, não se mostraram indiferentes às alterações propostas.

Com relação ao regime de progressão continuada, mesmo após sete anos de sua implementação na rede estadual do ensino fundamental, os depoimentos dos professores continuam enfatizando as problemáticas identificadas em estudos acadêmicos, já apontados ao longo desta pesquisa, os quais analisaram a proposta durante sua primeira fase, com destaque para o desconhecimento da medida, para a falta de preparação dos docentes e das condições de trabalho e para o desinteresse dos alunos.

Além dessa constatação, os professores entrevistados, embora apresentem uma percepção conservadora do processo de ensino e aprendizagem, da relação professor-aluno e de inovações no espaço escolar, destacam em seus depoimentos a preocupação com aspectos de ordem pedagógica na perspectiva do regime de progressão continuada, tais como a avaliação, o domínio da leitura e escrita pelos alunos e a preparação destes para o mercado de trabalho.

No entanto essas questões são apresentadas pelos docentes com base em suas vivências e experiências estabelecidas no cotidiano escolar, e não a partir do conhecimento das concepções e dos fun-

O REGIME DE PROGRESSÃO CONTINUADA   235

damentos pedagógicos que orientam suas ações e práticas no espaço escolar.

Por isso, com base nos depoimentos, é possível evidenciar o quanto tem sido difícil para os profissionais entrevistados analisarem o regime de progressão continuada a partir de suas concepções e fundamentos pedagógicos, simplesmente porque estes não foram definidos pela equipe escolar e muito menos pela SEE-SP.

Assim, sem essa definição, os parâmetros que orientam as ações e o trabalho pedagógico desenvolvido pelos docentes retratados parecem depender das iniciativas de cada um para solucionar os problemas, as dúvidas e, até mesmo, para realizar o diagnóstico das dificuldades apresentadas pelos alunos.

Deste modo, sem um conhecimento das concepções e dos fundamentos que orientam o regime de progressão continuada, os professores entrevistados, de acordo com os depoimentos, têm buscado individualmente encontrar alternativas para suas práticas e para o atendimento das demandas educacionais que surgem com a heterogeneidade da população atendida.

Entre as principais alternativas mencionadas pelos docentes entrevistados, para inovar suas práticas e atender às demandas educacionais, destaca-se a diversidade dos instrumentos de avaliação, já que o regime de progressão continuada pressupõe mudanças no processo avaliativo.

Contudo, os depoimentos indicam que, apesar dos esforços dos docentes entrevistados para diversificarem os instrumentos de avaliação, estes não têm contribuído para promover o interesse dos alunos e, principalmente, o domínio da leitura e escrita por eles. Tais problemas, na opinião dos entrevistados, são consequência da implementação do regime de progressão continuada na escola, pois no entendimento de alguns, que, antes de sua adoção, todos (professores e alunos) tinham clareza de suas atribuições e havia um estímulo para o ensino e a aprendizagem.

Na percepção dos entrevistados, a atribuição dos docentes restringe-se ao ensino, ou seja, a transmissão de conhecimentos, sendo difícil para esses profissionais conceberem que, além do ensino,

236 DEBORA CRISTINA JEFFREY

novas funções lhes foram atribuídas com a instituição do regime de progressão continuada, como por exemplo o diagnóstico dos problemas de aprendizagem, a busca de alternativas para seus problemas, a definição e estudo de novas concepções e fundamentos pedagógicos, a elaboração da proposta pedagógica, o acompanhamento dos avanços e dificuldades dos alunos, entre outros aspectos.

Quanto ao aluno, os entrevistados parecem entender que a função dele é dominar os conteúdos escolares apresentados, tornando complexa a percepção, pelos docentes, de que este sujeito, na proposta da progressão continuada, deve aprender de fato o que lhe foi ensinado.

Diante das novas atribuições instituídas aos docentes e alunos, os entrevistados, em seus apontamentos, demonstram, após sete anos de implementação do regime de progressão continuada, que ainda continuam a se perguntar: como agir? Por onde começar? Como fazer as coisas acontecerem sem a definição de parâmetros?

Tais questionamentos, que aparecem implícitos nas colocações dos entrevistados, ainda se encontram sem respostas para esses profissionais, os quais parecem não ter encontrado amparo para esclarecer suas dúvidas em órgãos como a SEE-SP, DE e, muito menos, entre os colegas de trabalho. Sem respostas, portanto, torna-se mais fácil apontar as fragilidades apresentadas pelo regime de progressão continuada no espaço escolar, já que o parâmetro para os docentes entrevistados continua sendo o da lógica de uma escola seriada.

Se os depoimentos dos entrevistados indicam que eles continuam a retratar a escola na lógica seriada, estes procuram apontar as fragilidades do regime de progressão continuada, mostrando a inconsistência dos argumentos e exigências apresentados pela SEE-SP no interior da escola.

Diante desse fato, evidencia-se que os docentes entrevistados, ao indicarem as fragilidades da proposta no espaço escolar, preocupam-se com questões pedagógicas, já que revelam não ter conseguido ensinar, ao menos, os conteúdos sobre os quais os alunos deveriam ter domínio e que estes, por sua vez, apresentam, a cada dia, maiores dificuldades para dominá-los. Isso pode ter acontecido em decorrência das condições oferecidas pela escola ou pela falta de conhecimento das concepções e dos fundamentos do regime de progressão continuada ou de qualquer outro fator que se queira utilizar para explicar a problemática.

Os docentes entrevistados, apesar do conservadorismo e do individualismo presentes em suas práticas escolares, destacam sua preocupação pedagógica com as implicações do regime de progressão continuada no espaço escolar, especialmente com relação ao ensino e ao domínio dos conteúdos escolares pelos alunos.

Isso porque, se a medida pressupõe a aprendizagem, para os professores analisados, seu principal propósito não está sendo atingido, independentemente dos argumentos e justificativas que a sustentam. Com isso, a iniciativa deve ser questionada e revista, na visão dos entrevistados.

Assim, após sete anos de implementação do regime de progressão continuada, os entrevistados acabam avaliando a proposta com base nas experiências e vivências estabelecidas no cotidiano escolar, evidenciando que, embora as normas regulamentem a medida, esta ainda não foi capaz, de acordo com os depoimentos, de favorecer o ensino e, principalmente, a construção de um projeto de escola e educação que deveria orientar as ações e práticas escolares, nesta forma de organização.

CONSIDERAÇÕES FINAIS

A fim de analisar as representações de docentes de uma escola pública estadual de São Paulo sobre o regime de progressão continuada, suas concepções e seus fundamentos, após sete anos de sua implementação na rede estadual de ensino, realizou-se um levantamento dos antecedentes históricos e da atual discussão envolvendo os ciclos e a progressão escolar, com intuito de evidenciar o contexto político e educacional no qual a proposta estabelecida na rede pública estadual está situada.

Assim, um aspecto que chama atenção, referente aos antecedentes históricos e ao contexto político educacional em que o regime de progressão continuada se situa, é a ausência de um consenso entre os educadores e implementadores sobre a definição conceitual, as concepções e fundamentos que têm orientado as propostas como ciclos e progressão escolar no Brasil.

As experiências com ciclos e progressão escolar no Brasil, a partir da década de 1990, como se constatou na primeira parte da pesquisa, ainda não superaram, nem em números de matrículas e escolas, o predomínio da organização seriada. E já é possível, inclusive, perceber que as redes públicas municipais têm aderido com expressividade à organização seriada, enquanto as redes públicas estaduais ainda demonstram certa cautela.

240 DEBORA CRISTINA JEFFREY

Deste modo, mesmo que haja o predomínio da organização seriada, cada iniciativa envolvendo a proposta de organização não seriada implementada no Brasil, atualmente, tem se fundamentado em diversas justificativas, tendo em vista a correção do fluxo escolar, a redução dos índices de reprovação, a diminuição dos gastos orçamentários com a repetência, a ampliação das oportunidades educacionais, a melhoria da autoestima do aluno, a democratização do ensino, a universalização do ensino fundamental, entre outros aspectos.

O fato é que tais aspectos acabam por influenciar a opção dos governos, quanto ao tipo de enfoque que deve orientar, tanto os procedimentos que envolvem a organização das escolas como a definição das concepções e dos fundamentos pedagógicos que nortearão as ações, os projetos e as práticas escolares.

Entre os enfoques que acabam por nortear as propostas de ciclos e progressão escolar, no país, entendemos que eles podem ser destacados de um lado como políticos porque se pautam, principalmente, em concepções e fundamentos pedagógicos articulados a um projeto de escola e educação com o objetivo de transformação social dos sujeitos, e de outro como técnicos, já que se configuram a partir da necessidade de resolução dos problemas educacionais, focalizando a correção das disfuncionalidades existentes no sistema educacional.

No caso específico da rede estadual de São Paulo, o regime de progressão continuada instituído em 1998, de acordo com o levantamento realizado na primeira parte do estudo, apresenta, entre as principais justificativas para sua adoção, as quais podem ser evidenciadas na Indicação CEE n.08/97: a universalização do ensino fundamental, a melhoria da autoestima do aluno e a redução dos gastos orçamentários com a repetência. Tais justificativas, no entanto, embora favoreçam a garantia do direito à educação e a ampliação das oportunidades educacionais, não fazem referência aos fundamentos e concepções norteadores do regime de progressão continuada.

Até mesmo as orientações oficiais e os informativos produzidos pela SEE-SP, entre 1998 e 2004, direcionados às escolas para apre-

O REGIME DE PROGRESSÃO CONTINUADA   241

sentarem e esclarecerem dúvidas a respeito do regime de progressão continuada, como pôde ser observado ao longo do texto, têm destacado somente aspectos operacionais, com indicações específicas para a organização do tempo, espaço e rotinas escolares, nesta forma de organização.

Esses documentos não fazem referências às concepções nem aos fundamentos pedagógicos que norteiam o regime de progressão continuada, pois a própria SEE-SP argumenta que essa questão é uma atribuição de cada escola, responsável por constituir sua proposta pedagógica.

Se a própria SEE-SP, ao que parece, não deixa claro nem aponta as concepções e os fundamentos que orientam o regime de progressão continuada às escolas da rede estadual do ensino fundamental, como, então, exigir isso das unidades escolares sem a apresentação de parâmetros ou critérios?

Mesmo que os secretários de Educação do Estado de São Paulo (Rose Neubauer e Gabriel Chalita), entre 1998 e 2004, tenham realizado ações, fortalecido o sistema de avaliação externa (Saresp) para controlar a qualidade do ensino, intensificado a publicação de resoluções e reestruturado a capacitação docente, ao que tudo indica essas iniciativas não contribuíram para que os propósitos, concepções e fundamentos do regime de progressão continuada fossem esclarecidos e apontados pela SEE-SP.

Diante dessas evidências, as representações dos docentes da Escola Esperança contribuíram para analisar como esses conceitos e fundamentos pedagógicos estão sendo construídos e definidos por esses profissionais, após a implementação do regime de progressão continuada.

A partir da caracterização da Escola Esperança, observa-se que a unidade passou por reformas em sua organização e tem atendido uma população heterogênea, mas, no tocante aos aspectos pedagógicos, ainda não há uma articulação entre concepções/fundamentos dos profissionais e o projeto de escola, pois as ações e alternativas dependem, de acordo com os depoimentos, das iniciativas de cada docente.

242 DEBORA CRISTINA JEFFREY

Por isso, a definição e escolha desses fundamentos pedagógicos capazes de nortear o regime de progressão continuada na escola, esperadas pela SEE-SP, na visão dos professores entrevistados, são um fato que dificilmente ocorrerá, em função do modo pelo qual o regime de progressão continuada foi implementado.

No entanto, embora os entrevistados tenham apontado as fragilidades do regime de progressão continuada no espaço escolar, os depoimentos indicam que há uma preocupação pedagógica desses profissionais, principalmente com as atividades de ensino e o domínio dos conteúdos escolares pelos alunos.

Talvez a preocupação desses professores com as implicações do regime de progressão continuada para o ensino e o domínio dos conteúdos pelos alunos tenha gerado uma instabilidade na organização de seu trabalho pedagógico, diante dos problemas de aprendizagem, desmotivação e indisciplina do aluno, os quais, na percepção dos docentes, foram agravados com a adoção da medida.

Assim, as concepções norteadoras do regime de progressão continuada, como são desconhecidas por esses docentes, seja em decorrência da apresentação de parâmetros e critérios pela SEE-SP, seja pela desarticulação entre os profissionais da escola, não servem como referência para orientar suas ações e práticas escolares.

Com isso, enquanto a SEE-SP procura regulamentar e legitimar o regime de progressão continuada sem indicar a base norteadora que o orienta, os entrevistados, de acordo com seus depoimentos, aprenderam a conviver, após sete anos de implementação da medida, pelo que pôde ser observado, paralelamente com duas formas de organização: a oficial, regulamentada pelas normas da SEE-SP, e a extraoficial, constituída pelas representações dos docentes, suas experiências, convicções e incertezas.

Os depoimentos permitem evidenciar que a organização extraoficial tem oferecido subsídios necessários para o trabalho pedagógico, o estabelecimento da relação professor-aluno e as práticas avaliativas, entre outros aspectos descritos pelos entrevistados. Entende-se, deste modo, que os entrevistados têm percebido que os argumentos e justificativas apresentados pela SEE-SP, em relação

O REGIME DE PROGRESSÃO CONTINUADA **243**

ao regime de progressão continuada, não apresentam um embasamento teórico e pedagógico que lhes ofereça sustentação.

Por isso, os docentes entrevistados talvez procurem se manter apegados às práticas, concepções, aos fundamentos e ao trabalho pedagógico que já conhecem e com os quais se sentem seguros, sem que necessariamente tenham de se desfazer deles ou substituí--los por elementos desconhecidos. Todavia, diante do atendimento a uma população heterogênea, da ampliação das oportunidades educacionais e da atribuição de novas demandas, os parâmetros pedagógicos que os entrevistados possuem parecem não contribuir para a constituição de um ensino que seja de qualidade, capaz de proporcionar o domínio dos conhecimentos pelos alunos.

Por outro lado, verifica-se que os entrevistados esperam que a SEE-SP se sensibilize com os problemas educacionais existentes na escola, melhorando as condições de trabalho dos docentes e apresentando novos parâmetros que os auxiliem em suas práticas e ações com relação ao regime de progressão continuada. Contudo, a expectativa dos entrevistados, ao que parece, continuará sendo frustrante, pois a SEE-SP, em documentos oficiais, tem se mostrado disposta a cumprir somente duas funções: a de legislar e avaliar o sistema educacional, já que as questões pedagógicas são atribuições exclusivas das escolas e de suas equipes.

Diante desse fato, enquanto os entrevistados preocupam-se com a dimensão pedagógica do regime de progressão continuada, a SEE-SP, em seus documentos, tem procurado enfatizar uma dimensão técnica, pautada nos procedimentos burocráticos, no cumprimento das normas e no controle dos resultados.

Os entrevistados procuram demonstrar que o cotidiano escolar é um momento dinâmico em constante transformação. Por isso, apesar do prevalecimento da dimensão e do enfoque técnico dado ao regime de progressão continuada pela SEE-SP, esses profissionais, após sete anos, criaram dinâmicas próprias para preservar suas convicções e seus parâmetros educacionais.

A representação dos docentes da Escola Esperança e a falta de apontamento das concepções e de fundamentos orientadores do

244 DEBORA CRISTINA JEFFREY

regime de progressão continuada pela SEE-SP chamam atenção para um aspecto relevante: o projeto de escola e de educação. Os depoimentos dos docentes entrevistados e as orientações oficiais apresentadas pela SEE-SP não destacam um projeto de escola e de educação pensado coletivamente, pois cada um, a seu modo, acredita estar contribuindo e construindo um modelo de escola e de educação fundamental à formação dos sujeitos.

O regime de progressão continuada, apesar das fragilidades que tem apresentado diante de sua implementação e estruturação na rede estadual de ensino, depende, independentemente da crítica que se faça a essa proposta, de um projeto de educação e de escola que possa ser compartilhado entre seus idealizadores e os profissionais da educação no espaço escolar.

Sem a mudança de mentalidade, como destacou o coordenador pedagógico, parece que continuaremos olhando somente para os defeitos, deixando de lado um fator essencial que é o pensar e concretizar um projeto de escola e de educação, pois é somente a partir desse posicionamento que se torna possível definir e estabelecer concepções e fundamentos que orientarão uma proposta como o regime de progressão continuada.

Deste modo, compreende-se que as representações dos docentes entrevistados, em relação ao regime de progressão continuada, apontam os dilemas que eles vivenciam no cotidiano escolar, nesta forma de organização, mas também contribuem para que se identifique a possibilidade de atuação desses profissionais e de mudança em um determinado contexto educacional, mesmo reconhecendo que o estudo de caso não permite a generalização das informações obtidas.

Nesse sentido, espera-se que a análise das representações dos docentes de uma escola pública estadual sobre esse regime tenha contribuído para evidenciar as opiniões desses profissionais, após sete anos de implementação da medida.

REFERÊNCIAS BIBLIOGRÁFICAS

ABRAMOWICZ, M. Avaliação e progressão continuada: subsídios para uma reflexão. In: BICUDO, M. A. V., SILVA JÚNIOR, C. A. (Orgs.). *Formação do educador e avaliação educacional.* 1ª reimpressão. São Paulo: Editora Unesp, 1999, p.155-64.

ADORNO, T. W. *Educação e emancipação.* Rio de Janeiro: Paz e Terra, 1995.

AFONSO, A. J. Reforma do Estado e políticas educacionais: Entre a crise do Estado-nação e a emergência da regulação supranacional. *Educação e Sociedade,* n.75, p.15-32.

AGUILAR, L. E. La gestión de la educación: su significado a partir de propuestas pedagógicas institucionales. Apresentado ao 3º Congresso Latino-americano em Educação, Campinas, 1997.

_____. *O Estado desertor:* Brasil e Argentina nos anos de 1982-1992. Campinas: LAPPLANE/ FE/ Unicamp, 2000.

_____. Possibilidades de abordagem comparativa: as regularidades causais na adoção e implementação de políticas públicas educacionais. Apresentado ao 5º Congresso Latinoamericano de Administración de la Educación, Santiago do Chile, 2002.

ALAVARSE, O. M. *Ciclos:* a escola em (como) questão. 2002. Dissertação. (Mestrado em Educação) - Faculdade de Educação. Universidade de São Paulo. São Paulo.

ALEXANDRINO, M. C. Organização do ensino em ciclos: a proposta de avaliação da aprendizagem da Seduc – alguns enviesamentos. *Educação em Debate,* v.1, n.39, p.42-52, 2000.

246 DEBORA CRISTINA JEFFREY

AMBROSETTI, N. B. Ciclo básico: uma proposta vista pelas professoras. *Cadernos de Pesquisa*, n.75, p.57-70, nov. 1990.

ALMEIDA JÚNIOR, A. Repetência ou promoção automática. *Revista brasileira de estudos pedagógicos*, v.27, n.65, p.3-15, jan./mar. 1957.

ANDRÉ, M. E. D. A. Estudo de caso: seu potencial na educação. *Cadernos de Pesquisa*, (49), p.51-54, maio 1984.

_____. A pesquisa no cotidiano escolar. In: FAZENDA, I. (Org.). *Pesquisa educacional*. São Paulo: Cortez, p.35-45, 1989.

_____. Avaliação escolar: além da meritocracia e do fracasso. *Cadernos de*, n.99, p.16-20, nov. 1996.

_____. (Org.). *Formação de professores no Brasil (1990-1998)*. Brasília: MEC/Inep/Comped, Série Estado do Conhecimento, n.6, 2002.

_____. et al. Estado da arte da formação de professores no Brasil. *Educação e Sociedade*, ano 20, n.68, p.301-9, dezembro/99.

ARCAS, P. H. *Avaliação da aprendizagem no regime de progressão continuada*: o que dizem os alunos. 2003. 140p. Dissertação (Mestrado em Educação) – Faculdade de Educação. Universidade de São Paulo. São Paulo.

ARROYO, M. G. Fracasso-sucesso: o peso da cultura escolar e do ordenamento da Educação Básica. *Em Aberto*, n.53, p.46-53, jan./mar. 1992.

_____. Ciclos de desenvolvimento humano e formação de educadores. *Educação e Sociedade*, n.68, p.143-62, dez. 1999.

_____. Fracasso-sucesso: um pesadelo que perturba nossos sonhos. *Em Aberto*, v.17, n.71, p.33-40, jan. 2000.

AVANCINI, M. Secretária diz que responsabilidade é da escola. *O Estado de S. Paulo*. O Estado de S. Paulo *on-line*. São Paulo, 1° de setembro de 2000.

AZANHA, J. M. P. *Educação*: alguns escritos. São Paulo: Companhia Editora Nacional, 1987.

AZEVEDO, J. C. Ensino por ciclos: a democratização do conhecimento na Rede Municipal de Ensino de Porto Alegre. *Pátio*, Porto Alegre, v.1, n.0, p.31-2, fev./abr. 1997.

BARRETTO, E. S. S. Organização do trabalho escolar no ciclo básico na perspectiva da superação do fracasso escolar. *Idéias*, São Paulo, n.6, p.101-7, 1992.

_____. Apreciação geral das propostas curriculares do ensino fundamental. In: _____. (Coord.). *As propostas curriculares oficiais*. São Paulo: Fundação Carlos Chagas, p.1-21, 1996.

O REGIME DE PROGRESSÃO CONTINUADA **247**

_____. Tendências recentes do Currículo do Ensino Fundamental. In: _____. (Org.). *Os currículos do Ensino Fundamental para as escolas brasileiras.* 2.ed. Campinas, SP: Autores Associados; São Paulo: Fundação Carlos Chagas, p.5-42, 2000.

_____. A avaliação na educação básica: entre dois modelos. *Educação e Sociedade,* n.75, p.48-66, ago. 2001.

_____. Os desafios da avaliação nos ciclos de aprendizagem. In: SÃO PAULO (Estado). Secretaria da Educação do Estado de São Paulo. *Progressão continuada:* compromisso com a aprendizagem. Fórum de debates. Anais, p.37-45, jun. 2002.

_____. Trajetória e desafios dos ciclos escolares no país. *Estudos Avançados,* v.15, n.42, p.103-40, maio/ago. 2001.

_____. Panorama atual das escolas sob o regime de ciclos. *Educação & Linguagem,* v.5, n.6, p.9-21, jan./dez. 2002.

_____., ALVES, M. L. Buscando a superação do fracasso escolar na rede estadual paulista. *Em Aberto,* n.33, p.11-6, jan./mar. 1987.

BARRETTO, E. S. S., MITRULIS, E. Os ciclos escolares: elementos de uma trajetória. *Cadernos de Pesquisa,* n.108, p.27-48, nov. 1999.

_____., PINTO, R. P (Coords.). *Avaliação na educação básica (1990-1998).* Brasília: MEC/Inep/Comped, Série Estado do conhecimento, n.4, 2001.

_____., SOUSA, S. Z. Estudos sobre ciclos e progressão escolar no Brasil: uma revisão. *Educação e Pesquisa,* v.30, n.1, p.31-50, jan./abr. 2004.

BAUER, M. W, GASKELL, G. *Pesquisa qualitativa com texto, imagem e som:* um manual prático. Petrópolis, RJ: Vozes, 2002.

BEISIEGEL, C. R. Relações entre quantidade e a qualidade no ensino comum. *Revista ANDE,* v.1, n.1, p.49-56, 1981.

BERTAGNA, R. H. *Progressão continuada:* limites e possibilidades. 2003. 480p. Tese (Doutorado em Educação) – Faculdade de Educação. Universidade Estadual de Campinas. Campinas.

BESSON, J. L. (Org.). *A ilusão das estatísticas.* Tradução Emir Sader. São Paulo: Editora da Universidade Estadual Paulista, 1995.

BITAR, H, A. F. et al. O Sistema de Avaliação de Rendimento Escolar do Estado de São Paulo: implantação e continuidade. *Idéias,* n.30, p.9-20, 1998.

BOGDAN R, BIKLEN, S. *Investigação qualitativa em educação:* uma introdução à teoria e aos métodos. Porto: Porto, 1994.

BONAMINO, A. C. *Tempos de avaliação educacional:* o SAEB, seus agentes, referências e tendências. Rio de Janeiro: Quartet, 2002.

248 DEBORA CRISTINA JEFFREY

BONEL, M. M. *O ciclo básico*: estudo de caso de uma política pública no estado de São Paulo. Dissertação de Mestrado, Faculdade de Educação, Unicamp. Campinas, SP, 1993.

BORGES, I. C. N. *Políticas de currículo em conflito*: uma análise da estrutura curricular em ciclos na Secretaria de Educação de São Paulo (1989-1997). 2000. 146 p. Dissertação (Mestrado em Educação-Currículo). PUC-SP. São Paulo. 2000a.

BORGES, Z. P. *Política e educação*: análise de uma perspectiva partidária. Campinas, SP: FE/Hortograph, 2002.

BOURDIEU, P. A escola conservadora: as desigualdades frente à escola e à cultura. Tradução de Aparecida Joly Gouveia. In: NOGUEIRA, M. A, CATANI, A. (orgs.). *Escritos de Educação*. 6.ed. São Paulo: Vozes, p.38-64, 1998.

BOURDIEU, P., CHAMPAGNE, P. Os excluídos do interior. In NOGUEIRA, M. A, CATANI, A. (Orgs.). *Escritos de educação*: Pierre Bourdieu. Petrópolis: Vozes, 1998.

BRANDÃO, Z, BAETA, A. M. B, ROCHA, A. D. C. *Evasão e repetência no Brasil*: a escola em questão. Rio de Janeiro: Achiamé, 1983.

BRASLAVSKY, C., GUIRTZ, S. Nuevos desafios y dispositivos en la política educacional latioamericana de fin de siglo. In: *Cuadernos Educación Comparada Política y Educación e Iberoamérica (4)*. OEI, p.41-72, 2000.

BRITO, A. N. de. *O regime de progressão continuada e a formação de professores*: um estudo sobre as iniciativas da Secretaria do Estado de São Paulo – 1996-1998. Dissertação de Mestrado, PUC-SP. São Paulo, 2001.

BRZEZINSKI, I. (Org.) *LDB interpretada*: diversos olhares se entrecruzam. São Paulo: Cortez, 1997.

CADEMARTORI, L. (Org.). *O desafio da escola básica*: Qualidade e Eqüidade. Brasília: Ipea, 1991.

_____. Relatório executivo. In: GOMES, C. A., AMARAL SOBRINHO, J. (Orgs.). *Qualidade, eficiência e eqüidade na educação básica*. Brasília: Ipea, p.5-9, 1992.

CAMARGO, A. L. C. Mudanças na avaliação da aprendizagem escolar na perspectiva da progressão continuada: questões teórico-práticas. In: BICUDO, M. A. V, SILVA JÚNIOR, C. A. (Orgs.). *Formação do educador e avaliação educacional*. 1ª reimpressão. São Paulo: Editora Unesp, p.165-77, 1999.

CAMPOS, M. M. A qualidade da educação em debate. *Estudos em Avaliação Educacional*, n.22, p.5-35, jul-dez. 1999.

O REGIME DE PROGRESSÃO CONTINUADA   249

_____. Consulta sobre qualidade da educação na escola: relatório final. São Paulo: Fundação Carlos Chagas/Departamento de Pesquisas Educacionais, 2002 (Textos FCC, 21).

CANIVEZ, P. Educar o cidadão? Campinas: Papirus, 1991.

CARNOY, M. Globalization and educational reform: what planners need to know. Paris: Unesco, 1999.

CARVALHO, J. M. Avaliação e contexto sócio-econômico cultural. In: PROGRAMA DE PÓS-GRADUAÇÃO EM EDUCAÇÃO UFES. Avaliação educacional: necessidades e tendências. Vitória, PPGE/UFES, p.11-15, 1984.

_____. Os espaços/ tempos da pesquisa sobre o professor. Educação e Pesquisa, v.28, n.2, p.69-86, jul./dez. 2002.

_____. O não lugar dos professores nos entrelugares de formação continuada. Revista Brasileira de Educação, n.28, p.96-107, jan./fev./ mar./ abr. 2005.

CARVALHO, J. M., SIMÕES, R. H. S. Formação e práxis político-pedagógica do professor: levantamento bibliográfico (1990-1997). In: _____. Caderno de Pesquisa – Núcleo Temático em Formação e Práxis do Professor. Vitória: PPGE/UFES, p.132-222, 1998.

CARVALHO, M. E. P. Modos de educação, gênero e relações escola-família. Cadernos de Pesquisa, v.34, n.121, p.41-58, jan./abr. 2004.

CARVALHO, M. P. Estatísticas de desempenho escolar: o lado avesso. Educação e Sociedade, n.77, p.231-252, dez. 2001.

CASEIRO, L. C. Formulação, implementação e a avaliação de políticas em educação: algumas considerações. In: SILVA, J. M. Os educadores e o cotidiano escolar. Campinas, SP: Papirus, p.47-65, 2000.

CASTRO, C. M. Educação brasileira: consertos e remendos. Rio de Janeiro: Rocco, 1995.

CASTRO, M. H. G. Avaliação do sistema educacional brasileiro: tendências e perspectivas. Brasília: Inep, 1998.

_____. A Educação para o Século XXI: o desafio da qualidade e da eqüidade. Brasília: Inep, 1999.

_____., DAVANZO, A. M. Q. (Orgs.). Situação da educação básica no Brasil. Brasília: Inep, 1999.

CATINI, C. R. Propostas de avaliação de sistemas educacionais no Brasil: características, tendências e resultados. O Saresp. São Paulo: mimeo, jan. 2004. (Relatório de Pesquisa de Iniciação Científica).

CERTEAU, M. A invenção do cotidiano: artes de fazer 1. Tradução Ephraim Ferreira Alves. 10.ed. Petrópolis, Rio de Janeiro: Vozes, 2004.

250 DEBORA CRISTINA JEFFREY

COMISSÃO INTERNACIONAL SOBRE EDUCAÇÃO. *Educação*: um tesouro a descobrir. Relatório para a Unesco da Comissão Internacional sobre educação para o século XXI. 4.ed. São Paulo: Cortez–MEC–Unesco, 2000.

CORDÃO, F. A. Avaliação na Nova Lei de Diretrizes e Bases da Educação Nacional e nos documentos dos conselhos Nacional, Estadual de Educação de São Paulo. *Estudos em Avaliação Educacional*, n.16, p.50-120, jul./dez. 1997.

CORTELLA, M. S. Aprendizagem em ciclos: repercussão da política pública voltada para a cidadania. In: SÃO PAULO (Estado). Secretaria da Educação do Estado de São Paulo. *Progressão continuada*: compromisso com a aprendizagem. Fórum de debates. Anais, p.25-35, jun. 2002.

CORTINA, R. L. *Política educacional paulista no Governo Covas (1995-1998)*: uma avaliação política sob a perspectiva da modernização. 2000. Tese. (Doutorado em Educação) - Faculdade de Educação. Universidade de São Paulo. São Paulo.

CURY, C. R. J. A educação básica no Brasil. *Educação e Sociedade*, v.23, n.80, p.169-201, set. 2002.

DALBEN, A. I. L. de F. (Coord. geral), BATISTA, J. R. (Coord. banco de dados). *Avaliação da implementação do projeto político pedagógico Escola Plural*. Belo Horizonte: GAME / FaE / UFMG, 2000.

DALE, R. Globalização e educação: demonstrando a existência de uma "cultura educacional mundial comum" ou localizando uma "agenda globalmente estruturada para a educação"? *Educação, Sociedade e Cultura*, n.16, p.133-69, 2001.

D'ÁVILA, J. L. P. Trajetória escolar: investimento familiar e determinação de classe. *Educação e Sociedade*, ano XIX, n.62, p.31-61, abr. 1998.

DAVIS, C., ESPÓSITO, Y. L. A escola pública: um estudo sobre aprendizagem nas séries iniciais. *Estudos em Avaliação Educacional*, São Paulo, n.5, p.29-50, jan./jun. 1992.

DEMO, P. Promoção automática e capitulação da escola. *Ensaio*, v.6, n.19, p.159-1990, abr./jun. 1998.

DE TOMMASI, L. et al. (Org.) O Banco Mundial e as políticas educacionais. São Paulo: Cortez, 2000.

DUARTE, N. As pedagogias do "aprender a aprender" e algumas ilusões da assim chamada sociedade do conhecimento. Disponível em: <http://www.anpeda.Org.br/24/ts7.doc> Acessado em 13/3/05.

DUBET, F. A escola e a exclusão. *Cadernos de Pesquisa*, n.119, p.29-45, jul./2003.

O REGIME DE PROGRESSÃO CONTINUADA 251

DURAN, M. C G., ALVES. M. L, PALMA FILHO, J. C. Vinte anos da política do ciclo básico na rede estadual paulista. *Cadernos de Pesquisa*, v.35, n.124, p.83-112, jan./abr. 2005.

ENGUITA, M. F. O discurso da qualidade e a qualidade do discurso. In: GENTILI, P, SILVA, T. T. *Neoliberalismo, qualidade total e educação*: visões críticas. Petrópolis: Vozes, 2001.

_____. *A face oculta da escola*: educação e trabalho no capitalismo. Porto Alegre: Artmed, 1989.

ESPOSITO, Y. L. et al. Sistema de avaliação do rendimento: o modelo adotado pelo Estado de São Paulo. *Revista Brasileira de Educação*, n.13, p.25-53, jan/fev/mar/abr. 2000.

ESTEBAN, M. T. (Org.). *Avaliação*: uma prática em busca de novos sentidos. 4.ed. Rio de Janeiro: DP&A, 2002.

EZPELETA, J, ROCKWELL, E. *Pesquisa participante*. 2.ed. São Paulo: Cortez/ Autores Associados, 1989.

FAZENDA, I. (Org.) *Pesquisa educacional*. São Paulo: Cortez, 1989.

FERNANDES, C. O. A promoção automática na década de 50: uma revisão bibliográfica na RBEP. *Revista Brasileira de Estudos Pedagógicos*, Brasília, v.81, n.197, p.76-88, jan./abr. 2000.

_____. A escolaridade em ciclos: a escola sob uma nova lógica. *Cadernos de Pesquisa*, v.35, n.124, p.57-82, jan./abr. 2005.

FERNANDES, C. O., FRANCO, C. Séries ou ciclos: o que acontece quando os professores escolhem? In: FRANCO, C. (Org.) *Avaliação, ciclos e promoção na educação*. Porto Alegre: Artmed, p.55-68, 2001.

FERNANDES, F. *Educação e sociedade no Brasil*. São Paulo: Dominus Editora, 1966.

FERRÃO, M. E., BELTRÃO, K. I., SANTOS, D. P. dos. Políticas de não-repetência e qualidade da educação: evidências obtidas a partir da modelagem dos dados da 4ª série do SAEB-99. *Estudos em Avaliação Educacional*, São Paulo, n.26, p.47-73, jul./dez. 2002.

FLETCHER, P. R, CASTRO, C. M. Mitos, estratégias e prioridades para o ensino de 1º grau. *Estudos em Avaliação Educacional*, n.8, p.39-55, jul./dez.1993.

FRANCO, C. (Org.) *Avaliação, ciclos e promoção da educação*. Porto Alegre: Artmed, 2001.

_____., BONAMINO, A. Iniciativas recentes de avaliação da qualidade da educação no Brasil. In: _____.(Org.) *Avaliação, ciclos e promoção da educação*. Porto Alegre: Artmed, p.15-28, 2001.

FREIRE, P. *Educação e mudança*. Rio de Janeiro: Paz e Terra, 1990.

252 DEBORA CRISTINA JEFFREY

FREITAS, J. C. Cultura e currículo: uma relação negada na política do sistema de progressão continuada no estado de São Paulo. 2000. Tese. (Doutorado em Educação). Pontifícia Universidade Católica de São Paulo.

FREITAS, L. C. A dialética da eliminação no processo seletivo. *Educação e Sociedade*, n.39, p.265-96. ago./1991.

_____. (Org.). *Avaliação*: construindo o campo e a crítica. Florianópolis: Insular, 2002a.

FREITAS, L. C. A "progressão continuada" e a "democratização" do ensino. In: VILLAS BOAS, B. M. de F. (Org.). *Avaliação*: políticas e práticas. Campinas, SP: Papirus, p.83-111, 2002b.

_____. Ciclos de progressão continuada: vermelho para as políticas públicas. *Eccos Revista Científica*, São Paulo, v.4, n.1, p.79-93, jun. 2002c.

_____. A internalização da exclusão. *Educação e Sociedade*, v.23, n.80, p.301-27, set. 2002d.

_____. *Crítica da organização do trabalho pedagógico e da didática*. 5.ed. Campinas, SP: Papirus, 2002e.

_____. *Ciclos, seriação e avaliação*: confronto de lógicas. São Paulo: Moderna, 2003a.

_____. (Org). *Avaliação de escolas e universidades*. Campinas, SP: Komedi, 2003b.

FREHSE, E. *Democratização em xeque? Vicissitudes da progressão continuada no ensino paulista em 1999*. 2001. Dissertação. (Mestrado em Educação) – Faculdade de Educação. Universidade de São Paulo. São Paulo.

FRIGOTTO, G, CIAVATTA, M. Educação básica no Brasil na década de 1990: subordinação ativa e consentida à lógica do mercado. *Educação e Sociedade*, v.24, n.82, p.93-130, abr. 2003.

FUSARI, J. C. et al. Reformas da Secretaria de Educação do Estado de São Paulo: considerações críticas. *Revista de Educação*, n.13, p.4-14, abr. 2001a.

_____. As reformas educacionais: com a palavra os professores. *Revista de Educação*, n.13, p.15-29, abr. 2001b.

GADOTTI, M. Projeto político pedagógico da escola: fundamentos para sua realização. In: _____. , ROMÃO, J. E. (Orgs.). *Autonomia da Escola*: princípios e propostas. 4.ed. São Paulo: Cortez/ Instituto Paulo Freire, 2001.

GARCIA, C. A. A. *Ciclos e qualidade de ensino*: uma relação complexa. 24ª Reunião Anual da Anped, Caxambu, MG, out.2001. Disponível

O REGIME DE PROGRESSÃO CONTINUADA 253

em <www.anped.org.br/24/tp.htm> ou <www.anped.org.br/24/P0561543907875.doc>.

GARCIA, W. E. Educação Brasileira: da realidade à fantasia. *Cadernos de Pesquisa*, n.107, p.227-245, jul. 1999.

GATHER THURLER, M. G. Quais as competências para operar em ciclos de aprendizagem plurianuais? *Pátio*, Porto Alegre, n.17, p.17-21, maio/jul. 2001a.

_____. *Inovar no interior da escola*. Tradução Jeni Wolf. Porto Alegre: Artmed, 2001b.

GATTI, B. Debate. In: SÃO PAULO (Estado). Secretaria da Educação do Estado de São Paulo. *Progressão continuada*: compromisso com a aprendizagem. Fórum de debates. Anais, jun.2002.

GENTILI, P. (Org.). *Pedagogia da exclusão*: crítica ao neoliberalismo em educação. 9.ed. Petrópolis: Vozes, 2001.

_____., SILVA, T.T. (Org.). *Neoliberalismo, qualidade total e educação*: visões críticas. 10.ed. Petrópolis: Vozes, 2001.

GLÓRIA, D. M. A. A "escola dos que passam sem saber": a prática da não-retenção escolar na narrativa de alunos e familiares. *Revista Brasileira de Educação*, n.22, p.61-76, jan./fev./ mar./ abr. 2003.

_____., MAFRA, L. A. A prática da não-retenção escolar na narrativa de professores do ensino fundamental: dificuldades e avanços na busca do sucesso escolar. *Educação e Pesquisa*, v.30, n.2, p.231-50, maio/ago. 2004.

GOMES, C. A., AMARAL SOBRINHO, J. (Orgs.). *Qualidade, eficiência e eqüidade na educação básica*. Brasília: Ipea, 1992.

_____. Quinze anos de ciclos no ensino fundamental: um balanço das pesquisas sobre a sua implantação. *Revista Brasileira de Educação*, n.25, p.39-25, jan./fev./mar./ abr./ 2004.

GRACINDO, R. V. Democratização da educação e educação democrática: duas faces de uma mesma moeda. *Ensaio*, v.3, n.7, p.149-56, abr./jun. 1995.

GRAMSCI, A. *Os intelectuais e a organização da cultura*. 2.ed. Rio de Janeiro: Civilização Brasileira, 1978a.

_____. *Concepção dialética da história*. Tradução de Carlos Nelson Coutinho. 3.ed. Rio de Janeiro: Civilização Brasileira, 1978b.

GROSSI, E. P. Porque séries e não ciclos. *Pátio*, Porto Alegre, ano 4, n.13, p.46-8, maio/jul. 2000.

GUILHERME, C. C. F. *O regime de progressão continuada no estado de São Paulo na voz dos professores do ciclo I*: primeiras reflexões. 23ª Reunião Anual da Anped. Caxambú, MG. 2000.

254 DEBORA CRISTINA JEFFREY

_____. *A progressão continuada e a inteligência dos professores*. Tese de Doutorado. Faculdade de Ciências e Letras. Unesp. Araraquara, SP. 2002.

GUIMARÃES, M. N. N. *Práticas pedagógicas em época de progressão continuada*: um olhar sobre a avaliação. 2001. Dissertação. (Mestrado em Educação) - Centro de Educação e Ciências Humanas. Universidade Federal de São Carlos. São Carlos.

HELLER, A. *Para mudar a vida*: felicidade, liberdade e democracia. Tradução Carlos Nelson Coutinho. São Paulo: Brasiliense, 1982.

_____. *O cotidiano e a história*. 7.ed. Rio de Janeiro: Paz e Terra, 2004.

HUBERMAN, A. M. *Como se realizam as mudanças em educação*. São Paulo: Cultrix, 1976.

HUTMACHER, W. A escola em todos os seus estados das políticas de sistemas às estratégias de estabelecimento. In: NÓVOA, A. *As organizações escolares em análise*. 2.ed. Lisboa: Publicações Dom Quixote, 1995.

INSTITUTO NACIONAL DE ESTUDOS E PESQUISAS EDUCACIONAIS. *Geografia da Educação Brasileira*. Brasília: Inep, 2002.

_____. *O desafio de uma educação de qualidade para todos*: educação no Brasil – 1990-2000. Brasília: Inep, fev. 2004.

INSTITUTO NACIONAL DE ESTUDOS E PESQUISAS EDUCACIONAIS, MINISTÉRIO DA EDUCAÇÃO. *A Educação no Brasil na Década de 90*: 1991-2000. Brasília: Inep/ MEC, 2003.

JACOMINI, M. A. A escola e os educadores em tempo de ciclos e progressão continuada: uma análise das experiências no estado de São Paulo. *Educação e Pesquisa*, v.30, n.3, p.401-18, set/dez. 2004.

JEFFREY, D. C. *Humanização e qualidade de ensino. Uma estratégia (de) política educacional para educar o cidadão*. 2001. 261p. Dissertação (Mestrado em Educação) - Faculdade de Educação. Universidade Estadual de Campinas. Campinas.

_____. Educação frente às transformações do capitalismo. *Dimensões*, n.15, p.17-27, 2003.

KLEIN, R. Avaliação, políticas públicas e educação. *Ensaio*, v.11, n.38, p.115-20, jan./mar. 2003.

KOSIK, K. *A dialética do concreto*. Tradução de Célia Neves e Alderico Toríbio. 7.ed. Rio de Janeiro: Paz e Terra, 2002.

KRUG, A. *Ciclos de formação*: uma proposta transformadora. 2.ed. Porto Alegre: Mediação, 2002.

KRUG, A., AZEVEDO, J. C. de. Ciclos de formação: mitos, diferenças e desafios. *Pátio*, Porto Alegre, ano 4, n.14, p.9, ago./out. 2000.

O REGIME DE PROGRESSÃO CONTINUADA 255

KUBITSCHEK, J. Reforma do Ensino Primário com base no sistema de promoção automática. *Revista Brasileira de Estudos Pedagógicos*, v.XXVII, n.65, p.141-45, jan./ mar./1957.

LAHIRE, B. *Sucesso escolar nos meios populares*. São Paulo: Ática, 1997.

LAUGLO, J. *Crítica às prioridades e estratégias do Banco Mundial para a educação. Cadernos de Pesquisa*, n.100, mar. 1997.

LEITE, D. M. Promoção automática e adequação do currículo ao desenvolvimento do aluno. *Estudos em Avaliação Educacional*, n.19, p.5-24, jan./jun. 1999.

LIMA, L. C. *A escola como organização educativa*: uma abordagem sociológica. São Paulo: Cortez, 2001.

_____. Modelos organizacionais de escola: perspectivas analíticas, teorias administrativas e estudo da ação. In: MACHADO, L. M, FERREIRA, N. S. C (Org.). *Política e Gestão da Educação*: dois olhares. Rio de Janeiro, DP&A, p.33-53, 2002.

LOBO, T. Descentralização: Conceitos, princípios, prática governamental. *Cadernos de Pesquisa*, n.74, p.5-10, ago. 1990.

LÖWE, M. Ideologias e Ciência Social: elementos para uma análise marxista. 9.ed. São Paulo: Cortez, 1993.

_____. *As aventuras de Karl Marx contra o Barão de Münchausen*: marxismo e positivismo na sociologia do conhecimento. 7.ed. Cortez, 2000.

LUCKESI, C. C. *Avaliação da aprendizagem escolar*. 10.ed. São Paulo: Cortez, 2000.

LÜDKE, M, ANDRÉ, M. E. D. A. *Pesquisa em educação*: abordagens qualitativas. São Paulo: EPU, 1986.

_____. A questão dos ciclos na escola básica. *Pátio*, Porto Alegre, ano 4, n.13, p.49-50, maio/jul. 2000.

_____. Evoluções em avaliação. In: FRANCO, C. (Org.). *Avaliação, ciclos e promoção na educação*. Porto Alegre: Artmed, p.29-33, 2001.

MACHADO, C. *Avaliar as Escolas Estaduais para quê?* Uma análise do uso dos resultados do Saresp 2000. 2003. 215p. Tese (Doutorado em Educação) – Faculdade de Educação. Universidade Estadual de Campinas. São Paulo.

MACHADO, L. A institucionalização da lógica das competências no Brasil. *Pro-Posições*, v.13, n.1 (37), p.92-110, jan./abr. 2002.

MAGALHÃES, C. R. *Políticas públicas e sala de aula: avaliando na transição de paradigmas*. 1999. Dissertação (Mestrado em Educação) – Centro de Educação e Ciências Humanas. Universidade Federal de São Carlos. São Carlos.

256 DEBORA CRISTINA JEFFREY

MAINARDES, J. Ciclo básico de alfabetização: da intenção à realidade (Avaliação do CBA no município de Ponta Grossa - PR). *Trajetos*, n.6, p.39-51, dez. 1995.

_____. A promoção automática em questão: argumentos, implicações e possibilidades. *Revista Brasileira de Estudos Pedagógicos*, v.79, n.192, p.16-29, maio/ago. 1998.

_____. A organização da escolaridade em ciclos: ainda um desafio para os sistemas de ensino. In: FRANCO, C. (Org.). *Avaliação, ciclos e promoção na educação*. Porto Alegre: Artmed, p.35-54, 2001.

MANSANO FILHO, R., OLIVEIRA, R. P., CAMARGO, R. B. Tendências da matrícula no ensino fundamental no Brasil. In: OLIVEIRA, C. et. al. *Municipalização do ensino no Brasil*. Belo Horizonte: Autêntica, 1999.

MARTINS, A. M. A autonomia outorgada: uma avaliação da política educacional do estado de São Paulo (1995-1999). *Ensaio*, v.9, n.33, p.415-42, out./dez. 2001.

MATTOS, M. J. V. M. *Tendências de organização do processo escolar no contexto das políticas educacionais*. 2004. Tese (Doutorado em Educação) – Faculdade de Educação. Universidade Estadual de Campinas. Campinas.

MEDEIROS, A. M., REALI, R., CALVO, C. Política educacional: um estudo comparativo sobre os impactos de um novo modelo pedagógico. *Revista Brasileira de Estudos Pedagógicos*, v.80, n.195, p.290-309, mai./ago. 1999.

MELLO, G. N. Fatores intra-escolares como mecanismos de seletividade no ensino de 1º Grau. *Educação e Sociedade*, n.2, p.70-8, jan. 1979.

_____. Autonomia da escola: possibilidades, limites e condições. In: GOMES, C. A., AMARAL SOBRINHO, J. (Orgs.). *Qualidade, eficiência e eqüidade na educação básica*. Brasília: Ipea, p.175- 206, 1992.

_____. *Social democracia e educação*. 3.ed. São Paulo: Cortez, 1993.

_____. *Cidadania e competitividade*: desafios educacionais do terceiro milênio. 8.ed. São Paulo: Cortez, 2000.

MELLO, G. N, SILVA, R. N. A gestão e a autonomia da escola nas novas propostas de políticas educativas para a América Latina. *Estudos Avançados* 12 (5), p.45-60, 1991.

MIRANDA, M. G. Novo Paradigma de Conhecimento e Políticas Educacionais na América Latina. *Caderno de Pesquisa*, n.100, p.37-48, mai. 1997.

MOREIRA, R. J. O Ensino primário paulista. *Revista Brasileira de Estudos Pedagógicos*, v.24, n.80, p.219-31, out./dez. 1960.

O REGIME DE PROGRESSÃO CONTINUADA   257

NEVES, L. de Almeida. *Memória, história e sujeito*: substratos da identidade. Apresentado ao 3º Encontro Regional Sudeste de História Oral, 1999.

NEUBAUER, R. Descentralização da educação no estado de São Paulo. In: COSTA, V. L. C (Org.). *Descentralização da educação*: novas formas de coordenação e financiamento. São Paulo: Fundap: Cortez, p.168-87, 1999.

_____. Quem tem medo da progressão continuada? Ou melhor, a quem interessa o sistema de reprovação e exclusão social? *Acesso*, São Paulo, n.14, p.11-8, dez. 2000.

NEUBAUER, R., DAVIS, C., ESPÓSITO, Y. L. Avaliação do processo de inovações no Ciclo Básico e seu impacto sobre a situação de ensino-aprendizagem na região metropolitana de São Paulo. *Estudos em Avaliação Educacional*, São Paulo, n.13, p.35-64, jan./jun. 1996.

NOGUEIRA, M. A, CATANI, A. (Orgs.). *Escritos de educação*: Pierre Bourdieu. Petrópolis: Vozes, 1998.

NÓVOA, A (Org.). *As organizações escolares em análise*. 2.ed. Lisboa: Publicações Dom Quixote, 1995.

_____. Para uma análise das instituições escolares. In: NÓVOA, A (Org.). *As organizações escolares em análise*. 2.ed. Lisboa: Publicações Dom Quixote, 1995.

_____. (Org.). *Profissão professor*. 2.ed. Portugal: Porto, 1998.

OLIVEIRA, C. et al. *Municipalização do ensino no Brasil*. Belo Horizonte: Autêntica, 1999.

OLIVEIRA, D. A. Política Educacional nos anos 90: educação básica e empregabilidade. In: DOURADO, L. F, PARO, V. (Orgs.). *Políticas públicas e educação básica*. São Paulo: Xamã, 2001.

OLIVEIRA, D. A., FÉLIX ROSAR, M. F. (Orgs.). *Política e gestão da educação*. Belo Horizonte: Autêntica, 2002.

OLIVEIRA, J. B. A. Custos e Benefícios de programas para regularizar o fluxo escolar no ensino fundamental: novas evidências. *Ensaio*. v. 9, n.32, p.305-42, jul./set. 2001.

_____. *A pedagogia do sucesso*. 14.ed. São Paulo: Saraiva/ Instituto Ayrton Senna, 2003.

OLIVEIRA, M. K. *Vygotsky, aprendizado e desenvolvimento*: um processo sócio-histórico. 3.ed. São Paulo: Scipione, 1995.

OLIVEIRA, R. P. Reformas educativas no Brasil na década de 90. In: CATANI, A. M, _____. (Orgs.). *Reformas educacionais em Portugal e no Brasil*. Belo Horizonte: Autêntica, p.77-94, 2000.

258 DEBORA CRISTINA JEFFREY

OLIVEIRA, R. P., ADRIÃO, T. (Orgs.). *Gestão, financiamento e direito à educação*: análise da LDB e da Constituição Federal. São Paulo: Xamã, 2001.

_____. *Organização do ensino no Brasil*: níveis e modalidades na constituição Federal e na LDB. São Paulo: Xamã, 2002.

OLIVEIRA, R.P, ARAÚJO, G. C. Qualidade do ensino: uma dimensão da luta pelo direito à educação. *Revista Brasileira de Educação, n.*28, p.5-23, jan./fev./mar./abr. 2005.

OLIVEIRA, S. R. F. *Formulação de políticas educacionais*: um estudo sobre a Secretaria de Educação do Estado de São Paulo *(1995-1998)*. 1999. Dissertação (Mestrado em Educação) – Faculdade de Educação. Universidade Estadual de Campinas. Campinas.

OLIVEIRA, Z. M. R. Avaliação da aprendizagem e progressão continuada: bases para construção de uma nova escola. *Estudos em Avaliação Educacional, n.*18, p.7-12, jul./dez. 1998.

PARO, V. H. *Reprovação escolar*: renúncia à educação. São Paulo: Xamã, 2001.

_____. Porque os professores reprovam: resultados preliminares de uma pesquisa. *Ensaio.* Rio de Janeiro, v.8, n.28, p.273-82, jul./set. 2000.

PATRÃO, M. C. O papel das representações do educador no cotidiano escolar. In: SILVA, J. M. *Os educadores e o cotidiano escolar.* Campinas, SP: Papirus, p.67-77, 2000.

PATTO, M. H. S. *A produção do fracasso escolar.* 4ª reimpressão. São Paulo: T. A. Queiroz, 1996.

PAVAN, D. O. A produção do sucesso escolar: família, escola e classes populares. *Pro-Posições,* v.9, n.1 (25), p.45-71, mar. 1998.

PAZ, E. M. *La política educacional en una sociedad democrática.* Córdoba, Argentina: M. J. Garda, 1989.

PLACCO, V. M. N. S, ANDRÉ, M. E. D. A, ALMEIDA, L. R. Estudo avaliativo das classes de aceleração na rede estadual paulista. *Cadernos de Pesquisa,* n.108, p.49-79, nov. 1999.

PENIN, S. T. S. Uma escola primária na periferia de São Paulo. *Caderno de Pesquisa,* n.46, p.50-8, 1983.

_____. Qualidade de ensino e progressão continuada. In: KRASILCHIK, M. (Org.). *USP fala sobre Educação.* São Paulo: Feusp, p.23-33, 2000.

PEREIRA, L. C. B, SPINK, P. Gestão do setor público: estratégia e estrutura para um novo Estado. In: _____. (Orgs.). *Reforma do Estado e administração pública gerencial.* Rio de Janeiro: Fundação Getulio Vargas, 1998.

O REGIME DE PROGRESSÃO CONTINUADA **259**

PERRENOUD, P. Profissionalização do professor e desenvolvimento de ciclos de aprendizagem. *Cadernos de Pesquisa*, n.108, p.7-26, nov. 1999.

_____. Sucesso na escola: só o currículo, nada mais que o currículo! Tradução de Neide Luzia de Rezende. *Cadernos de Pesquisa*, n.11, p.9-27, julho/2003.

_____. *As competências para ensinar no século XXI*: a formação dos professores e o desafio da avaliação. Porto Alegre: Atmed, 2002.

PORTO, M. R. S. Função social da escola. In: FISCHMANN, R. (coord.). *Escola Brasileira*: temas e estudos. São Paulo: Atlas, p.36-47, 1987.

RAPHAEL, H. S, CARRARA, K. (Orgs.). *Avaliação sob exame*. Campinas: Autores Associados, 2002.

RIBEIRO, M. L S. *História da educação brasileira*: a organização escolar. 17.ed. revista e ampliada. Campinas: Autores Associados, 2001.

RIBEIRO, S. C. A pedagogia da repetência. *Estudos Avançados*, n.12 (5), p.7-21, 1991.

RODRIGUES, N. *Da mistificação da escola à escola necessária*. 6.ed. São Paulo: Cortez, 1992.

ROMANELLI, O. O. *História da educação no Brasil*. 21.ed. Petrópolis: Vozes, 2003.

RUS PEREZ, J. R. *Avaliação, impasses e desafios da educação básica*. Campinas: Editora da Unicamp, 2000.

SACRISTÁN, J. G. *A educação obrigatória*: seu sentido educativo e social. Porto Alegre: Artmed, 2001.

SAVIANI, D. *A nova lei de educação*: trajetória, limites e perspectivas. São Paulo: Cortez, 1998.

_____. *Da nova LDB ao Plano Nacional de Educação*: Por uma outra política educacional. 2.ed. revista. Campinas: Autores Associados, 1999.

SILVA, J. M. Políticas públicas e cotidiano escolar: mudanças que acontecem e perduram. In: SILVA, J. M (Org.). *Os educadores e o cotidiano escolar*. Campinas: Papirus, p.37-46, 2000.

SILVA, M. S. P, MELLO, F. C. M. *Políticas para enfrentamento do fracasso escolar*: uma análise da proposta Escola Plural de Belo Horizonte. 24ª Reunião Anual da Anped, Caxambu, Minas Gerais, out. 2001. Disponível em <www.anped.org.br/24/P0568099736774.doc>.

SILVA, R. C. *Progressão continuada ou reprovação*: camuflagem ou compromisso? Investigando saberes de professoras primárias e secundárias da escola pública. 2000. 219p. Dissertação (Mestrado em Educação).

260 DEBORA CRISTINA JEFFREY

Faculdade de Ciências e Letras. Universidade Estadual Paulista. Araraquara, SP.

SILVA, R. N. Educação de primeiro grau: o não-direito do não-cidadão. *Em Aberto*, Brasília, ano 7, n.39, jul./set. p. 25-35, 1988.

———., DAVIS, C. É proibido repetir. *Estudos em Avaliação Educacional*, n.7, p.5-44, jan./jun. 1993.

———. et al. O descompromisso das políticas públicas com a qualidade do ensino. *Cadernos de Pesquisa*, n.84, p.5-16, fev. 1993.

SILVA, T. T. O projeto educacional da "nova" direita e a retórica da qualidade total. *Universidade e Sociedade*, n.10, jan. 1996.

SIMÕES, R. H. S, CARVALHO, J. M. A construção da identidade do professor no Brasil: um olhar histórico. In: ———. *Caderno de Pesquisa – Núcleo Temático em Formação e Práxis do Professor*. Vitória: PPGE/UFES, p.123-32, 1998.

SOBRAL, F. A. F. Educação para a competitividade ou para a cidadania social? *São Paulo em Perspectiva*, v.14, n.1, jan./mar. 2000.

SOUSA, C. P. Limites e possibilidades dos programas de aceleração de aprendizagem. *Cadernos de Pesquisa*, n.108, p.81-99, nov. 1999.

SOUSA, S. M. Z. L. *Avaliação da aprendizagem na escola de 1º Grau*: Legislação, Teoria e Prática. 1986. p.234. Dissertação (Mestrado em Educação) – Pontifícia Universidade Católica de São Paulo. São Paulo.

———. *Avaliação da aprendizagem*: natureza e contribuições da pesquisa no Brasil no período de 1980 a 1990. 1994. 194p. Tese (Doutorado em Educação) – Faculdade de Educação. Universidade de São Paulo. São Paulo.

———. Avaliação da aprendizagem nas pesquisas no Brasil de 1930 a 1980. *Cadernos de Pesquisa*, n.94, p.43-9, ago. 1995.

———. Avaliação do rendimento escolar como instrumento de gestão educacional. In: OLIVEIRA, D. A (Org.) *Gestão democrática da educação*: desafios contemporâneos. Petrópolis: Vozes, p.264-83, 1997.

———. O significado da avaliação na organização do ensino em ciclos. *Pro-Posições*, v.9, n.3 (27), p.84-93, nov. 1998.

———. A avaliação na organização do ensino em ciclos. In: KRASILCHIK, M (Org.). *USP Fala Sobre Educação*. São Paulo: Feusp, p.34-43, 2000.

———. Possíveis impactos das políticas de avaliação no currículo escolar. *Cadernos de Pesquisa*, n.119, p.175-90, julho/2003.

———. Ciclos e progressão escolar: indicações bibliográficas. *Ensaio*. v.11, n.38, p.99-114, jan./mar. 2003.

SOUSA, S. M. Z. L., ALAVARSE, O. M. Ciclos: a centralidade da avaliação. In: FREITAS, L. C. (Org.). *Questões de avaliação educacional.* Campinas: KOMEDI, p.71-96, 2003.

_____., BARRETTO, E. S. S (Coord.). *Ciclos e progressão escolar (1990-2002).* Mimeo, 2004.

_____., OLIVEIRA, R. P. Políticas de avaliação da educação e quase mercado no Brasil. *Educação e Sociedade,* v.24, n.84, p.873-95, set. 2003.

_____., STEINVASCHER, A., ALAVARSE, O. M. Progressão continuada: re-significando a avaliação escolar. *Revista Psicopedagogia,* v.19, n.58, p.10-4, dez. 2001.

SOUZA, A. N. A racionalidade econômica na política educacional em São Paulo. *Pro-Posições,* v.13, n.1(37), p.78-91, jan./abr. 2002.

SOUZA, P. R. Educación y desarrollo en Brasil, 1995-2000. *Revista de La CEPAL,* n.73, p.67-82, abr. 2001.

STEINVASCHER, A. *A implantação da progressão continuada no estado de São Paulo:* um caminho para a democratização do ensino? 2003. 243p. Dissertação (Mestrado em Educação) – Faculdade de Educação. Universidade de São Paulo. Campinas.

STOER, S. R. Educação e globalização: entre regulação e emancipação. *Revista Crítica de Ciências Sociais,* 63, p.33-45, out. 2002.

SUÁREZ, D. O princípio educativo da nova direita: neoliberalismo, ética e escola pública. In: GENTILI, p.(Org.) *Pedagogia da exclusão:* crítica ao neoliberalismo em educação. Petrópolis: Vozes, 2002.

TORRES, R. M. *Que (e como) é necessário aprender?:* necessidades básicas de aprendizagem e conteúdos curriculares. Campinas: Papirus, 1994.

TERZI, C. do A., RONCA, P. A. C. No sistema de avaliação escolar, uma pimenta chamada "progressão continuada". In: TERZI, C. do A. (Org.). *Educação continuada* – a experiência do Pólo 3. 2.ed. Mogi das Cruzes, SP / São Paulo: UMC / FAEP / Litteris, p.47-52, 1998.

VASCONCELLOS, C. S. Um horizonte libertador para a escola no 3º Milênio. *Revista de Educação AEC,* n.111, p.83-95, 1999.

VIANNA, H. M. Evasão, repetência e rendimento escolar – a realidade do sistema educacional brasileiro. *Estudos em Avaliação Educacional,* n.4, p.87-92, jul-dez. 1991.

VIÉGAS, L. de S. *Progressão continuada e suas repercussões na escola pública paulista:* concepções de educadores. 2002. 250p. (Mestrado em Psicologia) – Instituto de Psicologia. Universidade de São Paulo. São Paulo.

262 DEBORA CRISTINA JEFFREY

VYGOTSKY, L. S. *A formação social da mente.* Tradução José Cipolla Neto e outros. São Paulo: Martins Fontes, 1994.

XAVIER, A. C. R., AMARAL SOBRINHO, J., PLANK, D. N. Os Padrões Mínimos de Qualidade dos Serviços Educacionais: uma estratégia de alocação de recursos para o ensino fundamental. In: GOMES, C. A., AMARAL SOBRINHO, J. (Orgs.). *Qualidade, eficiência e eqüidade na educação básica.* Brasília: Ipea, p.71-97, 1992.

WEY, V. L. Progressão continuada da aprendizagem: o que falta dizer sobre sua implantação. In: SÃO PAULO (Estado). Secretaria da Educação do Estado de São Paulo. *Progressão continuada*: compromisso com a aprendizagem. Fórum de debates. Anais, p.47-67, jun. 2002.

WILSON, H. M. Avaliação, promoção e seriação nas escolas inglesas. *Revista Brasileira de Estudos Pedagógicos,* v.XXII, n.55, p.52-63, jul./set. 1954.

WITTMANN, L. C., GRACINDO, R. V. (Orgs.). *Políticas e gestão da educação (1991-1997).* Brasília: MEC/Inep/Comped, Série Estado do Conhecimento n.5, 2001.

ZAIDAN, S. Ciclos no ensino fundamental: um projeto de inclusão? *Presença Pedagógica,* Belo Horizonte, v.5, n.30, p.49-59, nov./dez. 1999.

Legislação consultada

BRASIL. Lei de Diretrizes e Bases da Educação Nacional, número 9394/96.

SÃO PAULO (Secretaria). Resolução – SE 27 de 29/3/1996.

_____. Indicação CEE – 22/97 de 17/2/1997.

_____. Deliberação CEE – 9/97 de 5/8/1997.

_____. Indicação CEE – 8/97 de 5/8/1997.

_____. (Secretaria). Resolução – SE 4 de 15/1/1998.

_____. Instrução Conjunta CENP/COGESP/CEI de 13/2/1998.

_____. (Secretaria). Resolução – SE 67 de 6/5/1998

_____. Parecer CEE – 425/98 de 30/7/1998.

_____. (Secretaria). Resolução – SE 7 de 22/1/1999.

_____. (Secretaria). Resolução – SE 179 de 10/12/1999.

_____. (Secretaria). Resolução – SE 34 de 7/4/2000.

_____. (Secretaria). Resolução – SE 7 de 22/1/2001.

_____. (Secretaria). Resolução – SE 25 de 3/4/2001.

_____. (Secretaria). Resolução – SE 40 de 27/4/2001.

_____. (Secretaria). Resolução – SE 124 de 13/11/2001.

_____. (Secretaria). Resolução – SE 129 de 30/11/2001.

_____. (Secretaria). Resolução – SE 14 de 18/1/2002.

_____. (Secretaria). Resolução – SE 27 de 1/3/2002.

O REGIME DE PROGRESSÃO CONTINUADA   **263**

_____. Parecer CEE – 269/2002 de 3/7/2002.

_____. (Secretaria). Resolução – SE 120 de 11/11/2003.

Documentos consultados

INEP. Censo Escolar. Disponível em: <http://www.inep.gov.br/básica/censo/default.asp>, 2004.

_____. A educação no Brasil na década de 90: 1991-2000. Brasília: Inep/MEC, 2003.

São Paulo. (Secretaria da Educação). *Saresp*: Sistema de Avaliação de Rendimento Escolar do Estado de São Paulo, n.1, nov. 1996.

_____. *A organização do ensino na rede estadual*: orientação para as escolas. São Paulo, 1998.

_____. *Escola de cara nova*: planejamento 98 (subsídios para a implementação do regime de progressão continuada no Ensino Fundamental/organização e funcionamento do Ensino Médio). São Paulo: SEE, 1998a.

_____. *Escola de cara nova*: planejamento 98 (progressão continuada). São Paulo: SEE, 1998b.

_____. *Escola de cara nova*: planejamento 98 (As mudanças na educação e a construção da proposta pedagógica da escola). São Paulo: SEE, 1998c.

_____. *Escola de cara nova*: planejamento 98 (Avaliação e progressão continuada). São Paulo: SEE, 1998d_____. A construção da proposta pedagógica da escola: A escola de cara nova/*Planejamento 2000*. São Paulo: SEE, 2000.

_____. Centro de Informações Educacionais. Censo Escolar 2002: dados preliminares. *Boletim Informativo*, ano I, n.1, ago. 2002a.

_____. Falando sobre taxas de atendimento no estado de São Paulo. *Boletim Informativo*, ano I, n.4, set. 2002b.

_____. O que é defasagem: a defasagem idade-série na rede estadual entre 1998 e 2002. *Boletim Informativo*, ano I, n.5, out. 2002c.

_____. *Política educacional da Secretaria de Estado da Educação*. São Paulo: SEE, 2003.

_____. Planejamento 2003. São Paulo: SEE, 2003. (Fonte: <http://cenp.edunet.sp.gov.br/Planejamento/2003/Abrindo%20Portas.htm≥ ≤http://cenp.edunet.sp.gov.br/Comunicados/ref_recup_aprendizagem.htm≥

_____. *Desempenho escolar da rede estadual de São Paulo*. São Paulo: Centro de Informações Educacionais – SEE, 2003.

_____. *Rede do Saber*. São Paulo: SEE-SP/FDE/Fundação Vanzolini, 2003.

ANEXO

Roteiro de entrevistas

Professores

1. Identificação
Nome (estes serão preservados)
Idade:
Sexo:
Formação:
Tempo que leciona:
Tempo que leciona nesta escola?
Série que está lecionando neste ano letivo?
Trabalha em outra escola?
Se trabalha, em qual nível?
2. O que significa, para você, o regime de progressão continuada?
3. O que representou o regime de progressão continuada no seu trabalho pedagógico, desempenho e rendimento escolar dos alunos?
4. Como a forma de avaliação do aluno passou a ser realizada a partir da adoção do regime de progressão continuada? E a forma de registro dos conceitos e problemas dos alunos?
5. O que melhorou ou piorou, em sua opinião, com a introdução do regime de progressão continuada na rede de ensino, a partir de 1998?

6. A proposta inicial do regime de progressão continuada apresentada pela Secretaria de Educação foi alterada?
7. Qual relação pode se estabelecer entre o regime de progressão continuada e a qualidade de ensino?
8. O que significa qualidade de ensino para você?
9. Como a escola, em sua opinião, tem se organizado para garantir a melhoria da qualidade de ensino?
10. Que medidas a escola adotou, a partir da introdução do regime de progressão continuada, para que o desempenho e rendimento escolar dos alunos melhorassem? Em sua opinião, esses indicadores melhoraram realmente? E as medidas adotadas pela escola tiveram êxito?
11. Como esses indicadores de qualidade, desempenho e rendimento escolar dos alunos têm orientado o desenvolvimento de sua prática pedagógica?
12. Como os temas qualidade, desempenho, rendimento escolar e progressão continuada são discutidos nas reuniões pedagógicas? Estas reuniões oferecem subsídios para orientar a sua prática?
13. Qual balanço você faz do regime de progressão continuada e da qualidade de ensino nesta escola nos últimos sete anos?

Coordenadora

1. Identificação
   Nome (este será preservado)
   Idade:
   Sexo:
   Formação:
   Tempo que leciona no magistério:
   Tempo que se encontra nesta escola?
   Apesar de coordenar, continua a lecionar?
   Se leciona, em qual série?
   Trabalha em outra escola?
   Se trabalha, em qual nível?
2. Na sua opinião, o que significa o regime de progressão continuada? Há um consenso entre a concepção apresentada pela Secretaria de Educação e a concepção construída pela escola?
3. Como o regime de progressão continuada foi implantado nesta escola em 1998?

O REGIME DE PROGRESSÃO CONTINUADA   **267**

4. Como foi a participação dos professores, comunidade escolar, direção e coordenação no processo de implantação do regime de progressão continuada na escola?

5. O regime de progressão continuada proporcionou alguma mudança ou alteração na escola? Qual?

6. Como a forma de avaliação do aluno passou a ser realizada a partir da adoção do regime de progressão continuada? E a forma de registro dos conceitos e problemas dos alunos?

7. O que melhorou ou piorou, em sua opinião, com a introdução do regime de progressão continuada na rede de ensino, a partir de 1998?

8. Que impactos o regime de progressão continuada proporcionou na prática do professor, no desempenho escolar dos alunos e nos índices de aprovação, reprovação, evasão da escola?

9. Quais orientações a coordenação da escola tem repassado aos professores com relação ao trabalho pedagógico, incluindo aí: formas e critérios de avaliação, auxílio aos alunos com dificuldades, organização curricular, a partir da adoção do regime de progressão continuada?

10. O regime de progressão continuada sofreu alteração em sua concepção pedagógica e estrutura desde que foi implantado na rede?

11. O que representou o regime de progressão continuada no seu trabalho pedagógico, no desempenho e rendimento escolar dos alunos?

12. Em sua opinião, que relação pode ser estabelecida entre o regime de progressão continuada e a qualidade de ensino?

13. O que significa qualidade de ensino para você?

14. Como a escola, em sua opinião, tem se organizado para garantir a melhoria da qualidade de ensino?

15. Que medidas a escola adotou, a partir da introdução do regime de progressão continuada, para que o desempenho e rendimento escolar dos alunos melhorassem? Em sua opinião, esses indicadores melhoraram realmente? E as medidas adotadas pela escola tiveram êxito?

16. Como os indicadores de qualidade são produzidos pela escola? Há um padrão desenvolvido pela própria escola para definir sua qualidade?

17. Como os temas qualidade, desempenho, rendimento escolar e progressão continuada são discutidos nas reuniões pedagógicas?

18. Qual balanço você faz do regime de progressão continuada e da qualidade de ensino nesta escola nos últimos sete anos?

268 DEBORA CRISTINA JEFFREY

Ensino Fundamental – Número de escolas por forma de organização, segundo as Unidades da Federação – **2003**.

Unidade da Federação	Total geral	Seriado		Ciclos		Disciplina		Mais de uma forma de organização	
		Total	%	Total	%	Total	%	Total	%
Brasil	**169.075**	**137.079**	**81,1**	**18.527**	**11,0**	**35**	**0,0**	**13.434**	**7,9**
Norte	**24.002**	**23.601**	**98,3**	**74**	**0,3**	**2**	**0,0**	**325**	**1,4**
Rondônia	2.294	2.158	94,1	0	0,0	0	0,0	136	5,9
Acre	1.544	1.544	100,0	0	0,0	0	0,0	0	0,0
Amazonas	4.761	4.697	98,7	3	0,1	2	0,0	59	1,2
Roraima	660	660	100,0	0	0,0	0	0,0	0	0,0
Pará	12.013	11.890	99,0	65	0,5	0	0,0	58	0,5
Amapá	664	654	98,5	5	0,8	0	0,0	5	0,8
Tocantins	2.066	1.998	96,7	1	0,0	0	0,0	67	3,2
Nordeste	**79.768**	**72.563**	**91,0**	**2.453**	**3,1**	**15**	**0,0**	**4.737**	**5,9**
Maranhão	12.729	12.700	99,8	1	0,0	1	0,0	27	0,2
Piauí	7.237	6.870	94,9	239	3,3	1	0,0	127	1,8
Ceará	10.147	8.904	87,8	76	0,7	1	0,0	1.166	11,5
Rio Grande do Norte	3.778	1.779	47,1	1.420	37,6	2	0,1	577	15,3
Paraíba	6.454	6.337	98,2	110	1,7	0	0,0	7	0,1
Pernambuco	10.455	10.138	97,0	236	2,3	0	0,0	81	0,8
Alagoas	3.406	3.394	99,6	2	0,1	1	0,0	9	0,3
Sergipe	2.241	2.233	99,6	0	0,0	0	0,0	8	0,4
Bahia	23.321	20.208	86,7	369	1,6	9	0,0	2.735	11,7
Sudeste	**37.785**	**18.235**	**48,3**	**13.908**	**36,8**	**8**	**0,0**	**5.634**	**14,9**
Minas Gerais	13.208	7.979	60,4	4.783	36,2	0	0,0	446	3,4
Espírito Santo	3.152	1.425	45,2	5	0,2	0	0,0	1.722	54,6
Rio de Janeiro	8.067	4.237	52,5	874	10,8	6	0,1	2.950	36,6
São Paulo	13.358	4.594	34,4	8.246	61,7	2	0,0	516	3,9
Sul	**19.175**	**16.016**	**83,5**	**1.629**	**8,5**	**8**	**0,0**	**1.522**	**7,9**
Paraná	6.588	4.287	65,1	1.155	17,5	5	0,1	1.141	17,3
Santa Catarina	4.295	4.051	94,3	86	2,0	2	0,0	156	3,6
Rio Grande do Sul	8.292	7.678	92,6	388	4,7	1	0,0	225	2,7
Centro-Oeste	**8.345**	**6.664**	**79,9**	**463**	**5,5**	**2**	**0,0**	**1.216**	**14,6**
Mato Grosso do Sul	1.109	703	63,4	33	3,0	1	0,1	372	33,5
Mato Grosso	2.485	1.423	57,3	363	14,6	1	0,0	698	28,1
Goiás	4.005	3.803	95,0	63	1,6	0	0,0	139	3,5
Distrito Federal	746	735	98,5	4	0,5	0	0,0	7	0,9

Fonte: MEC/Inep/SEEC.
Nota: O mesmo estabelecimento pode oferecer mais de um nível/modalidade de ensino.

SOBRE O LIVRO

Formato: 14 x 21 cm
Mancha: 23,7 x 42,5 paicas
Tipologia: Horley Old Style 10,5/14
Papel: Offset 75 g/m² (miolo)
Cartão Supremo 250 g/m² (capa)
1ª edição: 2011

EQUIPE DE REALIZAÇÃO

Coordenação Geral
Marcos Keith Takahashi

IMPRESSÃO E ACABAMENTO:

Printing Solution & Internet 7 S.A